Wireless
Los mejores trucos

O'REILLY

Título de la obra original:
Wireless Hacks

Responsable editorial:
Víctor Manuel Ruiz Calderón
Susana Krahe Pérez-Rubín

Traducción:
José Luis Gómez Celador

Wireless
Los mejores trucos

Rob Flickenger

ANAYA
MULTIMEDIA

© EDICIONES ANAYA MULTIMEDIA (GRUPO ANAYA, S.A.) 2004
   Juan Ignacio Luca de Tena, 15. 28027. Madrid
   Depósito Legal: M.14.074-2004
   I.S.B.N.: 84-415-1647-2
   Printed in Spain
   Imprime: Artes Gráficas Guemo, S.L.
   Febrero, 32. 28022 Madrid

Agradecimientos

Me gustaría agradecer a mis familiares y amigos su continuado apoyo y por ofrecerme el aliento (y, en ocasiones, la soledad) necesario para completar todos mis proyectos.

Muchos de los trucos de este libro están inspirados en conversaciones con otros usuarios dispuestos a compartir sus ideas con todo el que les escuche. Algunos provienen de las sesiones nocturnas que SeattleWireless ofrece para albergar esta polinización cruzada de ideas. Sin el intercambio libre y entusiasta de ideas, este libro no habría sido posible. Agradezco a todos esos usuarios del planeta que saben que el valor de compartir una idea supera con creces el valor de disfrutarla en solitario.

Edd Dumbill, Casey Halverson y Richard Lotz se encargaron de la revisión técnica del libro. Ken Caruso y Matt Westervelt ofrecieron su equipo, sus ideas y valiosos consejos. Gracias a todos, caballeros.

Y gracias a todos los integrantes de la editorial que consiguieron convertir este libro en una realidad, y que continúan ofreciendo información por todo el mundo.

Acerca del autor

Rob Flickenger lleva realizando trucos desde que tiene uso de memoria. Es el autor de otros dos libros: *Linux Server Hacks* y *Building Wireless Community Networks* (que se encuentra en la segunda edición). Últimamente ha colaborado como administrador de sistemas en O'Reilly Network y, en la actualidad, se encarga de promover redes inalámbricas comunitarias en iniciativas como NoCat (http://nocat.net/) y SeattleWireless (http://seattlewireless.net/).

COLABORADORES

A continuación, le presentamos a gente que ha contribuido con sus trucos, sus artículos o su inspiración:

- De día, Schuyler Erle (`http://nocat.net`) trabaja como ingeniero de software para O'Reilly & Associates, Inc. De noche, se encuentra en Free Software como agitador de la causa de las redes comunitarias. También es arquitecto jefe de NoCatAuth, una puntera aplicación de portal cautivo de código abierto.

- Michael Erskine (`http://www.freeantennas.com`) trabaja en Kaballero. Com.

- Desde las profundidades de la "Costa digital" del sur de California, Dr. Trevor Marshall (`http://www.trevormarshall.com/`) ofrece un amplio espectro de servicios de consultoría para tecnologías tan variadas como Seguridad Wi-Fi, Infraestructura de Internet, RF, Hardware, Software, Audio/Vídeo o Biomedicina. Ha colaborado como conferenciante en COMDEX, Microprocessor Forums y en conferencias sobre Seguridad WLAN/Wi-Fi en Paris, Boston y Santa Clara.

- Terry Schmidt (`http://www.nycwireless.net/`) es Vicepresidente y Jefe de tecnologías de Emenity, Inc. (`http://www.cloudnetworks.com/`) y un afamado experto en tecnologías y aplicaciones de redes inalámbricas. Ha participado en numerosas conferencias sobre tecnología de la información, incluyendo MacWorld, la O'Reilly Emerging Technologies Conference y 802.11Planet.

- Roger Weeks (`http://nocat.net/`) cuenta con más de diez años de experiencia en administración de redes y sistemas. Últimamente se ha implicado en la creación de una cooperativa de Internet inalámbrica en Sonoma County, California. En su tiempo libre, cultiva y vende hierbas orgánicas.

- Ron Wickersham (`http://www.alembic.com/`) es inventor e Ingeniero jefe de Alembic, Inc., donde diseña componentes electrónicos para guitarras. Entre sus aficiones se encuentra todo lo interesante que haya en el universo, incluyendo la revista de ski para aficionados y regar las plantas.

Contenido

Prólogo

Como le gusta recordarme a mi esposa, soy fácil de convencer. He comprado toneladas de equipos que inundan las estanterías del sótano, de la oficina y del armario que nunca cumplieron la promesa que me obligó a desembolsar su correspondiente precio.

Rob Flickenger es peor que yo: antes de que la tecnología haya alcanzado la sugerente fase en la que se introduce en una caja, se reviste de un magnífico envoltorio de plástico y se muestra al gran público, Rob ya la ha diseccionado, ha descompilado sus entresijos y ha convertido todos sus componentes en algo extraño.

La lectura de Wireless. Los mejores trucos me proporciona una sensación interior de calidez, como al sujetar el tubo de una radio anterior a la época de los transistores. El halo de este libro ilumina el intenso interés de Rob por dar a conocer todas esas cosas para, de esta forma, dar a conocer el mundo.

Gran parte de este libro se dedica a las formas de aumentar el acceso, ya sea por medio del alcance, a través de antenas, intensidad de la señal y otras combinaciones de vudú electromagnético. También se tiene en cuenta el precio, ya que presentamos alternativas económicas a los equipamientos comerciales o cómo utilizar dispositivos convencionales para crear completos equipos de producción. O por diseño, viendo formas de configurar software para obtener mejores resultados.

En 1979, cuando compré mi primer ordenador (un Ohio Scientific, Inc., C1P con un procesador 6502), era un auténtico genio con el soldador, y podía ensamblar mis propios circuitos de puerto RS232C y de joystick. Este libro me transporta a la época en la que la informática no se trataba de chips rápidos sino de cantidad de partes digitales combinadas entre sí con tecnología analógica, como cables y puertos.

Le garantizo que no hace falta ser un maestro en el arte de la soldadura para utilizar este libro. Los trucos de software y los consejos de configuración de equipos comerciales justifican por sí solos el precio de la entrada. Pero si nunca ha manipulado el corazón electrónico de un equipo con anterioridad, este libro hará que surja el deseo de hacerlo.

Este libro es como la radio de galena del siglo XXI y Rob es la voz chirriante que sale del receptor, transmitida por largas distancias, sin cables.

Glenn Fleishman
15 de agosto de 2003
Seattle, WA

Introducción

La tecnología de redes inalámbricas ha experimentado un crecimiento explosivo a escala mundial en los últimos años, en sentido contrario a la tendencia bajista generalizada del sector de las telecomunicaciones. ¿Qué tienen las redes inalámbricas para que brillen a esta escala? ¿Por qué el año pasado se comercializaron más de 22 millones de dispositivos Wi-Fi y este año se prevé el doble? Aunque el vendedor le diga que la creciente demanda se debe a las prestaciones y a la marca del producto, creo que la respuesta es mucho más sencilla: la magia.

Justo donde se sienta ahora mismo, puede haber docenas de redes de datos inalámbricas enviando información a todos los puntos del mundo. Su vecino pide una pizza en línea mientras, en la acera de enfrente, alguien utiliza chat de voz para hablar con sus familiares en Hong Kong (¡gratis!) al tiempo que en el piso de arriba alguien se descarga el nuevo disco del sitio Web de su grupo preferido en San Francisco.

La información fluye a nuestro alrededor (y, de hecho, a través de nosotros) sin que veamos ni oigamos nada. No se equivoque, probablemente las redes inalámbricas sean la segunda tecnología más mágica del planeta, después de Internet.

En cientos de ciudades de todo el mundo, las redes inalámbricas convierten a la conectividad omnipresente en la regla y no en la excepción, proporcionando un servicio (normalmente gratuito) a millones de usuarios que, de repente, no necesitan más que un portátil y una tarjeta inalámbrica para conectarse. Las redes inalámbricas ofrecen una conexión más sencilla y barata que ninguna otra tecnología desde la aparición del teléfono.

¿Por qué trucos inalámbricos?

El término pirateo goza de mala reputación en la prensa especializada, en la que se utiliza para referirse a alguien que asalta sistemas o que causa el caos con un ordenador como arma. Por su parte, entre los entusiastas, el término se refiere a una solución rápida y sucia a un problema, o a una forma inteligente de conseguir algo. El que realiza estos trucos recibe todo tipo de cumplidos y se considera alguien creativo con los suficientes conocimientos técnicos para conseguir que algo funcione. Las series de libros sobre trucos de esta editorial intentan recuperar la palabra, documentar los trucos que otros usuarios diseñan (de forma positiva) y transmitir la ética de participación creativa de éstos a los usuarios no iniciados. Ver cómo otros controlan un sistema y solucionan los problemas suele ser la forma más rápida de aprender una nueva tecnología.

Trucos de redes inalámbricas se centra en obtener el máximo partido del hardware de red inalámbrica. En este libro, encontrará técnicas prácticas para ampliar la cobertura, incrementar la salida, gestionar recursos inalámbricos y convertir sus proyectos de redes inalámbricas en una realidad. Recuerde que la realidad es algo de lo que se puede escapar y que los creadores de trucos inalámbricos lo han conseguido de forma muy sencilla. Este libro le mostrará algunas de las mejores muestras de las experiencias recopiladas.

Cómo utilizar este libro

Puede leer este libro de principio a fin si lo desea, pero por lo general, cada truco tiene entidad propia. Por ello, no dude en hojearlo y en centrarse en las secciones que realmente le interesen.

Cómo está organizado este libro

El libro se divide en varios temas por capítulo:

- Capítulo 1. Los estándares: La tecnología inalámbrica no sólo ha supuesto importantes mejoras en el sector de las comunicaciones, sino que también ha generado una impresionante lista de acrónimos. ¿Cuál es la diferencia entre GPRS y FMRS? ¿Qué es más rápido, 802.11, 802.11a, 802.11b, 802.11g o 802.16? ¿Cómo encajan Wi-Fi y Bluetooth en todo esto? En este capítulo le indicamos qué problema debe resolver cada una de estas tecnologías, sus principales ventajas e inconvenientes y cómo aprovecharlas al máximo para solucionar sus necesidades de comunicación.

- Capítulo 2. Bluetooth y datos móviles: En los dos últimos años han aparecido millones de diminutos dispositivos inalámbricos a pilas en el mercado. Algunos le permiten llevar su conexión a Internet prácticamente a cualquier parte con un servicio de telefonía móvil, mientras que otros conectan sus dispositivos a "los últimos cinco metros". En este capítulo se describen algunos usos de estas tecnologías, para que sus dispositivos (y usted) puedan estar hiperconectados, sin cables.

- Capítulo 3. Monitorización de redes: Las redes inalámbricas pueden ser muy divertidas pero cuando fallan, la resolución de problemas puede resultar complicada si no se tiene una idea de lo que realmente está pasando. En este capítulo encontrará las herramientas necesarias para detectar la presencia de redes inalámbricas, coordinar el uso del espectro para evitar interferencias y visualizar el rendimiento de la red. También analiza diferentes técnicas avanzadas de monitorización de datos para determinar problemas en la red e incluso para descubrir los hábitos en línea de otros usuarios.

- Capítulo 4. Trucos de hardware: Si no fuera por el hardware, no existirían cosas como las redes inalámbricas. Este extenso capítulo le muestra cómo llevar al límite el hardware inalámbrico, aumentando el alcance e incrementando el rendimiento y la eficacia. Le presentaremos una amplia variedad de cables microondas, conectores, antenas y otros componentes, así como consejos y recomendaciones acerca de su utilización. Si esto no fuera suficiente, encontrará todo lo necesario para crear su propio punto de acceso de red desde cero.

- Capítulo 5. Antenas artesanales: Desde que hace más de 100 años la primera chispa eléctrica se transmitió unos metros por una habitación, el diseño de antenas ha sido algo fascinante para los experimentadores inalámbricos de todo el mundo. En este capítulo veremos diferentes diseños artesanales para redes inalámbricas obra de colaboradores de todo el mundo. Se trata de diseños prácticos y probados que pueden aumentar significativamente el alcance de su red inalámbrica.

- Capítulo 6. Enlaces de larga distancia. Tener instalado el equipo es una cosa, pero conseguir que un segmento inalámbrico se extienda por varios kilómetros requiere experiencia en el mundo real. Este capítulo recopila diferentes técnicas que la ayudarán a simplificar la creación de redes de larga distancia.

- Capítulo 7. Seguridad inalámbrica: Últimamente se ha producido mucho revuelo sobre la inseguridad de las redes inalámbricas, en especial en la prensa. En muchos casos, estos informes alarmistas son reales; la práctica totalidad de las redes inalámbricas se deja, inadvertidamente, abierta o, peor todavía, dependen de métodos no fiables para protegerse. En este capítulo analizaremos los estándares actuales para proteger redes inalámbricas y sugeriremos algunos métodos para que pueda protegerse, y a sus usuarios, de ataques y abusos.

Convenciones utilizadas en este libro

Se han utilizado las siguientes convenciones para el texto:

- Los nombres de instrucciones o de comandos de programación, para ejemplos de código, rutas de archivos y direcciones de Internet, aparecerán en un tipo de letra monoespacial.

- Para los menús, submenús y menús contextuales; cuadros de diálogo y sus secciones; barras de herramientas; fichas, solapas y pestañas; cuadros de lista y sus opciones; casillas de verificación, botones de opción y cuadros de texto, utilizaremos el tipo de letra Arial.

- Utilizaremos un tipo de letra en **negrita** para indicar entradas literales de campos o variables, para los nombres de los botones y para las combinaciones de teclas.

Además del contenido mencionado, en cada capítulo se incluyen una serie de notas que diferenciamos en función del tipo de icono que las acompaña:

Este icono muestra un truco, un consejo o una nota general con información adicional al tema en cuestión.

Este icono indica una advertencia o un aviso importante que no debe dejar de leer.

En cuanto al termómetro que aparece junto a cada truco, sirve para designar la dificultad que entraña el mismo:

Principiante   Intermedio   Experto

## CAPÍTULO 1

Los estándares
Trucos 1 a 12

La alocada carrera por introducir productos inalámbricos en el mercado ha generado una gran cantidad de acrónimos similares pero a menudo totalmente incompatibles. 802.11b es la secuela de 802.11a, ¿verdad? (Incorrecto.) Basta con comprar Wi-Fi para que todo funcione correctamente, ¿verdad? (Desafortunadamente no). ¿Cuál es la diferencia entre 802.11 a/b/g, 802.16 y 802.1x? ¿Qué sucede con GSM, GPRS, GMRS y GPS? ¿Cómo encaja Bluetooh en este conjunto?

Antes de adentrarnos en los trucos más avanzados relacionados con las comunicaciones inalámbricas, es importante saber con qué tenemos que trabajar. Recuerde que, inherentemente, ninguna tecnología es mejor que otra y que la que utilicemos depende de lo que queramos conseguir y de los recursos con los que contemos. El objetivo de este capítulo es familiarizarnos con muchas de las tecnologías inalámbricas disponibles en la actualidad y en presentar sus ventajas e inconvenientes.

TRUCO 1

802.11: la madre de Ethernet inalámbrica del IEEE

Aunque empieza a dar muestras de envejecimiento, el estándar 802.11 original sigue teniendo sus usos.

El primer estándar inalámbrico definido en la familia inalámbrica 802 fue 802.11. El IEEE lo aprobó en 1997 y define tres posibles niveles físicos: Espectro ensanchado por salto de frecuencia (FHSS, Frecuency Hopping Spread Spectrum) a 2.4 GHz, Espectro de difusión de secuencia directa (DSSS, Direct Sequence Spread Spectrum) a 2.4 GHz o Infrarrojo. 802.11 podía obtener frecuencias de datos de

1 o 2 Mbps. Las radios 802.11 que utilizan DSSS se pueden combinar con radios 802.11b y 802.11g a dichas velocidades, mientras que las radios FHSS e Infrarrojo no.

Los dispositivos 802.11 originales resultan cada vez más difíciles de obtener, pero siguen siendo útiles para enlaces punto a punto con bajos requisitos de ancho de banda.

Ventajas

- Muy económicos (pocos euros o incluso gratuitos) si los puede encontrar.

- Las tarjetas DSSS son compatibles con 802.11 b/g.

- Las tarjetas 802.11 Infrarrojo (aunque poco habituales) pueden ofrecer conexiones inalámbricas sin interferencias, sobre todo en entornos RF ruidosos.

- Infrarrojo también ofrece una mayor seguridad debido a un alcance significativamente menor.

Inconvenientes

- Ya no se fabrican.

- Baja frecuencia de datos de 1 o 2 Mbps.

- Los radios FHSS son incompatibles con el resto.

Recomendaciones

Los dispositivos 802.11 pueden seguir siendo útiles, sobre todo si ya dispone de ellos. Pero el cada vez menor precio de los dispositivos 802.11b y 802.11g reduce el atractivo de los equipos 802.11. Las tarjetas FHSS e Infrarrojo sólo se comunican con tarjetas de la misma época, por lo que no espere que funcionen fuera de sus propios proyectos. Las tarjetas Infrarrojo requieren una línea completamente limpia entre los dispositivos y ofrecen un alcance limitado, pero tienen un funcionamiento correcto con respecto a las populares líneas ISM y UNII. Esto significa que no interfiere (ni recibe interferencias) con otros dispositivos en red, lo que puede constituir una importante ventaja en algunas situaciones.

En mi caso, probablemente no adquiriría un equipo 802.11, pero puede crear una red bastante útil si es todo lo que necesita para trabajar. Pueden resultar de utilidad para crear enlaces punto a punto, aunque su uso está desaconsejado generalmente.

802.11a: el Betamax de la familia 802.11

802.11a ofrece más canales, una mayor velocidad y menos interferencias que otros protocolos, pero sigue sin ser tan conocido.

Según las especificaciones disponibles en el IEEE (`http://standards.ieee.org/getieee802/`), tanto 802.11a como 802.11b se ratificaron el 16 de septiembre de 1999. Anteriormente, 802.11a se anunciaba como "el asesino del 802.11b" ya que no sólo ofrece una mayor velocidad de datos (hasta 54 Mbps brutos o aproximadamente 27 Mbps de datos reales) sino que también funciona en un espectro completamente diferente, la banda UNII de 5 GHz. Utiliza una técnica de codificación denominada Multiplexado ortogonal por división de frecuencia (OFDM, Orthogonal Frequency Division Multiplexing).

Mientras las promesas de mayores velocidades y falta de interferencias con dispositivos de 2.4 GHz convirtieron a 802.11a en la panacea, se comercializó mucho después que 802.11b. También padece problemas de alcance: a la misma potencia y ganancia, las señales a 5 GHz parecen desplazarse la mitad que las señales a 2.4 GHz, lo que constituye una verdadera carga técnica para diseñadores e implementadores. La rápida adopción de 802.11b sólo empeoró las cosas, ya que los usuarios de equipamientos 802.11b no disponían de una ruta de actualización clara a 802.11a (al no ser compatibles entre sí). Como resultado, 802.11a no está tan extendido ni es tan económico como 802.11b. Aunque las tarjetas cliente y los puntos de acceso de banda dual (que, esencialmente, incorporan dos radios o una sola radio con una placa de banda dual) empiezan a reducir su precio.

Ventajas

- Altas velocidades de datos: hasta 54 Mbps (nueva velocidad de radio). Algunos proveedores ofrecen 72 Mbps o superior con extensiones propietarias.

- Utiliza la banda UNII, a 5.8 GHz, menos congestionada (por el momento en los Estados Unidos).

Inconvenientes

- Al cierre de la edición de este libro, los equipos 802.11a siguen siendo más caros que los equipos 802.11b o 802.11g.

- La mayoría de los dispositivos cliente 802.11a son tarjetas adicionales y la tecnología se basa en un número escaso de dispositivos para consumidores (sobre todo ordenadores portátiles).

- Las tarjetas PCMCIA 802.11a requieren una ranura CardBus de 32 bits y no funcionan en dispositivos más antiguos.

- La actualización desde 802.11b puede ser dolorosa, ya que la frecuencia de 5.8 GHz funciona de forma diferente a 2.4 GHz, lo que requiere un nuevo estudio del sitio y, probablemente, más puntos de acceso (PA).

- Alcance limitado si lo comparamos con los estándares 802.11b y 802.11g, a los mismos niveles de potencia y ganancia.

- Las antenas 802.11a internas suelen ser direccionales, lo que las hace insoportablemente sensibles y nos obliga a conseguir la orientación correcta para obtener los mejores resultados.

Recomendaciones

La alianza Wi-Fi (http://www.weca.net/) trató de bautizar el estándar 802.11a como "Wi-Fi5" pero el nombre nunca cuajó. En ocasiones, se denomina Wi-Fi a estos dispositivos, al igual que a los completamente incompatibles 802.11b. Cuando vaya a adquirir su equipo, fíjese en que el nombre de la especificación es el correcto (802.11a).

El estándar 802.11a puede ser mucho más rápido que 802.11b pero básicamente consigue la misma salida que 802.11g (27 Mbps para 802.11a comparados con los 20-25 Mbps de 802.11g). 802.11a resulta muy indicado para crear enlaces punto a punto, si los dispositivos con conectores de antena externos fueran más habituales. Mucha gente señala la capacidad de OFDM de solventar los reflejos generados por obstáculos (denominado multiruta) como uno de los motivos para utilizar 802.11a, pero 802.11b utiliza la misma codificación al tiempo que consigue un mayor alcance con la misma potencia y ganancia. Algunos consideran que el reducido alcance del estándar 802.11a es una ventaja de seguridad, pero esto puede generar una falsa sensación de seguridad. En capítulos posteriores encontrará más detalles al respecto.

Recuerde que la velocidad de datos de 54 Mbps es el máximo teórico y sólo se consigue cuando la proximidad al PA es elevada. La velocidad se reduce considerablemente al aumentar la distancia con respecto al PA y sufre radicalmente cuando existe un muro u otro obstáculo sólido entre medias. Es aconsejable realizar un completo estudio del sitio así como pruebas de salida para determinar si 802.11a es aconsejable para la ubicación prevista.

No conviene crear una red sólo de 802.11a a menos que se comprometa inicialmente a utilizar equipamiento 802.11a en exclusiva. Si quiere permitir el uso de su red a invitados, podría al menos incorporar algunos PA de banda dual (o un PA 802.11g dedicado) ya que es muy probable que los usuarios invitados recurran a equipos 802.11b o 802.11g.

802.11b: el estándar de facto

Mucha gente continúa utilizando 802.11b, el protocolo de la revolución Wi-Fi

A lo largo de este libro, nos centraremos principalmente en 802.11b (también conocido como Wi-Fi, aunque también lo es 802.11a). Se trata del estándar de red inalámbrica de facto de los últimos años y por motivos evidentes. Ofrece un excelente alcance y una salida aceptable. (Aunque la radio puede enviar marcos hasta a 11 Mbps, la sobrecarga del protocolo reduce la velocidad de datos a 5 o 6 Mbps, prácticamente similar a Ethernet 10baseT). Opera utilizando DSSS a 2.4 GHz y selecciona automáticamente la velocidad de datos óptima (ya sea a 1, 2, 5.5 o 11 Mbps) en función de la fuerza de la señal.

Su principal ventaja es su ubicuidad: existen millones de dispositivos 802.11b y el coste del equipamiento cliente y de acceso no sólo es reducidísimo sino que también se incluye en muchos dispositivos portátiles y manuales. Como puede transmitir datos a velocidades superiores a las de conexiones convencionales de Internet, normalmente se considera "lo suficientemente indicado" para el uso general.

Ventajas

- Una presencia prácticamente universal en dispositivos cliente estándar, tarjetas adicionales y PA.

- La tremenda popularidad y presión de 802.11a/g ha provocado la aparición de hardware mucho más económico. Al cierre de esta edición, el precio de las tarjetas era inferior a 40 euros y el de los PA de menos de 100.

- Existen puntos 802.11b en muchas cafeterías, restaurantes, parques, bibliotecas y aeropuertos, lo que aumenta más su popularidad.

- Debido a la cantidad de usuarios de 802.11b, probablemente sea el protocolo inalámbrico más personalizado del planeta.

Inconvenientes

- 802.11b nunca superará la velocidad de datos de 11 Mbps, y ya se ha visto superado por 802.11a y 802.11g.

- El esquema de canales de 802.11b sólo permite la presencia de tres canales no superpuestos, lo que aumenta considerablemente la contención de la banda ISM 2.4 GHz.

- Las características de seguridad estándar de 802.11b han resultado ser menos eficaces. En capítulos posteriores encontrará más información al respecto.

Recomendaciones

Aunque resulta imposible predecir los variantes patrones del mercado de consumibles, es muy probable que a 802.11b le queden varios años de vida. Se han manufacturado millones de dispositivos, convirtiéndose en el protocolo de redes inalámbricas más popular del planeta. Irónicamente, tendrá una extensión de por vida de su competidor, 802.11g, ya que los nuevos equipos 802.11g funcionan con puntos de acceso 802.11b existentes. Esto hace que la actualización sea prácticamente inmediata y, si hay algo que los administradores de redes odien, es actualizar los dispositivos fundamentales de una red.

Como la velocidad media de Internet es muy inferior a la de 802.11b, es muy probable que este protocolo se utilice como mecanismo para proporcionar acceso a Internet por algún tiempo. Puede que las redes corporativas necesiten el mayor ancho de banda que ofrecen 802.11a y 802.11g pero para el usuario medio de Internet, 802.11b proporciona velocidad suficiente y es un sencillo mecanismo para el acceso a redes. Incluso después de tres años de crecimiento, 802.11b sigue disfrutando de la aceptación general.

 TRUCO 4 ## 802.11g: similar a 802.11b pero más rápido

Acelere su red inalámbrica sin dejar en la estacada a los usuarios de 802.11b.

Al cierre de la edición de este libro, la especificación 802.11g había sido ratificada por el IEEE. 802.11g utiliza la codificación OFDM de 802.11a en la frecuencia de 2.4 GHz y también recurre a DSSS para mantener la compatibilidad inversa con radios 802.11b. Esto significa que se pueden conseguir velocidades de datos de 54 Mbps (datos de 20 a 25 Mbps) en la frecuencia de 2.4 GHz al tiempo que se conserva la compatibilidad inversa con el equipamiento 802.11b existente. Se trata de una tecnología muy prometedora, de hecho, tan prometedora que la falta de ratificación no impidió que algunos fabricantes empezarán a comercializar equipos que utilizaban el borrador del estándar, incluso antes de ratificarlo.

Ventajas

- Compatibilidad inversa con el conocido 802.11b ofrece una sencilla ruta de actualización para los usuarios existentes.

- Altas velocidades de datos de hasta 54 Mbps.

- 802.11g utiliza la misma frecuencia que el estándar 802.11b, por lo que se pueden reutilizar las antenas y líneas existentes.

Inconvenientes

- Ligeramente más caro que el estándar 802.11b pero se espera que los precios bajen con la aparición de nuevo material.

- Como utiliza la frecuencia ISM de 2.4 GHz, 802.11g tendrá que hacerse un hueco entre muchos otros dispositivos, lo que provocará mayor interferencia en zonas congestionadas.

Recomendaciones

Si tiene previsto crear una red desde cero, tenga en cuenta las ventajas de 802.11g. Permite que los usuarios existentes de 802.11b sigan utilizando la red, al tiempo que se ofrece un significativo aumento de velocidad a los usuarios de 802.11g. Aunque se trata de una tecnología nueva, los primeros en adoptarlo ofrecen referencias positivas. Apple ya ha decidido utilizar 802.11g como su estándar de alta velocidad en su nueva línea de equipos Air-Port Extreme. La WECA no se ha referido a 802.11g como Wi-Fi todavía, pero lo hará con el tiempo.

Es muy probable que 802.11g se convierta en una tecnología extendida, ya que promete muchas de las ventajas de 802.11a sin aumentar significativamente el coste o abandonar la compatibilidad inversa. Mi consejo es que vigile de cerca la especificación 802.11g y que la utilice si se lo puede permitir. Dado que ofrece numerosas ventajas y apenas tiene inconvenientes, creo que se convertirá en la próxima tecnología inalámbrica mundial.

TRUCO 5

802.16: infraestructura inalámbrica de larga distancia

El tan esperado protocolo Municipal Area Network está en camino, pero todavía no ha llegado.

Aprobado el 6 de diciembre de 2001, 802.16 promete convertirse en la respuesta a todos los inconvenientes de las aplicaciones de larga distancia que han sufrido los usuarios de los protocolos 802.11. Conviene mencionar que nunca se pretendió que la familia 802.11 proporcionara cobertura metropolitana de larga distancia (aunque veremos algunos ejemplos de gente que lo hace). La especificación 802.16 se ha diseñado específicamente para proporcionar infraestructura inalámbrica que abarque ciudades enteras, con alcances medidos en kilómetros. Utilizará frecuencias comprendidas entre 10 y 66 GHz para ofrecer servicios de calidad comercial a ubicaciones estacionarias (por ejemplo a edificios). En enero de 2003 se ratificó una nueva extensión (802.16a), que funcionará en la frecuencia de 2 a 11 GHz. Esto contribuirá a mejorar los requisitos de ondas especialmente cortas de 10 a 66 GHz. Actualmente, los equipos que implementan 802.16 están apareciendo en el mercado y es muy probable que su precio supere a los equipos cliente de la familia 802.11.

Ventajas

- 802.16 se ha diseñado para redes de largo alcance y es muy probable que cubra distancias de 20 a 30 kilómetros.

- Una gran velocidad para redes inalámbricas fijas, alrededor de 70 Mbps.

Inconvenientes

- Las longitudes de onda menores de 10 a 66 GHz son susceptibles a la debilitación de la señal por causas meteorológicas (como la lluvia, por ejemplo).

- Muchas frecuencias utilizadas por 802.16 y 802.16 a tienen un espectro con licencia.

- No se encuentra disponible todavía.

Recomendaciones

Será interesante ver cómo evoluciona el protocolo MAN 802.16 aunque es muy temprano para saber el comportamiento de esta tecnología. En la actualidad, Fujitsu se encuentra desarrollando una placa 802.16 que espera tener terminada en el 2004, con un precio aproximado de 300 euros. Evidentemente, 802.16 será una tecnología bienvenida para aplicaciones punto a multipunto de larga distancia, que resultan difíciles de implementar por medio de 802.11. Sin embargo, desafortunadamente, no existe hardware disponible con el que experimentar.

 TRUCO 6

Bluetooth: sustituto de los cables para los dispositivos

Bluetooth elimina la necesidad de cables para conectar dispositivos de pequeño tamaño.

Mientras que los protocolos 802.11 se diseñaron para reemplazar al omnipresente cable de red CAT5, el objetivo de Bluetooth es sustituir al resto de cables conectados a su equipo (con la triste excepción del cable de alimentación). Opera en la banda ISM de 2.4 GHz y comparte el mismo espectro que 802.11b/g y muchos otros dispositivos. Se diseñó para crear la denominada "Red de área personal" para dispositivos como teléfonos móviles, cámaras digitales, PDA, auriculares, teclados y ratones, y, evidentemente, ordenadores. Aunque se puede utilizar Bluetooth para una conexión a Internet, parece estar más indicado para aplicaciones de datos y voz de bajo ancho de banda.

Ventajas

- Mínimos requisitos de alimentación, lo que lo convierte en la solución perfecta para pequeños dispositivos a pilas como teléfonos y auriculares.

- Sencilla interfaz y un modelo de seguridad muy simple.

- Excepcional compatibilidad entre dispositivos.

- Compatibilidad incorporada con transmisión simultánea de datos y voz.

Inconvenientes

- Una salida de datos que es relativamente lenta (aproximadamente 720 Kbps).

- Comparte la frecuencia de 2.4 GHz con muchos otros dispositivos, incluyendo 802.11b/g.

- Alcance muy limitado, por diseño.

Recomendaciones

Bluetooth utiliza un completo y agresivo esquema doble de salto de frecuencias (puede cambiar de canal hasta 1600 veces por segundo) para intentar evitar el ruido de la frecuencia de 2.4 GHz.

Aunque puede estar indicado para Bluetooth, los dispositivos de salto de frecuencia de alta potencia pueden provocar interferencias en otros dispositivos que utilicen la misma banda. Afortunadamente, la mayoría de los productos Bluetooth sólo funcionan a 1mW, lo que limita las interferencias a una zona reducida. Incluso al utilizar Bluetooth junto con una conexión 802.11b, la interferencia que se percibe es mínima y los usuarios no aprecian la diferencia con respecto al uso normal. Si utiliza 802.11a junto con dispositivos Bluetooth, no interferirán entre sí.

Los protocolos 802.11 y Bluetooth son complementarios y resuelven problemas muy diferentes. En el siguiente capítulo veremos algunas de las cosas que podemos hacer con Bluetooth y gran parte del libro se centra en lo divertido que resulta el uso de 802.11.

TRUCO 7 · 900 MHz: velocidad lenta, mejor cobertura

En ocasiones, la ubicuidad es más importante que la velocidad. Si tiene que establecer a toda costa un enlace que no se puede conseguir con 802.11, este equipamiento más antiguo puede ser la solución.

Antes de la aparición de 802.11, diversos productos de redes inalámbricas FCC Part 15 competían en el mercado. Por ejemplo, Aironet, Inc. (antes de ser adquirido por Cisco) comercializó las series de red Arlan. Los PA y puentes de Arlan utilizan Ethernet 10baseT, operan a 900 MHz y su velocidad de transmisión de datos es de 215 Kbps o 860 Kbps. También ofrecían una serie de tarjetas PCMCIA complementarias (por ejemplo, la 655-900, 690-900 y PC1000). Estos dispositivos admitían hasta 1 vatio a 900 MHz. NCR contaba con la línea WaveLAN 900 MHz que incluía una tarjeta ISA y PCMCIA que procesaba 2 Mbps a 250mW. Aunque la velocidad de datos no se puede comparar a la de los modernos equipamientos de redes inalámbricas, la mayor potencia y menor frecuencia de este equipo ofrece significativas ventajas.

Al aumentar la frecuencia de una señal, el alcance aparente que puede cubrir a la misma potencia y ganancia disminuye. Por ejemplo, una señal de 100mW a 5.8 GHz parece desplazarse la mitad de la distancia que recorre una señal de 100mW a 2.4 GHz, que parece desplazarse menos de la mitad que una señal de 100mW a 900 MHz. De hecho, no existe límite en cuanto al posible desplazamiento de una señal pero la posibilidad de que supere el ruido de fondo y de que pueda detectarse a un nivel útil viene determinada por su potencia, la frecuencia y la ganancia de la antena. Para resumir, siendo todas las variables iguales, las señales a frecuencias más bajas se desplazan más que las señales a frecuencias elevadas. Puede conseguir que señales de frecuencia alta parezcan desplazarse más pero para ello tendrá que aumentar la potencia, la ganancia de la antena o ambas.

Otra propiedad curiosa de la radio es que a frecuencias más altas, aumenta la necesidad de disponer de una línea visible entre los dispositivos, algo que es menos importante a frecuencias más bajas. Las frecuencias más altas no se comportan correctamente cuando existen obstáculos entre los extremos de los enlaces de radio (sobre todo en zonas urbanas o de interior). Esta propiedad, junto con la ventaja de un mayor alcance, implica que los equipos a 900 MHz se pueden utilizar en diferentes situaciones en las que 802.11b/g o 802.11a no se comportan correctamente. Puede atravesar vegetación, edificios y otros obstáculos mejor que sus equivalentes en 802.11. Evidentemente, el principal inconveniente es la salida.

Ventajas

- Mayor potencia y alcance.

- El equipo no compite con la cada vez más transitada banda ISM de 2.4 GHz, pero debe ser compatible con teléfonos, videocámaras y otros dispositivos a 900 MHz.

Inconvenientes

- Reducida salida de datos, desde velocidades en serie de 9.600 bps hasta 2 Mbps aproximadamente.

- Escasa compatibilidad entre proveedores.

- Con la llegada de las redes 802.11, los equipos a 900 MHz han reducido considerablemente su disponibilidad.

- Los equipos pueden ser más caros que los equipamientos 802.11.

Recomendaciones

Existen diversos fabricantes que ofrecen puentes en serie o Ethernet a 900 MHz. Aunque Ethernet suele ser preferible, los dispositivos en serie son perfectamente capaces de admitir una conexión PPP entre dos sitios. Si tiene que crear un enlace punto a punto de larga distancia (sobre todo si no se puede conseguir una línea de visión clara) y solventar velocidades de datos limitadas, puede que este tipo de equipamiento sea el indicado. Sepa que el hardware es difícil de encontrar y normalmente menos económico que el típico equivalente 802.11b.

TRUCO 8 CDPD, 1xRTT y GPRS: redes de datos celulares

Si no puede crear su propia red inalámbrica, puede probar una de estas redes de telefonía móvil.

Cuando se habla de velocidad de datos, la mayoría está de acuerdo en que a mayor rapidez mejores resultados. Pero la tecnología de comunicaciones actual implica un intercambio entre velocidad, potencia y alcance. Una velocidad de 54 Mbps puede ser estupenda si puede conseguirla pero, a gran escala, resulta difícil de mantener. Los protocolos 802.11 compensan el aumento de alcance con una reducción de la velocidad de datos, pero estos dispositivos no están diseñados para servir a cientos de personas desperdigadas a lo largo de varios kilómetros.

En ocasiones, es mejor enviar cualquier dato a Internet en lugar de no enviar nada, independientemente de lo lento que resulte. Por ejemplo, puede que necesite conectarse a un equipo remoto o enviar un rápido correo electrónico mientras se encuentra de viaje y no puede acceder a Wi-Fi o no existe un acceso a red por cable. O puede que quiera un canal de comunicaciones alternativo a un nodo inalámbrico que se encuentra en una ubicación remota (por ejemplo en una montaña o perdido en el bosque) en la que no existen líneas telefónicas. En este tipo de situaciones, puede que le interese la principal ventaja de las redes de datos móviles comerciales: su ubicuidad. Las redes móviles pueden resultar lentas y relativamente caras pero no se puede superar su cobertura si la comparamos con las redes Wi-Fi actuales. Pueden proporcionarle una dirección IP en cualquier parte pero debe saber que la mayoría de los servicios de datos móviles no son nada económicos. La mayoría cobra por byte así como por el tiempo que se utiliza el espacio aéreo. El tipo de servicio de datos que pueda utilizar dependerá de la tecnología inalámbrica subyacente. Evidentemente, antes de elegir una tecnología, debe determinar la zona de cobertura de la red móvil que pretenda utilizar. A continuación se describen los tres principales servicios de datos móviles, en orden decreciente según su disponibilidad en los Estados Unidos.

CDPD en TDMA

CDPD significa Datos de paquetes digitales celulares. Opera en la conocidísima red móvil TDMA (Acceso múltiple por división de tiempo) que, posiblemente, sea la red móvil más implementada en los Estados Unidos. Los módems CDPD suelen utilizar un puerto serie o una ranura PCMCIA y ofrecen velocidades de hasta 19.2 Kbps (en el mundo real se acerca más a 9.600 bps).

En la actualidad, parece que los operadores TDMA se están cambiando de forma generalizada a GSM, por lo que es poco probable que los servicios de datos TDMA lleguen a actualizarse. En algunas zonas, TDMA se empieza a eliminar, lo que dificulta la posibilidad de obtener una cuenta CDPD. Pero a pesar de la escasa velocidad de CDPD, no se puede superar su cobertura. Prácticamente todas las zonas pobladas de los Estados Unidos quedan bajo la cobertura de TDMA.

1xRTT en CDMA

CDMA equivale a Acceso múltiple por división de código; es la segunda tecnología móvil más utilizada en los Estados Unidos. Los servicios de datos CDMA originales ofrecían velocidades comprendidas entre 9.600 bps y 14.4 Kbps. Una nueva actualización denominada 1xRTT aumenta estos valores hasta 144 Kbps pero, en el mundo real, la verdadera salida oscila entre 60 y 80 Kbps, subiendo ocasionalmente hasta 144 Kbps con suerte. Si piensa que los nombres de los protocolos 802.11 no son lo suficientemente confusos, debería probar a seguir la tecnología telefónica móvil. En algunos círculos, 1xRTT se conoce como CDMA2000 Phase 1 o simplemente como 95-C.

1xRTT es la primera fase del plan CDMA2000. En algunas comunidades se empieza a experimentar con la tecnología 1xEV-DO que, en teoría, puede obtener 2 Mbps desde puntos fijos a través de CDMA. Esta tecnología está por implementarse en su totalidad. Al mismo tiempo, estamos a la espera de 1xRTT Release desde el final de 2003. Se trata de una actualización de software que promete subidas a 144 Kbps y descargas de hasta 300 Kbps.

GPRS en GSM

GPRS equivale a Servicio de radio de paquetes generales y se trata del servicio de datos disponible en redes GSM (Sistema global para comunicaciones móviles). Los servicios de datos GSM originales ofrecían una salida de 9.600 bps pero GPRS permite una velocidad real de entre 20 y 30 kbps. GPRS es un protocolo basado en paquetes lo que significa que sólo transmite cuando dispone de datos para el envío. Esto ahorra batería y, en teoría, racionaliza el uso de la red. Existen multitud de modernos dispositivos, como HipTop de Danger (`http://www.danger.com/`) que utilizan GPRS para realizar conexiones.

Con el tiempo, GPRS se verá reemplazado por tecnologías como Datos mejorados para evolución global (EDGE; tendrá que preguntarse cómo utilizar todas estas siglas sin perder la compostura) que ofrece velocidades teóricas de hasta 384 Kbps a través de GSM. EDGE continúa en fase experimental y no se ha implementado de forma completa. Al cierre de la edición de este libro, la cobertura de GSM había aumentado considerablemente en Estados Unidos pero no tiene el alcance de CDMA o TDMA. La red GSM está ya implementada prácticamente en todo el mundo. Si necesita una sencilla conectividad inalámbrica que supere lo que le pueden ofrecer las tecnologías 802.11, las redes de datos comerciales constituyen una alternativa viable. No son baratas pero pueden resultar idóneas para muchas aplicaciones con un reducido ancho de banda.

TRUCO 9

FRS y GMRS: super walkie-talkies

Utilice estas radios de alta potencia en lugares a los que no puedan llegar los teléfonos móviles.

En los últimos años, diferentes fabricantes han ofrecido radios de alta potencia para uso general, comercializados como dispositivos de comunicación familiares o de recreo y vendidos en centros comerciales. Ofrecen un alcance de varios kilómetros, funcionan con pilas recargables o pilas AA y resultan sorprendentemente fáciles de utilizar.

Las dos tecnologías sobre las que se basan estos dispositivos son FRS y GMRS. Aunque se venden en envoltorios similares y suelen encontrarse en la misma estantería, estos dos modelos son bastante diferentes en lo que a prestaciones y funcionamiento se refiere.

FRS

FRS significa Servicio de radio familiar y fue aprobado por la FCC para uso sin licencia en 1996. Opera entre 462 y 467 MHz, y en ocasiones se denomina la "banda UHF ciudadana". No es un dispositivo Part 15 como las radios 802.11 pero se rige por la FCC Part 95, Personal Radio Services. Las radios FRS comparten algunos canales con las radios GMRS aunque se limitan a una potencia máxima de 500mW. Los fabricantes suelen anunciar un alcance máximo de 3,2 km para estas radios. Incluyen antenas fijas y no se pueden modificar legalmente para añadir antenas o amplificadores.

Los canales FRS del 1 al 7 se superponen a GMPRS y se pueden utilizar para comunicarse con radios GMRS. Si únicamente tiene que hablar con otras radios FRS, utilice los canales del 8 al 14 para evitar posibles interferencias con usuarios GMRS de banda corta. En la tabla 1.1 se reproduce la lista completa de frecuencias FRS y GMRS.

Tabla 1.1. Frecuencias FRS y GMRS.

Frecuencia inferior	Frecuencia superior	Objetivo
462.550	467.550	GMRS "550"
462.5625	--	FRS canal 1, GMRS "5625"
462.575	467.575	GMRS "575"
462.5875	--	FRS canal 2, GMRS "5875"
462.600	467.600	GMRS "600"
462.6125	--	FRS canal 3, GMRS "6125"
462.625	467.625	GMRS "625"
462.6375	--	FRS canal 4, GMRS "6375"
462.650	467.650	GMRS "650"
462.6625	--	FRS canal 5, GMRS "6625"
462.675	467.675	GMRS "675"
462.6875	--	FRS canal 6, GMRS "6875"

Frecuencia inferior	Frecuencia superior	Objetivo
462.700	467.700	GMRS "700"
462.7125	--	FRS canal 7, GMRS "7125"
462.725	467.725	GMRS "725"
467.5625	--	FRS canal 8
467.5875	--	FRS canal 9
467.6125	--	FRS canal 10
467.6375	--	FRS canal 11
467.6625	--	FRS canal 12
467.6875	--	FRS canal 13
467.7125	--	FRS canal 14

GMRS

GMRS equivale a Servicio de radio móvil general y también se conoce como "banda ciudadana de clase A". Su uso también se rige por la FCC Part 95 aunque requiere una licencia para funcionar. Al cierre de la edición de este libro, una licencia personal costaba unos 75 euros y se podía obtener en línea en `http://wireless.fcc.gov/uls/`.

Las unidades GMRS manuales pueden admitir hasta 5 vatios de potencia aunque son más habituales las de 4. Aunque las estaciones de base fija pueden utilizar hasta 15 vatios en la mayoría de las frecuencias, se restringen a 5 vatios al establecer comunicaciones en el canal FRS. Se permite el uso de estaciones repetidoras, con una transmisión máxima de 50 vatios. Tanto las estaciones de base fija como los repetidores pueden transmitir en las frecuencias 462, mientras que las unidades manuales pueden funcionar en cualquier frecuencia GMRS. En la tabla 1.1 encontrará la lista completa de frecuencias FRS y GMRS. Los equipos GMRS pueden incluir antenas portátiles lo que facilita su uso en coches o antenas estáticas. Junto con la posibilidad de utilizar repetidores, GMRS se puede usar para realizar comunicaciones a una distancia considerable.

Habitualmente, las unidades GMRS manuales utilizan frecuencias bajas siempre que es posible para comunicarse entre sí y transmiten por las frecuencias altas (mientras escuchan a 5 MHz) para comunicarse con un repetidor. Esto permite que todo el mundo que escuche en la parte 462 reciba tráfico tanto de las

unidades manuales como de los repetidores. Siempre que sea posible se recomienda utilizar las frecuencias más bajas y la menor potencia posible para evitar
interferencias innecesarias con otros usuarios de GMRS. Utilice repetidores sólo
cuando no pueda establecer la comunicación de otro modo.

Ampliar el alcance

Aunque las radios de alta potencia pueden contribuir a ampliar ligeramente
el alcance, el método más indicado para aumentarlo es incrementar la altitud.
Las radios UHF pueden llegar más lejos si la antena tiene la altura adecuada,
incluso con una potencia limitada. Es una de las razones por las que las reglas
Part 95 limitan las pequeñas estaciones de control al uso de antenas que no
superen en 6 metros la estructura sobre la que se asientan. Para racionalizar el
uso de su radio FRS o GMRS, realice las transmisiones desde un punto elevado.
En algunos casos, esto puede aumentar el alcance a varios kilómetros. Si utiliza
una radio GMRS, puede añadirle una antena de gran tamaño para mejorar
significativamente el radio de acción. Aunque estas radios permiten transmisiones de datos limitadas, resultan muy útiles en algunas ocasiones. Por ejemplo, para establecer contacto con un enlace punto a punto 802.11 a larga
distancia, puede que le sean más útiles que un teléfono móvil. Siempre que
tenga que trabajar fuera de una ciudad, sobre todo en zonas montañosas, las
radios FRS y GMRS funcionan mucho mejor que un teléfono. Sin embargo, no
se haga ilusiones de conectar una radio a un teléfono, ya que está prohibido
tanto en FRS como en GMRS.

En ningún aspecto este manual pretende sentar cátedra sobre las laberínticas
reglas de la FCC aunque debería bastarle para hacerse una idea de para qué sirve
cada una de las tecnologías analizadas. En caso de duda, puede consultar la nor-
mativa en línea en la dirección `http://www.access.gpo.gov/nara/cfr/`
`waisidx_00/47cfr95_00.html`. Si necesita más información sobre FRS y GMRS,
la puede encontrar en el sitio de Personal Radio Steering Group, en `http://`
`www.provide.net/~prsg/rules.htm`.

TRUCO 10 802.1x: seguridad de puertos para comunicaciones en red

Acceso seguro prácticamente a cualquier puerto de red (con cables o inalámbrico) con 802.1x.

El protocolo 802.1x no es realmente un protocolo inalámbrico. Describe un
método para autenticación de puertos que se puede aplicar prácticamente a cualquier conexión de red, ya sea inalámbrica o no.

Justo cuando pensó que conocía todas las especificaciones IEEE relacionadas con las redes inalámbricas, aparece 802.1x. El título completo de 802.1x es "802.1x: Control de acceso a redes basado en puertos". Originalmente, el protocolo 802.1x no se diseñó para su uso en redes inalámbricas; se creó como una solución genérica al problema de la seguridad de puertos. Imagine un campus universitario con cientos de entradas Ethernet desperdigadas por bibliotecas, aulas y laboratorios. En cualquier momento podemos conectar nuestro portátil a una de las entradas sin ocupar y obtener acceso ilimitado a la red del campus. Si el uso excesivo de la red por parte del público general fuera habitual, sería aconsejable implantar una política de control de acceso a puertos que únicamente permitiera a los estudiantes y al profesorado utilizar la red.

Y aquí es donde aparece el protocolo 802.1x. Antes de permitirle ningún acceso a la red (de Nivel 2 o superior), el cliente (el peticionario, en jerga 802.1x) debe autenticarse. Al conectarse por primera vez, el peticionario sólo puede intercambiar datos con un componente denominado autenticador. Éste, a su vez, comprueba las credenciales en un origen de datos central (el Servidor de autenticación), normalmente un servidor RADIUS u otra base de datos de usuario existente. Si todo funciona correctamente, el autenticador notifica al peticionario que se le ha concedido el acceso (junto con otros datos opcionales) y el cliente puede continuar. Los diferentes métodos de codificación utilizados no se definen en particular pero se proporciona un marco extensible de codificación, el Protocolo de autenticación extensible o EAP.

802.1x se suele considerar habitualmente "la solución" a los problemas de autenticación en redes inalámbricas. Por ejemplo los "otros datos" que se envían al peticionario pueden contener claves WEP que se asignan dinámicamente por sesión y que se renuevan de forma automática a menudo, de forma que se inutilizan la mayoría de los ataques de apropiación de datos contra WEP. Desafortunadamente, el protocolo 802.1x es susceptible de ciertos ataques de secuestro de sesión, denegación de servicio o de hombre en medio al utilizarlo en redes inalámbricas, lo que cuestiona el uso de este protocolo como la herramienta de seguridad definitiva.

Al cierre de esta edición, existían controladores 802.1x para Windows XP y 2000 y muchos puntos de acceso (en especial Cisco y Proxim) son compatibles con algunas variedades de 802.1x. También existe un proyecto de implementación 802.1x de código abierto en http://www.open1x.org/. Puede utilizar el controlador Host AP para proporcionar servicios de autenticador a un servidor RADIUS o a otro servidor de autenticación por medio del sistema de servidor.

Desafortunadamente, las publicaciones periódicas más extendidas tienden a abreviar 802.11a/b/g como 802.11x, que se parece mucho a 802.1x pero no se confunda. Aunque tiene su aplicación en redes inalámbricas, el protocolo 802.1x no tiene nada que ver con éstas. En la dirección `http://www.sans.org/rr/wireless/802.11.php` encontrará una completa descripción en línea de los métodos de seguridad de 802.1x y otros problemas.

TRUCO 11 · HPNA y Powerline Ethernet

Estos protocolos de red no tradicionales pueden ahorrarle mucho trabajo.

Aunque no se trate en esencia de protocolos de red, tanto HPNA como Powerline Ethernet empiezan a hacerse un hueco en los proyectos de red de muchos usuarios. Al igual que los protocolos inalámbricos, ofrecen funcionalidad de red sin necesidad de instalar cables CAT5. Pero en lugar de utilizar instalaciones inalámbricas, recurren a otro medio común para establecer su conexión física.

HPNA

HPNA significa Alianza de redes telefónicas domésticas. Ofrece prestaciones de red a través de cables CAT3 existentes y puede compartir el mismo cable que una línea telefónica estándar (incluso si utiliza DSL en la misma línea). HPNA puede alcanzar hasta 914 metros en CAT3. Los productos HPNA 1.0 originales pueden comunicarse aproximadamente a 1.3 Mbps, mientras que el nuevo estándar HPNA 2.0 permite velocidades de hasta 32 Mbps (aunque los dispositivos que funcionan a 10 Mbps son los más habituales). Algunos enrutadores cliente, como 2Wire HomePortal 100W, incorporan Ethernet, HPNA y 802.11b en una misma unidad.

Ventajas

- Redes instantáneas en cualquier edificio con cableado telefónico existente.
- Instalación muy sencilla; basta con conectarlo.
- Bastante económico.

Inconvenientes

- HPNA no es tan conocido como Ethernet o Wireless por lo que en ocasiones resulta difícil encontrarlo en las tiendas.
- HPNA 1.0 es mucho más lento que la tecnología inalámbrica pero HPNA 2.0 se acerca a las velocidades de 802.11b.

- Todos los dispositivos HPNA utilizan la línea telefónica como medio compartido, lo que reduce su eficacia con respecto a un conmutador de red al añadir nuevos dispositivos.

Recomendaciones

HPNA puede resultar perfecto para añadir puntos de acceso a ubicaciones adicionales de un domicilio o edificio que no cuente con Ethernet CAT5 en todas las habitaciones. Una conexión Ethernet dedicada ofrece mejor velocidad y fiabilidad, pero HPNA puede facilitar considerablemente el trabajo. Si necesita añadir puntos de acceso adicionales a un edificio para conseguir mayor cobertura o si quiere "atravesar" un edificio mediante un dispositivo con antenas externas en muros opuestos, HPNA puede ahorrarle gran cantidad de esfuerzo para hacerlo.

Powerline Ethernet

Powerline Ethernet utiliza las líneas eléctricas como medio físico para el tráfico de red. Los dispositivos Powerline son realmente simples: basta con conectar un cable CAT5 en un extremo del dispositivo, conectar el otro extremo al enchufe de la pared y listo. Algunos dispositivos admiten codificación en los mismos, pero no suele ser necesaria. Powerline Ethernet no puede atravesar transformadores por lo que la señal de red se detendrá al final del cableado de la casa.

Siemens, Linksys y NetGear fabrican adaptadores Powerline que pueden funcionar correctamente entre sí. Ofrecen velocidades de hasta 14 Mbps pero la velocidad real de los datos suele estar comprendida entre 5 o 7 Mbps. Como ocurre con HPNA, Powerline es un medio compartido, similar a un conmutador de red. Un mayor número de dispositivos implica una mayor posibilidad de colisiones y una salida más reducida.

Ventajas

- Instalación muy sencilla; prácticamente no se necesita configuración alguna.
- Velocidad de datos comparable a la de 802.11b.
- Los puentes Ethernet no necesitan configuración en el lado del equipo.

Inconvenientes

- Al cierre de la edición de este libro, resultaba ligeramente caro (unos 100 euros por dispositivo y se necesitan dos como mínimo).

Recomendaciones

Al igual que HPNA, Powerline Ethernet puede resultar muy indicado para casos en los que el cableado CAT5 no sea práctico. Esto simplifica mucho la instalación cuando se dispone de un enchufe pero no se puede acceder al cableado telefónico o a un cable CAT5. En la mayoría de los casos no se necesita configuración alguna, ya que el puente Powerline actúa como un concentrador para los dispositivos Ethernet.

Aunque se suele preferir CAT5 a los protocolos para compartir líneas como HPNA y Powerline, estos dispositivos permiten ahorrar mucho tiempo y esfuerzo de instalación. Si no le importan la menor velocidad de datos y el precio ligeramente superior a Ethernet, estos dispositivos pueden ser el componente perfecto para su proyecto de red inalámbrica.

 TRUCO 12 ## BSS frente a IBSS

BSS/Master/AP/Infrastructure/IBSS/Ad-Hoc/Peer-to-Peer, todos se refieren a los modos operativos de 802.11b pero, ¿qué significan?

802.11b define dos modos de radio posibles (y mutuamente excluyentes) que las estaciones pueden utilizar para intercomunicarse. Estos modos son BSS e IBSS.

BSS equivale a Conjunto de servicio básico. En este modo operativo, una estación (el principal BSS, normalmente un hardware denominado punto de acceso) actúa como puerta de enlace entre la parte inalámbrica y la cableada (normalmente Ethernet). Antes de poder acceder a la red convencional, los clientes inalámbricos (también denominado clientes BSS) deben establecer comunicaciones con un punto de acceso dentro del alcance. Una vez autenticado el cliente inalámbrico, el PA permite el flujo de paquetes entre el cliente y la red convencional adjunta, bien dirigiendo el tráfico al Nivel 3 o actuando como un verdadero puente de Nivel 2. El término Conjunto de servicio extendido (ESS) hace referencia a una subred física que contiene más de un punto de acceso (PA). En este tipo de configuración, los PA pueden comunicarse entre sí para permitir el movimiento de los clientes autenticados, entregando información de IP en cada movimiento. Al cierre de esta edición, no existían PA que permitieran tráfico entre redes separadas por un enrutador.

IBSS (Conjunto de servicios básicos independiente) se suele denominar modo Ad-Hoc o Peer-to-Peer (Igual a igual). En este modo, no se necesita ningún punto de acceso de hardware. Cualquier nodo de red dentro del alcance de otro nodo puede comunicarse si ambos acuerdan una serie de parámetros básicos. Si uno de estos iguales cuenta con una conexión convencional a otra red, puede proporcionar acceso a dicha red.

Es necesario configurar una radio 802.11b para trabajar en modo BSS o IBSS, pero no se puede trabajar de forma simultánea en ambos modos. Por otra parte, los principales BSS (es decir, los PA) no pueden comunicarse entre sí sin utilizar WDS u otro mecanismo. Tanto BSS como IBSS admiten codificación WEP de clave compartida, como veremos en un capítulo posterior.

Habitualmente, la mayoría de las redes 802.11b están formadas por uno o varios principales BSS (como por ejemplo un punto de acceso de hardware o un equipo que ejecute el controlador Host AP, como veremos más adelante) y varios clientes BSS (portátiles, unidades manuales, etc.). Las redes Ad-Hoc, por su parte, resultan muy útiles para establecer una conexión punto a punto entre dos dispositivos fijos o para que dos portátiles intercambien archivos y no haya otra red inalámbrica presente.

En los albores del protocolo 802.11b, muchos fabricantes implementaron su propia versión del modo Ad-Hoc, en ocasiones denominado modo Peer-to-Peer o Ad-Hoc Demo. Estos dispositivos sólo podían comunicarse entre sí y no eran compatibles con el verdadero modo IBS. Las últimas actualizaciones han contribuido a mejorar la compatibilidad del modo IBSS pero no todas las tarjetas pueden comunicarse entre sí por medio de IBSS. Por lo general, cualquier dispositivo cliente puede comunicarse con cualquier punto de acceso independientemente del fabricante, siempre que ambos se hayan certificado para comunicarse por medio de 802.11b.

## CAPÍTULO 2

Bluetooth y datos móviles

Trucos 13 a 19

En el sector de las comunicaciones se habla mucho de proporcionar la mayor conectividad posible. Bluetooth es una excelente y útil tecnología sustituta del cable y que ayuda a eliminar la necesidad de complicados cables que puede encontrar en auriculares, controles remotos, PDA y otros pequeños dispositivos. Bluetooth pretende acabar con los días en los que era necesario llevar por todas partes un cable de varios metros con conectores en ambos extremos para utilizar un portátil. Puede utilizar dispositivos compatibles con Bluetooth para comunicarse con un portátil o un equipo de sobremesa, o incluso comunicarlos entre sí para intercambiar datos casi sin esfuerzo. También existen diversos dispositivos de entrada compatibles con Bluetooth en el mercado, como por ejemplo ratones y teclados. Aunque aumenta la dependencia del uso de pilas, Bluetooth ha conseguido reducir considerablemente la ingente cantidad de cables que suelen utilizarse en la informática personal. En este capítulo veremos algunas de las soluciones que muchos usuarios emplean con Bluetooth.

También presentaremos algunos trucos sobre cómo trabajar con redes de datos móviles, que mencionamos en un truco anterior. Estas redes resultan especialmente útiles cuando Wi-Fi o algún otro tipo de conectividad que no se encuentra disponible. Los dispositivos que combinan Bluetooth, redes de datos móviles, opciones de audio e incluso videocámaras empiezan a aparecer en el mercado. Estos dispositivos avanzados son sólo el principio de la inevitable convergencia entre productos de consumo con equipos de propósito general e Internet, lo que genera un nivel de conectividad sin precedentes para el usuario medio. A continuación le presentamos algunos trucos que amplían este concepto de hiperconectividad.

Control remoto de OS X con un teléfono Sony Ericsson

TRUCO 13

Utilice su teléfono como control remoto de presentación o iTunes, o para todo lo que pueda programar con AppleScript.

Salling Clicker es una de las aplicaciones más completas para Bluetooth que he visto nunca. Convierte un teléfono móvil Sony Ericsson en un control remoto programable a todo color para OS X. Le permite iniciar aplicaciones, controlar presentaciones e incluso utilizarlo como ratón de propósito general. Funciona con numerosos teléfonos Sony Ericsson, incluyendo los modelos T39m, R520m, T68, T68i y T610. Se encuentra disponible en línea en VersionTracker o directamente en http://homepage.mac.com/jonassalling/Shareware/Clicker.

La aplicación se instala como nuevo panel de control y se inicia automáticamente. Haga clic en el pequeño teléfono de la barra de herramientas (véase la figura 2.1), seleccione Open Salling Clicker Preferences... y haga clic en **Select Device**. Asegúrese de que Bluetooth está activado en OS X, que su teléfono está encendido y que se encuentra cerca del equipo.

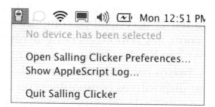

Figura 2.1. El icono de Clicker en la barra de menú.

Seleccione su teléfono en la lista y guarde los cambios. Ya puede utilizarlo para controlar OS X así como para publicar menús personalizados en el propio teléfono. En la ficha Phone Menu, puede crear menús personalizados y publicarlos en su teléfono. Puede controlar OS X desplazándose por estos menús del teléfono y seleccionando la acción que quiera realizar, como por ejemplo iniciar una aplicación o pasar al siguiente tema en iTunes. Incluso puede utilizar algunos teléfonos (como T68/T68i) como ratón, lo que le permite controlar cualquier aplicación. Basta con seleccionar System>Mouse mode para utilizar el pequeño cursor del teléfono como puntero.

Como el alcance de Bluetooth se limita a 10 metros o menos, se puede programar Clicker para que actúe cuando el teléfono se encuentre fuera o dentro de dicho alcance. Puede controlar esta funcionalidad desde la ficha Proximity Sensor (véase la figura 2.2). Por ejemplo, puede hacer que Clicker detenga las pistas de iTunes y que active el protector de pantalla siempre que cierre el equipo. La interfaz es muy sencilla: basta con arrastrar las acciones que quiera que ejecute a los correspondientes cuadros y ya está.

Figura 2.2. Puede asignar la acción que desee al Proximity Sensor.

Si las acciones predeterminadas no se ajustan a sus necesidades, puede crear las suyas propias. Las acciones son simples fragmentos de AppleScript, por lo que todo lo que se puede hacer con AppleScript se puede desencadenar con el teléfono. Puede modificar las acciones existentes o crear las suyas propias en la ficha Action Editor (véase la figura 2.3) en el panel de control Clicker.

Clicker incorpora acciones muy útiles para controlar de forma remota diapositivas en PowerPoint o Keynote, pero como puede simular cualquier pulsación de tecla, puede utilizarse prácticamente con cualquier aplicación. Resulta especialmente útil para realizar presentaciones ya que es casi una garantía que siempre lleve el teléfono a mano (y es muy probable que siempre esté cargado). Hace años adquirí un control remoto USB por infrarrojos justo para eso pero no siempre lo llevo conmigo y si lo hago, no puedo garantizar que las pilas estén cargadas ya que apenas lo utilizo. Por otra parte, siempre llevo el teléfono encima y lo cargo prácticamente todas las noches. En mi opinión, cualquier aplicación que aproveche mis propias costumbres y defectos debe merecer la pena.

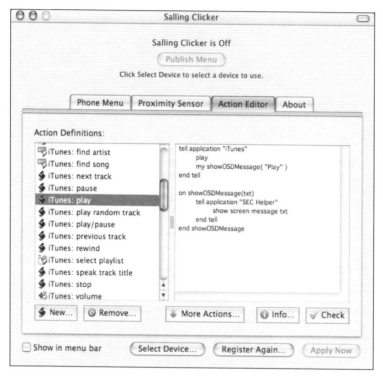

Figura 2.3. Si las acciones incorporadas no son lo suficientemente funcionales, escriba las suyas propias.

La mayoría de la gente piensa en Bluetooth al pensar en aplicaciones de voz o datos, pero Clicker es una aplicación inteligente que transciende la idea tradicional del reemplazo del cable. Si tiene un teléfono Sony Ericsson y utiliza OS X, probablemente encontrará todo tipo de nuevos usos para este software. Como es sencillo de utilizar y se puede programar, Clicker se puede modificar con multitud de trucos.

TRUCO 14 · SMS con un teclado real

Deje de perder el tiempo con el teclado de su teléfono y utilice su portátil para enviar mensajes de texto.

SMS (Servicio de mensajes cortos) es conocido como la mensajería de texto para dispositivos móviles. Ha demostrado ser tremendamente popular en muchas partes del mundo (sobre todo en Japón, Filipinas y gran parte de Europa), pero por diversos motivos se ha recibido con menos entusiasmo en los Estados Unidos. Parte del rechazo se debe a la interfaz de entrada de texto de la mayoría de los teléfonos móviles. La demanda de teléfonos cada vez más reducidos ha eliminado prácticamente toda esperanza de utilizar un teclado integrado.

Aunque las tecnologías predictivas de texto como T9 han ayudado a reducir el número de pulsaciones de tecla, la interfaz sigue sin ser intuitiva. Muchos usuarios se ven pulsando obsesivamente teclas numéricas en un esfuerzo inútil por expresarse, y cometiendo errores durante el proceso. Y la introducción de signos de puntuación y símbolos es tan incómoda que la mayoría ni se preocupa.

Si dispone de un teléfono compatible con Bluetooth, hay cierta esperanza. OS X ofrece una completa integración con estos dispositivos y SMS. Para empezar, asegúrese de haber activado Bluetooth y de que su teléfono está correctamente conectado a su portátil. Al iniciar la Agenda con Bluetooth activado, verá que se incluye un botón **Bluetooth** adicional en la esquina superior izquierda de la ventana (véase la figura 2.4). Haga clic en este botón para activar la integración de Bluetooth con la Agenda.

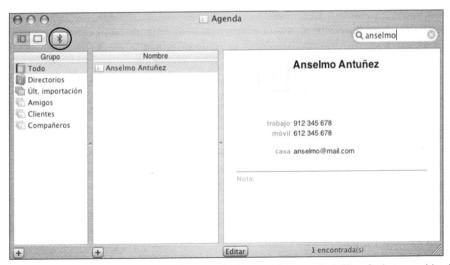

Figura 2.4. Haga clic en el botón Bluetooth de Agenda para habilitar la integración de Bluetooth con la agenda del teléfono.

Al habilitar Bluetooth se activa una serie de útiles características. Además de poder marcar el número directamente desde una entrada de la agenda, también puede enviar un mensaje SMS. Haga clic en la etiqueta situada a la izquierda del número al que quiera enviar el mensaje (véase la figura 2.5) y seleccione **Mensaje SMS**. Se abrirá un pequeño cuadro de texto en el que debe introducir el mensaje. Y como si fuera un milagro, puede utilizar su teclado estándar para enviar mensajes SMS.

Figura 2.5. Al hacer clic sobre un número de la agenda puede marcarlo o enviar un mensaje SMS desde el teclado.

Agenda también le ofrece la implementación Caller ID (identificación de llamada) más útil que existe. Cuando el teléfono suena, Agenda abre una ventana emergente en la que se muestra el nombre y el número de teléfono de la persona que realiza la llamada (véase la figura 2.6). Puede optar por responder a la llamada, enviarla al buzón de voz o enviar un mensaje SMS.

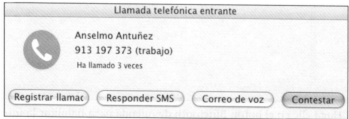

Figura 2.6. Puede enviar una llamada entrante al buzón de voz o introducir una respuesta SMS.

Al hacer clic en **Responder SMS** se envía la llamada al buzón de voz pero también se abre una ventana en la que puede introducir un mensaje SMS. Siempre que la aplicación Agenda se encuentre abierta, se mostrarán automáticamente los mensajes SMS entrantes y le permitirá responder también por medio de SMS. Aunque no es tan portátil como SMS en un teléfono móvil, el uso de un teclado convencional con SMS puede ayudarle a ser más expresivo con mayor rapidez.

Por cierto, una aplicación muy útil de la mensajería SMS es cuando la cobertura del teléfono móvil no es la óptima en uno de los extremos de la conversación (o en ambos). En zonas en las que las llamadas de voz carecen de calidad o no se pueden realizar, se intenta enviar mensajes SMS hasta que se consigue. Esto puede resultar idóneo para enviar un rápido mensaje a alguien a quien no podemos llamar por teléfono. Un mensaje con reducido ancho de banda que siempre llega a su destino es infinitamente más útil que un mensaje con alto ancho de banda que nunca llega. SMS, a pesar de todos sus defectos, puede ser el medio de comunicación ideal en determinadas situaciones.

TRUCO 15 Fotografías automáticas con el Nokia 3650

Publique sus fotografías instantáneamente, sin necesidad de conectarse.

Creo personalmente que la fotografía digital es una bendición a medias. La gratificación instantánea de poder ver las fotografías de forma inmediata se ve en muchos casos ensombrecida por dos pequeños detalles: la necesidad de llevar la cámara encima y de que esté cargada. Mi cámara es demasiado grande y frágil como para llevarla conmigo a todas horas y tampoco me gustaría tener que ocuparme de otro dispositivo y tener que conectarlo todas las noches. Esto significa que acabo teniendo multitud de fotos de gran estilo pero apenas consigo instantáneas de la vida cotidiana. Con demasiada frecuencia, cuando corro a coger la cámara, el instante ha pasado y la foto perfecta se ha perdido para siempre.

Algunos fabricantes se han dado cuenta de que existe un dispositivo que la gente suele llevar a todas partes y que siempre tienen cargado: el teléfono móvil. Nokia ha conseguido combinar una serie de completas tecnologías en su modelo 3650, incluyendo Bluetooth, GPRS, GSM y, evidentemente, una cámara digital. Esto ofrece un sinfín de posibilidades fascinantes. No sólo resulta sencillo cargar fotos a un portátil por medio de Bluetooth, sino que la interfaz para enviar fotografías a través del correo electrónico es más que sencilla. Si el envío masivo de mensajes instantáneos no era suficiente, hemos conseguido desarrollar la posibilidad de enviar vídeo de forma masiva.

En lugar de bombardear con fragmentos fotográficos a familiares y amigos, es mucho más eficaz publicar un álbum de fotos en una página Web y enviar a nuestros amigos y familiares el enlace a la misma. Con un toque de programación, resulta muy sencillo crear una secuencia de comandos que acepte un correo electrónico y lo publique en una página Web.

El código

En primer lugar, será necesario crear una secuencia de comandos que acepte correo electrónico. Para ello, basta con una receta de procmail. Añada lo siguiente a su `.procmailrc` en su servidor de correo:

```
:0
* ^TO sudirecciónsecreta@sudominio.com
| /home/username/bin/phonecam.sh
```

Evidentemente, debe cambiar `sudirecciónsecreta@sudominio.com` por la dirección de correo electrónico que utilice su servidor de fotografías y corregir la ruta a la siguiente secuencia de comandos para que apunte a un directorio real. Intente que la dirección sea privada, ya que las imágenes que envíe se publicarán automáticamente. Si no ejecuta procmail en su servidor de correo, consulte al administrador de sistemas más cercano.

Tras ello, guarde el siguiente código en un archivo con el nombre **phonecam.sh** en el directorio que haya especificado en `.procmail.rc`. Puede descargar el código original de `http://freenetworks.org/~mattw/badsoftware/phonecam/` (esta copia se ha modificado ligeramente por motivos de tamaño). Cambie las variables que aparecen en la parte superior para que se ajusten a su sistema.

```
#!/bin/sh
#phonecam.sh
filepath="/home/nombreusuario/public_html/phonecam"
imgdir="img"
html="html"
time=`date +%s`
baseref="http://susitio.com/~nombreusuario/phonecam"
title="Phonecam v.3"
arcdate=`date +%D |sed '''s/\//./g'''`
perpage="16"

umask 062

if [ ! -f $filepath/count ]; then
   echo "0" > $filepath/count
fi

if [ ! -f $filepath/arc.txt ]; then
   touch $filepath/arc.txt
fi

if [ ! -d $filepath/archive ]; then
   mkdir $filepath/archive
fi
```

```
if [ ! -d $filepath/$html ]; then
   mkdir $filepath/$html
fi

if [ ! -d $filepath/$imgdir ]; then
   mkdir $filepath/$imgdir
fi

count=`head -1 $filepath/count`

mkdir ~/.$$
cd ~/.$$
munpack

for i in *.jpg; do
   a=`basename $i .jpg`
   mv $i $filepath/$imgdir/$time.jpg
   convert -resize 320x240 \
        $filepath/$imgdir/$time.jpg $filepath/$imgdir/$time.thumb.jpg

   convert -resize 150x90 $filepath/$imgdir/$time.jpg $filepath/latest.jpg

   # cree la nueva página
   cat $filepath/new.txt > $filepath/new.tmp
   echo "<a href=\"$baseref/$html/$time.html\">
        <img src=\"$baseref/$imgdir/$time.thumb.jpg\"
        width=\"320\" height=\"240\" border=0></a>"
             > $filepath/new.txt

   cat $filepath/new.tmp >> $filepath/new.txt
   rm $filepath/new.tmp

   # cree la página de fotografías
   echo "<html>
        <head><title>$title</title></head><body bgcolor=000000>
        <center><img src=\"$baseref/$imgdir/$time.jpg\" border=1></
center><p>"
             > $filepath/$html/$time.html

   cat $a.desc >> $filepath/$html/$time.html

   echo "</body></html>" >> $filepath/$html/$time.html

   count=`expr $count + 1`
done

echo $count > $filepath/count

if [ $count = 1 ]; then
   echo "There is 1 image in the queue" > $filepath/notify
else
   echo "There are $count images in the queue" > $filepath/notify
```

```
fi

if [ $count = $perpage ]; then
    echo "<html><head><title>$title</title></head><body
bgcolor=000000><center>"
        > $filepath/archive/$time.html

    cat $filepath/index.txt >> $filepath/archive/$time.html
    cp $filepath/new.txt $filepath/index.txt
    rm $filepath/count
    rm $filepath/new.txt
    cat $filepath/arc.txt > $filepath/arc.tmp
    echo "<li><a href=\"$baseref/archive/$time.html\">$arcdate</a></li>"
        >> $filepath/arcn.txt

    cat $filepath/arc.tmp >> $filepath/arcn.txt
    rm $filepath/arc.tmp
    mv $filepath/arcn.txt $filepath/arc.txt

    echo "There are no new images in the queue" > $filepath/notify
fi

rm -rf ~/.$$
```

Además de esta secuencia de comandos, necesitará una copia de munpack (para descodificar envíos adjuntos MIME) y convert (parte de la suite Image Magick). Encontrará estas herramientas en todas las distribuciones estándar de Linux.

Por último, cree un archivo index.shtml en la raíz de documentos de su servidor Web que contenga una línea como la siguiente:

```
<!--#include virtual="index.txt"-->
```

Si quiere ver un ejemplo más avanzado de lo que se puede hacer con el archivo index.shtml, puede visitar la página http://freenetworks.org/~mattw/badsoftware/phonecam/index.shtml.txt.

Ejecutar el truco

Una vez añadidos todos los elementos anteriores, basta con enviar una fotografía por correo electrónico a su dirección de correo secreta. La secuencia de comandos descodifica automáticamente el correo, crea una miniatura y coloca la foto en cola. Cuando la cola acumula una serie de fotos por página, cambia la página y la guarda en un archivo. En todo momento puede acceder a la última fotografía en http://server/~sunombre/phonecam/latest.jpg y comprobar la cola pendiente en http://server/~sunombre/phonecam/new.txt. La secuencia de comandos gestiona la cola y los archivos sin que tengamos que intervenir, e incluso añade una descripción opcional de las fotografías. Basta con añadir un cuerpo de texto al correo electrónico para que se incluya como descripción de la foto.

Seguramente esta secuencia de comandos se podría simplificar y mejorar, pero basta para ejecutarla en cualquier servidor. Crea una sencilla y potente interfaz Web de archivo que se puede integrar con facilidad a un registro Web o a otra página Web existente. Y, al mismo tiempo, lleva el placer inmediato de la fotografía digital al reino de la publicación instantánea.

Véase también

- El proyecto de teléfono cámara de Matt Westervelt (`http://freenetworks.org/~mattw/badsoftware/phonecam/`)

- Image Magick (`http://www.imagemagick.org/`)

TRUCO 16 Usar Bluetooth con Linux

Consiga utilizar Bluetooth en Linux 2.4 de forma rápida y sencilla.

Como habrá imaginado, conseguir que Bluetooth funcione en Linux requiere más esfuerzo que en otros sistemas operativos. En primer lugar, debe saber que actualmente existen tres protocolos de Bluetooth para Linux: Affix, OpenBT y BlueZ, cada uno con una compatibilidad variable con los diferentes adaptadores Bluetooth, y cada uno con una configuración distinta. Como BlueZ se ha coronado como la pila Bluetooth para Linux estándar, es la que utilizaremos en nuestros ejemplos.

En primer lugar, asegúrese de que dispone de un adaptador Bluetooth compatible. Puede encontrar una completa lista de hardware admitido por BlueZ en la dirección `http://www.holtmann.org/linux/bluetooth/devices.html`.

Tras ello, compruebe que su núcleo es compatible con Bluetooth. Los núcleos incluidos en las distribuciones Red Hat 9.0 y Debian "Sarge" ya cuentan con esta compatibilidad. Puede probar si su núcleo es compatible con Bluetooth si ejecuta `modprobe frcomm` como raíz. Si falla, tendrá que volver a generar el núcleo.

En caso de fallo, debe generar e instalar una nueva copia del núcleo Linux, la versión 2.4.21 o mejor la versión 2.4.20 con el parche -mh6. Al configurar el núcleo, seleccione todas las opciones de Bluetooth support para que se generen como módulos independientes. No obstante, asegúrese de que la opción USB Bluetooth Support situada bajo USB support está deshabilitada, ya que compila la pila de protocolos OpenBT en compatibilidad UART, lo que interfiere con la pila BlueZ. Las nuevas versiones del núcleo deshabilitan automáticamente esta opción, en caso de seleccionar BlueZ.

Un consejo adicional. Si ejecuta un nuevo portátil Toshiba o Sony y quiere utilizar el adaptador Bluetooth incorporado, tendrá que habilitar las opciones de núcleo específicas de Toshiba o Sony de las secciones **Processor type and features** y **Character devices**. También necesitará utilidades de espacio de usuario especiales para habilitar los adaptadores Bluetooth en estos portátiles; dichas utilidades superan los objetivos del libro, aunque puede encontrar más información al respecto en el listado de dispositivos compatibles con Bluetooth mencionado anteriormente.

Tras ello, añada las siguientes líneas a `/etc/modules.conf`:

```
alias net-pf-31 bluez
alias bt-proto-0 l2cap
alias bt-proto-2 sco
alias bt-proto-3 rfcomm
alias bt-proto-4 bnep
alias tty-ldisc-15 hci_uart
alias bluetooth off
```

Ejecute `/sbin/depmod -a` como raíz.

Estas opciones indican al núcleo qué módulos debe cargar cuando se solicite la compatibilidad con Bluetooth. La última opción, `-alias bluetooth off`, se incluye para indicar a modprobe que no cargue el módulo OpenBT UART, en caso de que se haya instalado accidentalmente. También necesita las utilidades de espacio de usuario BlueZ. Como en el caso anterior, Red Hat 9.0 incorpora estas herramientas. Puede conseguir el código fuente, así como RPM y `.debs` en la página de BlueZ, `http://bluez.sourceforge.net`. Asegúrese de que genera y/o instala los paquetes bluez-libs, bluez-utils, bluez-sdp y bluez-hcidump. También puede ejecutar `apt-get` en Debian, aunque Debian denomina "libbluetooth1" a "bluez-libs" y ofrece "libsdp2" como paquete independiente.

El siguiente paso es sólo para dispositivos basados en UART (es decir, que no sean USB), por lo que si utiliza un adaptador Bluetooth USB puede saltárselo. Los dispositivos en serie, como llaves de protección y tarjetas PCMCIA, deben adjuntarse explícitamente a la interfaz del controlador host Bluetooth, por medio de la utilidad `hciattach`. Al conectar el dispositivo, puede que se cargue automáticamente el correspondiente controlador de núcleo, añadiendo una entrada de registro a `/var/log/messages`. Si utiliza un dispositivo basado en UART, puede que vea una referencia a un dispositivo en serie `/dev/ttySn` donde n es un entero. En cualquier caso, puede intentar adjuntar el dispositivo al controlador host Bluetooth mediante la ejecución de `/sbin/hciattach /dev/ttySn` desde la línea de comandos. Como cualquier utilidad de Unix, sabrá que `hciattach` ha funcionado si devuelve resultados sin imprimir nada. En caso de que no funcione, compruebe que se trata del dispositivo correcto y compruebe el resto de opciones del paquete manpage.

Suponiendo que el comando `hciattach` funcione, será necesario añadir una referencia a dicho dispositivo en el archivo `/etc/bluetooth/uart`, para que se pueda adjuntar correctamente a la interfaz del controlador host de Bluetooth durante la fase de inicio. Si el archivo no existe, tendrá que crearlo. Añada una sola línea a este archivo, `/dev/ttySn cualquier cosa`, y sustituya n por el correspondiente número del dispositivo en serie. Si utiliza un adaptador USB no tendrá que realizar este paso.

Una vez instalados todos los componentes, conecte su adaptador Bluetooth y trate de ejecutar `/etc/rc.d/init.d/bluetooth start` como raíz. En Debian, inicie Bluetooth con `/etc/init.d/bluez-utils start`; `/etc/init.d/bluez-sdp start`. Verá los correspondientes mensajes de estado en `/var/log/messages`. Si su instalación de Bluetooth no incluye la secuencia de comandos `/etc/rc.d/init.d/bluetooth`, puede copiar la versión apropiada desde el subdirectorio `scripts/` del paquete bluez-utils. Si todo funciona correctamente, puede que le interese añadir la secuencia de comandos de Bluetooth al correspondiente directorio `rc.d` de su nivel de ejecución predeterminado por medio de la utilidad `chkconfig` o con un vínculo manual.

A continuación, ejecute `hciconfig` desde la línea de comando. Verá algo como esto:

```
hci0:     Type: USB
          BD Address: 00:11:22:33:44:55 ACL MTU: 192:8   SCO MTU: 64:8
          UP RUNNING PSCAN ISCAN
          RX bytes:99 acl:0 sco:0 events:13 errors:0
          TX bytes:296 acl:0 sco:0 commands:12 errors:0
```

Si no aparece nada, compruebe que `hcid` se encuentra en ejecución y que no hay mensajes de error en `/var/log/messages`. El valor de `BD Address` es el identificador exclusivo de Bluetooth de su adaptador, similar a una dirección MAC Ethernet.

Acerque otro dispositivo Bluetooth a su equipo y asegúrese de que es visible a los análisis de Bluetooth. Ejecute `hcitool` desde la línea de comando. El análisis tarda entre 15 y 20 segundos, y después muestra el siguiente resultado:

```
$ hcitool scan
Scanning ...
    00:99:88:77:66:55       Nokia3650
```

Puede probar el dispositivo para comprobar qué servicios admite, por medio de `sdptool browse 00:99:88:77:66:55`. Verá una extensa lista de servicios admitidos, con información que puede utilizar para configurar el acceso a los mismos.

Schuyler Erle

Bluetooth a GPRS en Linux

Utilice su teléfono Bluetooth como módem cuando no pueda recurrir a Wi-Fi.

Sin lugar a duda, la novedad de poder buscar dispositivos Bluetooth cercanos desde su equipo Linux desaparecerá enseguida y querrá empezar a realizar operaciones con su nueva conexión Bluetooth. Poder utilizar el teléfono móvil como módem desde todos esos puntos a los que no puede llegar una señal Wi-Fi estaría muy bien, ¿verdad?

Bluetooth admite una serie de perfiles que definen la forma en la que los dispositivos de Bluetooth se comunican entre sí. En este caso, queremos utilizar el perfil DUN (Red de marcado telefónico) que recurre a un protocolo denominado RFCOMM para emular un enlace en serie entre dos dispositivos. Puede utilizar RFCOMM para conectar su equipo Linux a su teléfono y, tras ello, ejecutar `pppd` para poder acceder a Internet. Este proceso funciona utilizando GPRS o incluso una conexión telefónica a Internet convencional.

Suponiendo que Bluetooth funciona (consulte el truco anterior) debería poder acercar su teléfono al alcance de su equipo y buscar su presencia por medio de `hcitool`. Asumimos que ya lo ha hecho y que `hcitool` devuelve la dirección BD 00:11:22:33:44:55 para su teléfono.

También puede utilizar `sdptool` para comprobar que existe un dispositivo compatible con el perfil DUN:

```
$ sdptool search DUN
Inquiring ...
Searching for DUN on 00:11:22:33:44:55 ...
Service Name: Dial-up Networking
Service RecHandle: 0x10001
Service Class ID List:
    "Dialup Networking" (0x1103)
    "Generic Networking" (0x1201)
Protocol Descriptor List:
    "L2CAP" (0x0100)
    "RFCOMM" (0x0003)
        Channel: 1
```

Anote el número de canal ya que lo necesitará más adelante. Como puede comprobar, `hcitool` y `sdptool` ofrecen multitud de útiles funciones de diagnóstico para Bluetooth, de las que puede encontrar más información en sus correspondientes paquetes de la página manual.

Antes de poder conectarse al teléfono, puede que tenga que establecer lo que se denomina enlazado de dispositivos entre el equipo Linux y el teléfono, para que éste sepa que debe permitir el acceso del equipo a sus servicios y, posiblemente, al contrario. El PIN de su equipo se encuentra en `/etc/bluetooth/pin`. Puede modificarlo por un valor exclusivo que sólo usted conozca.

La mayoría de los teléfonos tiene un PIN Bluetooth que puede configurar desde el propio teléfono. BlueZ incorpora una pequeña utilidad Python denominada `bluepin` que abre un cuadro de diálogo GTk+ en el que debe introducir el correspondiente PIN; esta utilidad aparentemente no funciona de forma original en algunas distribuciones de Linux. Es más, ¿a quién le interesa que le pidan el PIN del teléfono cada vez que se quiere utilizar? La siguiente secuencia de comandos de Perl se puede guardar en `/etc/bluetooth/pindb` y se puede utilizar para almacenar PIN para diferentes dispositivos Bluetooth:

```
#!/usr/bin/perl
while ( ) {
    print "PIN:$1\n" if /^$ARGV[1]\s+(\w+)/o;
}
__DATA__
# Puede añadir aquí sus PIN de Bluetooth, en pares dirección BD / PIN,
# uno por línea, separados por un espacio en blanco.
#
# ## etc.

00:11:22:33:44:55        11111
```

Asegúrese de que `/etc/bluetooth/pindb` es propiedad de la raíz y de chmod 0700, ya que no conviene que los usuarios vean los PIN de sus dispositivos Bluetooth. La sección de opciones de `/etc/bluetooth/hcid.conf` tendrá el siguiente aspecto:

```
options {
        autoinit yes;
        security auto;
        pairing multi;
        pin_helper /etc/bluetooth/pindb;
}
```

De esta forma se asegura de que los dispositivos HCI se configuran al inicio, que se permite el enlazado y que `hcid` solicita a `pindb` los PIN de cada dispositivo. No olvide reiniciar `hcid` mediante la ejecución de `/etc/rc.d/init.d/bluetooth restart` si efectúa algún cambio en `/etc/bluetooth/hcid.conf`.

Una vez configurado el equipo para el enlazado, tendrá que configurar el teléfono del mismo modo, para lo que tendrá que consultar el manual de usuario del mismo. En este proceso de configuración, el teléfono suele buscar el adaptador Bluetooth del equipo, por lo que debe asegurarse de que el equipo se encuentra al alcance de un dispositivo Bluetooth operativo. En la interfaz aparecerá **BlueZ (0)** o algo similar, a no ser que haya cambiado la opción de nombre del archivo `hcid.conf`. Probablemente quiera configurar el enlazado del teléfono como "trusted" (de confianza) o un equivalente similar, para que el teléfono no le pida que confirme la conexión cada vez que trate de marcar desde el equipo Linux.

Una vez indicado que existe un dispositivo dentro del radio de alcance que ofrece red de marcado telefónico y después de configurar el enlazado al mismo, el siguiente paso consiste en vincular una interfaz RFCOMM a dicho dispositivo. En primer lugar, asegúrese de que hay entradas RFCOMM en su directorio `/dev`, por medio de `ls -l /dev/rfcomm*`. Si `ls` informa que no existe dicho archivo o directorio, puede crear entradas de dispositivos RFCOMM 64 cambiando a superusuario y realizando lo siguiente:

```
# for n in `seq 0 63`; do mknod -m660 /dev/rfcomm$n c 216 $n; done
# chown root:uucp /dev/rfcomm*
```

Si el sistema es Debian, probablemente quiera ejecutar `chown` en los dispositivos RFCOMM para agrupar `dialout` en lugar de `uucp`.

Como superusuario, vincule `/dev/rfcomm0` a su teléfono en el canal proporcionado anteriormente por `sdptool` para DUN, utilizando para ello la utilidad `rfcomm` de bluez-utils:

```
# rfcomm bind /dev/rfcomm0 00:11:22:33:44:55:66 1
```

Sabrá que el dispositivo se ha vinculado satisfactoriamente si, como todas las utilidades de Unix, `rfcomm` se devuelve silenciosamente. No obstante, puede probar que funciona si ejecuta `rfcomm` sin argumentos:

```
# rfcomm
rfcomm0: 00:11:22:33:44:55 channel 1 clean
```

A continuación, basta con utilizar este dispositivo en serie como si se tratara de un módem convencional. Para probarlo, trate de ejecutar `minicom` como raíz y cambie el dispositivo en serie a `/dev/rfcomm0`. Cuando se cargue el terminal, introduzca **AT** y pulse **Intro**. Si el teléfono responde OK, está de enhorabuena; ya puede hablar con su teléfono móvil a través de una conexión Bluetooth.

Antes de continuar, puede que quiera añadir lo siguiente a `/etc/bluetooth/rfcomm.conf` para que el dispositivo RFCOMM se configure de forma predeterminada al iniciarse Bluetooth:

```
rfcomm0 {
    # Vincule automáticamente el dispositivo al inicio
    bind yes;
    device 00:11:22:33:44:55;
    channel 1;
    comment "My Phone";
}
```

Si está utilizando bluez-utils 2.3 o versiones anteriores en una distribución no basada en Debian, puede que tenga que añadir `rfcomm bind all` a la sección `start()` de su directorio `/etc/rc.d/init.d/bluetooth` para que todo funcione correctamente.

A partir de aquí, basta con un sencillo paso para conectar el equipo a la red. Añada lo siguiente a `/etc/ppp/peers/gprs`:

```
/dev/rfcomm0

connect '/usr/sbin/chat -v -f /etc/ppp/peers/gprs.chat'
noauth
defaultroute
usepeerdns
lcp-echo-interval 65535
debug
```

Tras ello, guarde lo siguiente como:

```
TIMEOUT       15
ECHO          ON
HANGUP        ON
''            AT
OK            ATZ
OK            ATD*99#
```

También, si prefiere utilizar `wvdial`, trate de añadir las siguientes líneas a su archivo:

```
[Dialer gprs]
Modem      = /dev/rfcomm0
Phone      = *99#
Username   = foo
Password   = bar
```

Mientras que los proveedores europeos le facilitan un nombre de usuario y una contraseña, en los Estados Unidos tendrá que utilizar valores ficticios para satisfacer a `wvdial`. Consulte en el sitio Web de su proveedor de red los detalles relacionados con los valores que debe utilizar. Su GPRS ya está autenticado simplemente por encontrarse en la red móvil, por lo que no tendrá que volver a autenticarse para utilizar PPP. El número de teléfono que aparece es el número de marcado telefónico GPRS estándar, que puede servirle si su teléfono está configurado correctamente. La mayoría de los teléfonos GSM admiten varios puntos de acceso GPRS; no obstante, si la configuración predeterminada de su teléfono no funciona, trate de acceder a minicom e introduzca **AT+CGDCONT?** seguido de un retorno del carro. Su teléfono debería responder con una lista de los contextos PDP (Protocolo de paquetes de datos) disponibles. Seleccione el que le parezca más indicado y, tras ello, establezca el número de teléfono GPRS de `/etc/`

`wvdial.conf` en ***99***n#**, sustituyendo **n** por el número del perfil PDP que quiera utilizar. Si todo lo anterior falla, póngase en contacto con su proveedor de servicios.

Puede probar esta configuración como raíz si ejecuta `pppd call gprs` o `wdial gprs`, en función de su configuración, y se fija en `/var/log/messages` en otra ventana. El único inconveniente de esta configuración es que no establece los servidores de nombres en `/etc/resolv.conf` de forma predeterminada. En Red Hat, la solución consiste en almacenar lo siguiente en `/etc/sysconfig/network-scripts/ifcfg-ppp0` (o `ppp1`, `ppp2`, etc., como prefiera):

```
# configure CHATSCRIPT y active WVDIALSECT si está utilizando wvdial
DEVICE=ppp0
MODEMPORT=/dev/rfcomm0
CHATSCRIPT=/etc/ppp/peers/gprs.chat
# WVDIALSECT=gprs
```

De esta forma puede utilizar `ifup ppp0` y `ifdown ppp0` para abrir y cerrar la comunicación. Para obtener el mismo resultado en Debian, utilice la configuración `pppd` que acabamos de mostrar y añada las siguientes líneas a `/etc/network/interfaces`:

```
iface ppp0 inet ppp
    provider gprs
```

Si no utiliza una distribución Red Hat o Debian, siempre puede añadir las siguientes líneas a `/etc/ppp/peers/gprs` para que DNS funcione correctamente, y utilizar `pppd call gprs` y `killall pppd` para abrir y cerrar la comunicación:

```
welcome 'cp -b /etc/ppp/resolv.conf /etc/resolv.conf'
disconnect 'mv /etc/resolv.conf~ /etc/resolv.conf'
```

Es todo lo que necesita saber para conectarse desde cualquier punto en el que pueda obtener un servicio GSM. Sin embargo, no espere velocidades exorbitantes; al cierre de la edición de este libro, GPRS ofrecía una velocidad que oscilaba entre 5k/s y 20k/s, en función del servicio, lo que no es exactamente una velocidad excesiva según los estándares de módem, pero que resulta sorprendente ya que en caso contrario la velocidad sería inexistente.

Como regalo, incluimos una breve secuencia de comandos `iptables` para que pueda compartir ese GPRS con cualquiera en el radio de alcance Wi-Fi, y que puede almacenar o invocar desde `/etc/ppp/ip-up.local`:

```
# Habilite el redireccionamiento IP y rp_filter (para anular intentos de
falseo IP).
echo "1" > /proc/sys/net/ipv4/ip_forward
```

```
echo "1" > /proc/sys/net/ipv4/conf/all/rp_filter

# Cargue los correspondientes módulos de núcleo, en caso de que sea
necesario.
for i in ip_tables ipt_MASQUERADE iptable_nat
    ip_conntrack ip_conntrack_ftp ip_conntrack_irc \
    ip_nat_irc ip_nat_ftp; do
    modprobe $i 2>/dev/null;
done

# Oculte todo lo que no provenga de una interfaz PPP
# (por ejemplo, ethernet, Wi-Fi, etc.)
iptables -t nat -A POSTROUTING -o ppp+ -j MASQUERADE
```

Se preguntará qué sucede con las conexiones de marcado telefónico convencionales o con los faxes. Pues está de suerte: basta con sustituir el número de
acceso GPRS por cualquier número telefónico convencional y, en la mayoría de
los teléfonos, obtendrá una conexión de datos de 9600 baudios a dicha línea. La
configuración de `efax` o `mgetty-sendfax` para utilizar Bluetooth para enviar
faxes desde un teléfono GSM de esta forma es un ejercicio que queda a la discreción del lector.

Schuyler Erle

Transferencias de archivos Bluetooth en Linux
Intercambie datos entre su dispositivo Bluetooth y su equipo Linux.

El acceso a la red (consulte el truco anterior) desde cualquier punto en el que
funcione su teléfono móvil es muy interesante pero probablemente su teléfono
cuente con otras muchas funciones. Puede que alguien le haya enviado una fotografía de su barbacoa familiar que quiera copiar en su portátil. O puede que
simplemente desee instalar algunas aplicaciones en su nuevo y flamante teléfono. La piedra angular de la transferencia de archivos por Bluetooth es el protocolo OBEX (Intercambio de objetos), un protocolo de transferencia de archivos
binarios que no sólo ejecuta Bluetooth, sino también Infrarrojo e incluso TCP/IP
genérico. El proyecto OpenOBEX, que puede encontrar en `http://`
`openobex.sf.net/`, ofrece la implementación de código abierto más extendida
del protocolo. Puede conseguir paquetes para `liopenobex` y `openobexapps` en
la distribución `sid`, y paquetes de Red Hat para `openobex` en el sitio de SourceForge
o en `rpmfind.net`. Bluetooth admite dos perfiles OBEX diferentes para transferir archivos: OBEX Push, que se utiliza básicamente para volcar archivos concre-
tos en un dispositivo Bluetooth, y OBEX File Transfer, que admite un conjunto
más completo de operaciones de intercambio de archivos.

Desafortunadamente, la situación actual de la transferencia de archivos Bluetooth con Linux está sujeta a continuos cambios. El paquete `openobex-apps` contiene una aplicación `obex-test`, que ofrece una forma muy rudimentaria de enviar archivos a dispositivos Bluetooth. En primer lugar, tendrá que determinar qué canal Bluetooth utiliza su teléfono o dispositivo para la transferencia de archivos OBEX; para ello, introduzca lo siguiente:

```
# sdptool search FTRN
Inquiring ...
Searching for FTRN on 00:11:22:33:44:55 ...
Service Name: OBEX File Transfer
Service RecHandle: 0x10003
Service Class ID List:
   "OBEX File Transfer" (0x1106)
Protocol Descriptor List:
   "L2CAP" (0x0100)
   "RFCOMM" (0x0003)
        Channel: 10
   "OBEX" (0x0008)
```

A continuación, intente conectarse al dispositivo por medio de `obex_test`, con la opción `-b` (para Bluetooth), la dirección BD del dispositivo y el número de canal FTRN:

```
$ obex_test -b 00:11:22:33:44:55 10
Using Bluetooth RFCOMM transport
OBEX Interactive test client/server.
> c
Connect OK!
versión: 0x10. Flags: 0x00
> x
PUSH filename> /home/sderle/images/image.jpg
name=/home/sderle/images/image.gif, size=7294
Going to send /home/sderle/images/image.gif(opt21.gif), 7294 bytes
Filling stream!
```

`obex_test` muestra una serie de mensajes de progreso, seguidos por una confirmación:

```
Made some progress...
Made some progress...
Made some progress...
Filling stream!
PUT successful!
```

El archivo aparecerá en su dispositivo. Del mismo modo, `obex_test` puede recibir archivos enviados desde un dispositivo, si configura la interfaz Bluetooth de su equipo para que responda a solicitudes OBEX Push, utilizando de nuevo `sdptool` con el mismo canal que su dispositivo utilice para OBEX Push:

```
$ sdptool add --channel=10 OPUSH
$ obex_test -b 00:11:22:33:44:55 10
Using Bluetooth RFCOMM transport
OBEX Interactive test client/server.
> s
```

obex_test imprimirá una línea en blanco y se detendrá. Tras ello, envíe un archivo desde su teléfono a través de Bluetooth. Verá una gran cantidad de mensajes de estado y, tras ello, obex_test le informará que ha terminado. Podrá encontrar su archivo en /tmp.

El problema de obex_test, aparte de una falta total de documentación, es que está totalmente controlado por interacciones del usuario basadas en terminales. Se preguntará cómo programar la transferencia de archivos o cómo poder recibir archivos automáticamente. Otra forma más sencilla de enviar archivos desde su equipo a su teléfono consiste en utilizar una aplicación denominada ussp-push, que puede obtener en http://www.unrooted.net/hacking/ussp-push.tgz. ussp-push se basa en código de la pila Affix, pero realmente depende de OpenOBEX. Al mismo tiempo, actualmente no se compila de forma original, por lo que utilizaremos Perl para modificarlo de forma que se compile correctamente con las versiones módem de OpenOBEX:

```
# tar xfz ussp-push.tgz
# cd ussp-push
# perl -pi -e 's/custfunc\.userdata/custfunc.customdata/g' obex_main.c
# make
...
# cp ussp-push /usr/local/bin
```

ussp-push depende de la existencia de un dispositivo en serie RFCOMM vinculado al canal Bluetooth que su dispositivo utiliza para OBEX Push, por lo que primero será necesario ejecutar sdptool de nuevo y, tras ello, utilizar rfcomm para vincular el dispositivo al canal correspondiente:

```
# sdptool search OPUSH
Inquiring ...
Searching for OPUSH on 00:11:22:33:44:55 ...
Service Name: OBEX Object Push
Service RecHandle: 0x10004
Service Class ID List:
  "OBEX Object Push" (0x1105)
Protocol Descriptor List:
  "L2CAP" (0x0100)
  "RFCOMM" (0x0003)
      Channel: 9
  "OBEX" (0x0008)

# rfcomm bind /dev/rfcomm1 00:11:22:33:44:55 9
```

Ya puede utilizar `ussp-push` para enviar archivos a su dispositivo.

```
$ ussp-push /dev/rfcomm1 /home/sderle/images/image.jpg image.jpg
```

`ussp-push` adopta tres argumentos: un dispositivo RFCOMM, un archivo local para enviar y el nombre del archivo con el que lo guardará en el lado remoto. Al ejecutar `ussp-push`, verá gran cantidad de información de progreso, que concluirá con la aparición del archivo en su teléfono. Si crea una entrada para el nuevo dispositivo RFCOMM en `/etc/bluetooth/rfcomm.conf`, puede vincular el dispositivo al arranque. Guarde la siguiente secuencia de comandos como **btpush**, en algún lugar de fácil acceso (como por ejemplo el directorio `/bin`). Tras ello, podrá utilizarlo para enviar archivos directamente a su teléfono:

```
#!/bin/bash

# btpush - envíe archivos a un dispositivo Bluetooth por medio de ussp-push
# ejecútelo como: btpush <archivos>

ussp-push /dev/rfcomm1 $1 `basename $1`
```

Si al ejecutar `ussp-push` aparecen problemas de permisos, asegúrese de que sus dispositivos `/dev/rfcomm*` son de escritura para el grupo y que son propiedad de un grupo al que pertenezca.

Del mismo modo, puede recibir archivos utilizando otra pequeña utilidad denominada `obexserver`, que puede conseguir en `http://www.frasunek.com/sources/unix/obexserver.c`. `obexserver` debe compilarse con `openobex-apps`. Una vez compilado `openobex-apps`, realice las siguientes operaciones en el directorio fuente de nivel superior:

```
# cd src
# wget http://www.frasunek.com/sources/unix/obexserver.c
# gcc -o obexserver obexserver.c libmisc.a -lopenobex
# cp obexserver /usr/local/bin
```

Para recibir archivos, primero configure el servicio OBEX Push en su equipo mediante la ejecución de `sdptool add --channel=10 OPUSH` y cambie el canal para que coincida con el utilizado por su dispositivo para OBEX Push. Tras ello, puede ejecutar `obexserver` sin argumentos y enviar un archivo desde su teléfono. `obexserver` recibirá el archivo, lo almacenará en `/tmp` y se apagará.

La posibilidad de enviar archivos desde un teléfono a un ordenador y viceversa es muy interesante, pero tener que hacerlo de forma individual no es precisamente lo más agradable. Por suerte, si su dispositivo Bluetooth se ejecuta en el sistema operativo SymbianOS o EPOC, como los teléfonos Series 60 y el Ericsson P800, puede montar el sistema de archivos de su dispositivo en su equipo por medio de NFS. El paquete responsable de este pequeño milagro se llama p3nfs, que puede encontrar en `http://www.koeniglich.de/p3nfs.html`. La distribución original incluye binarios que puede ejecutar en su teléfono, en caso de que no disponga de un compilador múltiple (lo que es muy probable). La aplicación de teléfono se denomina `nfsapp` y la correspondiente versión binaria se encuentra en el subdirectorio `bin/`, con una extensión `.sis`. Utilice uno de los métodos descritos anteriormente para enviar el correspondiente archivo SIS a su teléfono e instalarlo. Tras ello, instale p3nfsd de la forma habitual. Si ha instalado el RPM proporcionado por `koeniglich.de`, encontrará los archivos SIS en `/usr/share/doc/p3nfs-[version]`.

El objetivo es crear un punto de montaje en su sistema de archivos para el recurso compartido NFS; p3nfs utiliza `/mnt/psion` de forma predeterminada. Al mismo tiempo, necesita su propio dispositivo RFCOMM, por lo que tendrá que configurar uno. Si está utilizando un teléfono Nokia, probablemente quiera vincularlo al canal 4; en caso contrario, puede utilizar el canal 3.

```
# mkdir /mnt/phone
# rfcomm bind /dev/rfcomm2 00:11:22:33:44:55 4
```

A continuación, inicie `nfsapp` en su teléfono. No se preocupe si en un principio selecciona el canal equivocado; al ejecutar `nfsapp` en su teléfono, le indicará en qué canal está escuchando. Si le ha indicado a `rfcomm` el canal equivocado, ejecute `rfcomm unbind /dev/rfcomm2` y pruebe con el canal correcto. Inicialmente, `nfsapp` escucha en el puerto de infrarrojos de forma predeterminada; haga clic en la tecla **P** para cambiar entre IR, Bluetooth y TCP. Una vez seleccionado Bluetooth, `nfsapp` le ofrece 30 segundos para iniciar p3nfs en su equipo. Suponiendo que todo lo demás está configurado correctamente, debería poder iniciar p3nfsd de esta forma:

```
# p3nfsd -series60 -tty /dev/rfcomm2 -dir /mnt/phone -user sderle
p3nfsd: versión 5.13a, using /dev/rfcomm2 (115200), mounting on /mnt/phone
p3nfsd: to stop the server do "ls /mnt/phone/exit". (pid 3274)
```

p3nfsd tardará unos segundos en realizar el montaje. Si se fija en `lsmod` comprobará que, de hecho, está utilizando la compatibilidad NFS de su núcleo. Si no utiliza un teléfono Series 60, debería cambiar `-series60` por `-UIQ` u otra opción. Puede ejecutar p3nfsd sin ninguna otra opción para acceder a una lista. También debe modificar las opciones `-tty`, `-dir` y `-user` según corresponda. La opción `-user` no es estrictamente necesaria pero p3nfsd monta el recurso compartido con permisos de sólo lectura y ejecución para usuarios por lo que si no lo utiliza, tendrá que ser la raíz para examinar el recurso compartido. Con esto ya puede acceder a `/mmt/phone` y realizar las operaciones habituales de un montaje NFS similar a Unix. Necesitará ejecutar `ls /mnt/phone/exit` para desmontar el recurso compartido, lo que es un poco extraño. En caso contrario, p3nfsd lo desmonta tras unos minutos de inactividad, aunque puede controlar el tiempo por medio de la opción `-timeout`.

Llegados a este punto, dispone de varias opciones para intercambiar datos entre dispositivos Bluetooth. Evidentemente, también puede reutilizar estas técnicas para intercambiar archivos entre dos equipos Linux equipados con Bluetooth y, de hecho, estos mismos métodos funcionan perfectamente en transferencias de archivos por infrarrojos, con alguna modificación, aunque es un tema que se escapa a los objetivos de este truco. Una última cosa: si quiere que sus nuevos dispositivos RFCOMM se encuentren en el mismo sitio al volver a iniciar el equipo, no olvide añadir entradas para ellos en `/etc/bluetooth/rfcomm.conf`. Ya puede empezar a instalar estas aplicaciones.

Schuyler Erle

TRUCO 19 · Controlar XMMS con Bluetooth

Utilice su dispositivo Bluetooth para controlar música de forma remota desde Linux.

Si dispone de un dispositivo Bluetooth móvil que quiera utilizar para controlar XMMS en Linux, está de suerte. Existe una serie de aplicaciones que utilizan una interfaz en serie de tipo WAP para teléfonos de la serie T de Ericsson (incluyendo los modelos T68i y T39m) para configurarlos para utilizarlos como controles remotos de XMMS. La primera es una aplicación independiente basada en Ruby denominada `bluexmms`, que puede encontrar en `http://linuxbrit .co.uk/bluexmms/`. Asegúrese de que el teléfono está enlazado (consulte un truco anterior) a la interfaz Bluetooth de su equipo. Instale bluexmms y, tras ello, utilice `rfcomm` para conectar un dispositivo RFCOMM al canal 2 del T68i, que (extrañamente) es el servicio de telefonía genérico del T68.

A continuación, ejecute `bluexmms /dev/rfcomm1` en su dispositivo y sustituya el nombre del dispositivo RFCOMM que acaba de crear. Debería poder acceder a Accessories/XMMS Remote en el menú de su teléfono y eso es todo.

Un segundo enfoque, pero muy similar, recurre a un complemento de XMMS denominado `btexmms`, que se puede descargar de `http://www.lyola.com/bte/` . Genere e instale el complemento, y cree un dispositivo RFCOMM en el canal 2, como en el caso anterior. Tras ello, acceda al menú de preferencias de XMMS y bajo Effects>General Plugins, active y configure el complemento BTE Control. Establezca el dispositivo en el dispositivo RFCOMM que haya creado para ello y guarde los cambios. Debería poder acceder al control remoto desde Accesories/ XMMS Remote, como mencionamos anteriormente.

Si no dispone de un teléfono Ericsson de la serie T, puede probar con Bemused, que se ejecuta en dispositivos SymbianOS, como el Nokia 3650/7650 y el Ericsson

P800. Al contrario que las aplicaciones T68 que acabamos de mencionar, que dependen del ordenador para realizar una conexión al teléfono, Bemused utiliza un cliente que inicia la conexión desde el teléfono a un servidor que se ejecuta en el equipo.

Puede obtener el servidor y el cliente Bemused en `http://www.compsoc.man.ac.uk/~ashley/bemused/`. En primer lugar, descomprima `bemused.zip` y cargue e instale el archivo `.sis` en su teléfono. Tras ello, descargue `bemusedlinuxserver.tar.gz` e instálelo en su equipo. Tendrá que indicar los servicios de puertos serie de Bluetooth en su portátil por medio de `sdptool add --channel=10 SP` y, seguidamente, modificar y configurar `/etc/bemused.conf` convenientemente. El archivo LÉAME de Bemused sugiere utilizar el canal 10 de Bluetooth, pero cualquier canal libre funcionará. Inicie X11, en caso de que no lo haya hecho. Ejecute `bemusedserverlinux` desde la línea de comando. Tras ello, podrá iniciar la aplicación Bemused desde su teléfono y disponer de todas las prestaciones de XMMS, desde la otra punta de la habitación.

Si no dispone de uno de estos dispositivos, no se preocupe; prácticamente todos los dispositivos Bluetooth actuales implementan algún tipo de capa de comunicaciones en serie. Con los ejemplos de los proyectos que hemos descrito podrá crear un control remoto XMMS para su propio teléfono o PDA. La posibilidad de trucar Bluetooth para este determinado tipo de aplicaciones es muy elevada.

Evidentemente, si ha llegado hasta aquí pensará que con un control remoto inalámbrico para XMMS se puede conectar un servidor de MP3 dedicado bajo Linux a un amplificador de alta fidelidad en el salón y no necesitar nunca un teclado o un monitor para el mismo. O puede que esté pensando en conectar un transmisor FM a su tarjeta de sonido para poder escuchar su colección de música desde cualquier radio de la casa. Y tiene toda la razón. Con Bluetooth puede hacer todas estas cosas y probablemente muchas más. ¡Qué empiece la diversión!

Schuyler Erle

## CAPÍTULO 3

Monitorización de redes
Trucos 20 a 42

Posiblemente la tarea más complicada relacionada con las redes inalámbricas sea tratar de visualizar lo que sucede. Las ondas de radio son invisibles y resultan indetectables para los humanos sin la ayuda de sofisticadas herramientas, como por ejemplo un analizador de espectro. Estos dispositivos no son económicos y oscilan entre varios cientos hasta miles de euros, en función de sus prestaciones. Evidentemente, dichos dispositivos escapan a las posibilidades del aficionado medio a las redes. E incluso si no fuera así, un espectro sólo muestra lo que sucede en la capa de radio física y no proporciona indicación alguna de lo que está pasando con los datos reales de la red.

Afortunadamente, cualquier dispositivo de red por radio no sólo puede transmitir datos, sino también recibirlos. Si a esto le unimos el uso de software sofisticado (y, a menudo, gratuito), se puede convertir un portátil convencional en una potente herramienta de monitorización. En este capítulo veremos cómo utilizar hardware estándar para detectar redes y clientes inalámbricos, generar estadísticas de su uso y obtener valiosa información interna sobre cómo se utiliza la red analizando la ingente cantidad de información de radio disponible. El uso de estas herramientas le permitirá coordinar esfuerzos de red con otros usuarios cercanos para utilizar el espectro de radio disponible de la forma más eficaz.

 TRUCO 20

Buscar todas las redes inalámbricas disponibles

Localice todas las redes inalámbricas sin necesidad de instalar software adicional.

Tenemos un portátil. Tenemos una tarjeta inalámbrica. Puede que incluso la tarjeta esté incorporada al portátil. Sabemos que en nuestra zona existen redes inalámbricas. ¿Cómo las buscamos? Puede que incluso dispongamos de una antena externa conectada a la tarjeta inalámbrica, en caso de que queramos establecer una conexión de larga distancia. ¿Cómo podemos buscar esa red que se encuentra a dos kilómetros?

Si ya está conectado a una red inalámbrica, puede descargar una herramienta como NetStumbler aunque para ello sería necesaria una conexión de red, que todavía no tenemos.

Los principales sistemas operativos disponen de software integrado que le permite localizar redes inalámbricas y obtener cierta información de estado sobre la red actualmente conectada.

Windows XP

Si existe un punto de acceso inalámbrico en el radio de acción de su tarjeta inalámbrica, de forma predeterminada Windows XP intentará conectarse automáticamente a dicho punto de acceso. Le informará de ello a través de una ventana emergente que abre sobre la barra de tareas, en la que indica que existe una o varias conexiones inalámbricas disponibles.

Al hacer clic sobre el icono de red se abre la ventana Conectar a red inalámbrica (véase la figura 3.1).

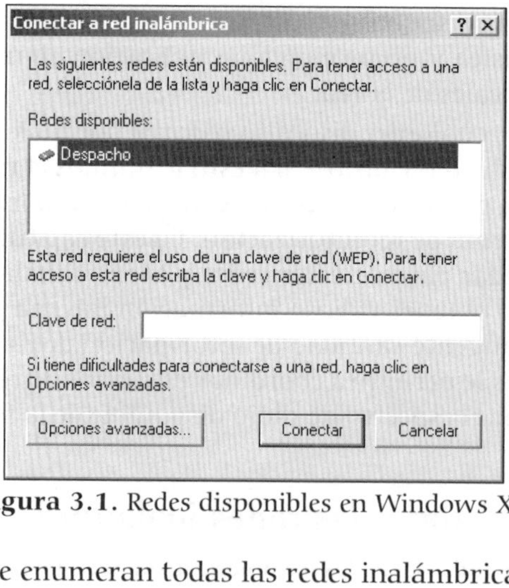

Figura 3.1. Redes disponibles en Windows XP.

En esta ventana se enumeran todas las redes inalámbricas que se encuentren en el radio de acción de su tarjeta inalámbrica. En este ejemplo, hay una. La ventana también muestra que la red inalámbrica seleccionada requiere el uso de una clave WEP (como veremos más adelante) para conectarse a la red.

Para poder conectarnos a esta red, es necesario introducir la clave WEP y confirmarla. Tras ello, haga clic en **Conectar**. La ventana se cerrará y el icono de red de la barra de tareas indicará que hay una o varias conexiones inalámbricas disponibles. El icono también muestra la velocidad de la red inalámbrica y la fuerza de la señal.

Como puede apreciar en la figura 3.1, si no puede conectarse a una de las redes enumeradas, puede hacer clic en el botón **Opciones avanzadas**, para abrir la ventana Propiedades de Conexiones de red inalámbricas (véase la figura 3.2).

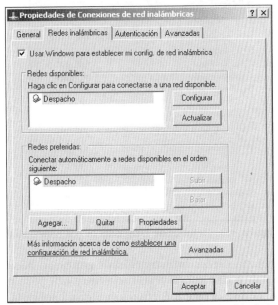

Figura 3.2. Opciones avanzadas de redes inalámbricas.

En esta ventana se vuelven a enumerar las redes inalámbricas disponibles. También muestra una lista de redes preferidas que el usuario puede añadir. Esto es importante saberlo si su punto de acceso inalámbrico no difunde el SSID, ya que le evita tener que introducir continuamente el nombre de la red, que de otra forma sería invisible, y tener que acordarse del mismo. Muchos puntos de acceso incluyen la posibilidad de desactivar la transmisión SSID como medida de seguridad (las denominadas redes cerradas). Esto significa que tendrá que conocer el SSID para poder añadir una red preferida (siempre que no utilice un escáner pasivo como Kismet o KisMAC).

En la parte superior de la ventana vemos la casilla de verificación Usar Windows para establecer mi config. de red inalámbrica. Si la marca, Windows trata automáticamente de establecer una conexión con cualquiera de las redes inalámbricas enumeradas en la lista de redes preferidas. Si no hay redes preferidas, le proporcionará una lista de redes inalámbricas disponibles, como mostramos anteriormente.

Para obtener el estado de la red inalámbrica a la que estamos actualmente conectados, haga clic con el botón derecho del ratón sobre el icono de red de la barra de tareas y seleccione Estado. Se abrirá la típica ventana de estado, ilustrada en la figura 3.3.

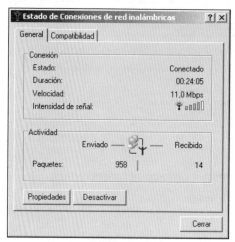

Figura 3.3. Detalles de estado de la red conectada.

Aunque esta ventana ofrece información de conexión básica, no muestra la intensidad de la señal en dB, lo que resultaría muy útil para probar conexiones inalámbricas. Tampoco se ofrece información alguna sobre la proporción entre señal y ruido. Al hacer clic sobre la ficha Compatibilidad se accede a información sobre la dirección IP de la tarjeta inalámbrica.

Mac OS X

Para cuadernos de Apple con una tarjeta AirPort incorporada, toda la configuración inalámbrica se gestiona desde las preferencias del sistema (Preferencias del sistema>Red), como puede comprobar en la figura 3.4.

Probablemente tenga dos tarjetas de red compatibles. Haga clic en el menú desplegable Configurar para acceder a las opciones de adaptador, incluyendo Ethernet incorporada y AirPort. Seleccione AirPort. Para acceder a los parámetros de la red inalámbrica, seleccione la ficha AirPort. Volveremos a este punto más adelante. Por el momento, debería centrarse en el parámetro Mostrar el estado de

AirPort en la barra de menús, opción que debería aparecer marcada. Una vez marcada esta casilla de verificación y tras cerrar la ventana de configuración, verá un nuevo icono en la barra de menús (véase la figura 3.5). Lo primero que debe hacer es pulsar sobre dicho icono y seleccionar la opción que permite activar la tarjeta AirPort.

Figura 3.4. Configuración de AirPort.

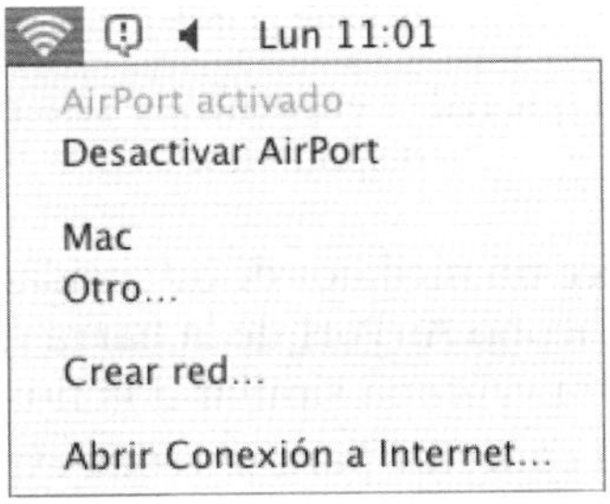

Figura 3.5. Configuración de AirPort.

Una vez activada la tarjeta AirPort, podrá acceder a una lista de las redes disponibles entre las que puede elegir. Si necesita una contraseña (clave WEP) para la red seleccionada, se le solicitará.

Para conectarse a una red que no aparezca en la lista, haga clic en Otra. Se abrirá el cuadro Red cerrada, como se indica en la figura 3.6.

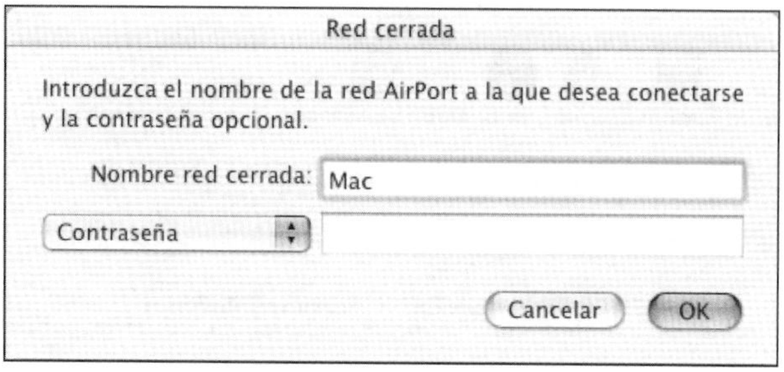

Figura 3.6. Debe especificar el ESSID para una red cerrada.

En este cuadro debe introducir el nombre de red (SSID) de la red inalámbrica a la que quiera conectarse y la contraseña (clave WEP), si es necesaria. De esta forma puede conectarse a redes que no difunden su SSID.

Tras seleccionar una red disponible o introducir información para una red que no aparezca en la lista, verá a qué red está actualmente conectado por medio de la barra de menú AirPort (véase la figura 3.7).

Figura 3.7. Puede saber en qué red se encuentra y seleccionar entre todas las redes disponibles.

El software AirPort ofrece un medidor de intensidad de señal, aunque bastante limitado. Haga clic en el icono AirPort de la barra de menús y seleccione Abrir conexión a Internet; verá una ventana similar a la ilustrada en la figura 3.8.

Junto con la falta de un conector para antenas externas, esta ventana limita la tarjeta inalámbrica AirPort a una herramienta útil para probar conexiones de red inalámbrica. Si necesita diagnósticos más avanzados, puede que le interese probar con MacStumbler, que analizaremos más adelante.

Figura 3.8. La sencilla pantalla de estado de Apple deja mucho lugar a la imaginación.

Linux

El uso de tarjetas de red inalámbricas en Linux requiere una gran cantidad de trabajo, en función de su distribución concreta de Linux, algo que no analizaremos en profundidad en este apartado. Suponemos que cuenta con compatibilidad PCMCIA para su tarjeta inalámbrica, con Wireless Extensions en su núcleo y con el paquete Wireless Tools instalado. Tanto Wireless Tools como los parches del núcleo para Wireless Extensions se pueden encontrar en la dirección `http:/ /www.hpl.hp.com/personal/Jean_Tourrilhes/Linux/Tools.html`. Wireless Extensions v.14 se incluye en el núcleo 2.4.20 y v.16 en el núcleo 2.4.21.

El paquete Wireless Tools se incorpora en numerosas distribuciones. Ofrece cuatro herramientas de línea de comando:

- iwconfig: Le permite manipular los parámetros inalámbricos básicos

- iwlist: Le permite enumerar direcciones, frecuencias, velocidades de bits y otros elementos

- iwspy: Le permite conectarse por calidad del enlace de nodo

- iwpriv: Le permite manipular las Wireless Extensions concretas de un controlador

`iwlist` es la herramienta que necesita en la línea de comando para poder ver las redes inalámbricas disponibles. Para habilitar el análisis, utilice la instrucción:

```
# iwlist wlan0 scanning
```

Accederá a información detallada sobre todas las redes detectadas y se admite en las nuevas versiones de las Wireless Extensions/Tools. Obtendrá un resultado similar al que reproducimos a continuación:

```
wlan0   Scan completed :
    Cell 01 - Address: 00:02:6F:01:76:31
            ESSID:"NoCat "
            Mode:Master
            Frequency:2.462GHz
            Quality:0/92 Signal level:-50 dBm Noise level:-100 dBm

            Encryption key:off
            Bit Rate:1Mb/s
            Bit Rate:2Mb/s
            Bit Rate:5.5Mb/s
            Bit Rate:11Mb/s
```

Si hubiera varios puntos de acceso visibles desde su equipo, recibiría información detallada sobre cada uno. Una vez localizado el punto de acceso al que quiera conectarse, puede utilizar `iwconfig` para indicárselo a su tarjeta.

Cualquiera que trabaje con redes inalámbricas en Linux buscará probablemente una herramienta de monitorización del estado de la conexión más potente. Pruebe con Wavemon, que analizaremos más adelante, si necesita más funcionalidad de la que ofrecen estas sencillas herramientas de línea de comando.

Roger Weeks

TRUCO 21 Búsqueda de redes con NetStumbler

Localice todas las redes inalámbricas disponibles con esta herramienta de monitorización.

Después de tratar de utilizar el software inalámbrico de cliente incluido en cualquiera de los principales sistemas operativos, se dará cuenta de las principales limitaciones de estas utilidades. La mayoría de las herramientas no ofrece una medición detallada de la intensidad de la señal y ni siquiera indican cuándo hay varias redes que utilizan el mismo canal.

NetStumbler (`http://www.stumbler.net/`) es una excelente utilidad (y gratuita) que le ofrece detallada información sobre todas las redes inalámbricas en el radio de acción, incluyendo su ESSID, si utilizan WEP, qué canales utilizan, etc. Al cierre de la edición de este libro, la versión actual era la 0.30 y el autor se encuentra trabajando en la versión 0.4. La instalación es rápida y sencilla, y, para todo lo que hace NetStumbler, el paquete es especialmente reducido. NetStumbler no es compatible con todas las tarjetas de red inalámbricas. Es aconsejable consultar el archivo README antes de la instalación para asegurarse de que nuestra tarjeta inalámbrica es compatible. Entre las admitidas se incluyen todas las tarjetas que utilizan la placa Hermes (tarjetas Lucent/Orinoco/Avaya/ Agere/Proxim). En la versión 0.30, el software también admite controladores NDIS 5.1 nativos de Windows XP, lo que permite el uso de tarjetas Cisco Aironet y algunas basadas en Prism.

Al iniciar NetStumbler por primera vez, conviene configurar algunas de sus opciones. Haga clic en **View** y seleccione Options. Se abrirá el cuadro de diálogo Options que mostramos en la figura 3.9.

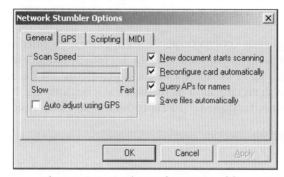

Figura 3.9. Opciones de NetStumbler.

Existe una serie de opciones importantes que debe seleccionar para obtener el mejor rendimiento de NetStumbler. Probablemente le interese establecer la velocidad de análisis en Fast, ya que con este parámetro conseguirá actualizaciones más frecuentes y precisas de las redes inalámbricas. Por otra parte, si utiliza Windows 2000 o Windows XP, tendrá que marcar la opción Reconfigure ca:d automatically. En caso contrario, NetStumbler buscará la red inalámbrica a la que actualmente esté asociada su tarjeta, pero ninguna otra.

Una de las características más atractivas de NetStumbler es la posibilidad de ofrecerle información MIDI de la intensidad de la señal. Esto resulta muy indicado para obtener la mejor señal posible entre dos puntos, por ejemplo al intentar alinear antenas a larga distancia (como veremos en un truco posterior). Cuando aumenta la intensidad de la señal, también lo hace la frecuencia del tono que reproduce NetStumbler. De esta forma, el ajuste de la antena es similar al posicionamiento de una parabólica: basta con mover la antena hasta que se escuche la frecuencia más alta.

Seleccione un canal MIDI y los correspondientes sonidos en la ficha MIDI de la pantalla Options (véase la figura 3.10). Necesitará una tarjeta de sonido compatible con MIDI para utilizar esta opción.

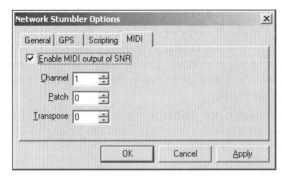

Figura 3.10. Opciones de salida MIDI.

Una vez configuradas correctamente las opciones, ya puede empezar a buscar redes inalámbricas. Suponiendo que la tarjeta inalámbrica esté instalada, NetStumbler empieza la búsqueda instantáneamente. Si ha activado la opción MIDI, recibirá una gran cantidad de información de audio, sobre todo si hay varias redes en su zona. La figura 3.11 reproduce una sesión típica de NetStumbler.

MAC	SSID	Name	Chan	Vendor	Type	Encryption	Signal+	Noise-	SNR+
00022D1CBCCF	NoCat		10	Agere (Lucent) Orinoco	AP		-83	-100	17
00601DF22136	ORA		3	Agere (Lucent) WaveLAN	AP	WEP	-76	-100	24
00022D0C5F07	ORA		3	Agere (Lucent) Orinoco	AP	WEP	-73	-100	27
00022D8D03F7	2WIRE403		6	Agere (Lucent) Orinoco	AP	WEP	-79	-100	21
00306507E49D	dragonfly		1	Apple	AP	WEP	-87	-100	13
000625A33938	linksys		6	Linksys	AP	WEP	-71	-100	29
00022D1D293B	AthenaBC		1	Agere (Lucent) Orinoco	AP	WEP	-88	-100	12
00032F0119CF	FORD707		6	GST (Linksys)	AP		-88	-100	12
00026F03FE64	NoCat-Sebastopol		8, 14	Senao Intl	AP		-59	-100	41

Figura 3.11. NetStumbler muestra las redes detectadas.

NetStumbler le muestra mediante colores los enlaces más activos. El verde indica una señal fuerte, el amarillo una señal media y el rojo se corresponde a una señal prácticamente inutilizable. El color gris indica que no se puede acceder a la red. El símbolo del candado que aparece en muchos de los enlaces indica que esa red utiliza WEP.

Puede ver a simple vista todas las redes inalámbricas localizadas por NetStumbler, así como la intensidad de la señal, SNR y el ruido. También puede ver qué placa utiliza la red inalámbrica. Este dato puede resultarle especialmente útil si necesita buscar una determinada red en una zona muy poblada.

Para utilizar NetStumbler para ajustar un enlace inalámbrico, inicie el programa y asegúrese de que ha localizado la red en el otro extremo del enlace punto a punto. Tras ello, empezará a oír los tonos MIDI que indican la intensidad de la señal. Los tonos más altos indican una mejor intensidad de la señal. Suba el volumen de sus altavoces y concéntrese en dirigir la antena. Sabrá que la ha dirigido correctamente cuando NetStumbler genere el tono MIDI más alto.

Una segunda opción para visualizar la intensidad de la señal se esconde en los menús de desplazamiento situados en la parte izquierda de la ventana de NetStumbler. Haga clic en el signo más situado junto a SSIDs. Verá algo similar a la figura 3.12. Se incluyen todas las direcciones MAC asociadas a dicho SSID. Haga clic en la dirección MAC para ver una representación gráfica de la intensidad de señal de esta red inalámbrica. Como puede comprobar en la figura 3.13, se trata de una herramienta visual muy útil. De nuevo, puede utilizar esta ventana para saber si la antena direccional está correctamente orientada. También puede utilizarla en un entorno corporativo para determinar la ubicación óptima de un punto de acceso.

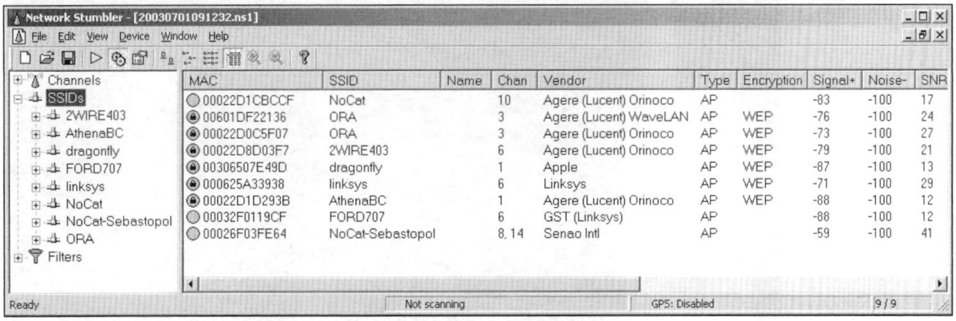

Figura 3.12. Vista de redes por SSID.

NetStumbler puede combinarse con un sistema GPS conectado a su PC. Puede seleccionar su sistema GPS en la lista incluida en el cuadro de diálogo View>Options. Una vez indicada a NetStumbler la correspondiente unidad GPS, la pantalla principal no sólo muestra detalles de la red inalámbrica, sino que también incluye la latitud y longitud de la red.

Una mención sobre la compatibilidad con las tarjetas inalámbricas. Como mencionamos anteriormente, el autor de NetStumbler incluye compatibilidad con el controlador NDIS 5.1 para tarjetas Cisco y algunas tarjetas Prism si utiliza Windows XP.

Para que funcione, tendrá que hacer clic en el menú Device. Aparecerán dos controladores enumerados. Debe seleccionar el controlador NDIS 5.1 para que NetStumbler funcione con tarjetas Prism o Cisco. Lo he probado personalmente con las tarjetas Senao/Engenius 200mW y funciona a la perfección.

NetStumbler es un escáner de red activo que envía solicitudes de sondeo y espera respuestas de dichos sondeos; como tal, no detecta las denominadas redes cerradas. Para ello, necesita una herramienta de monitorización pasiva como Kismet o KisMac. Pero para muchas situaciones, NetStumbler es una pequeña y potente herramienta para detectar y monitorizar la mayoría de las redes inalámbricas.

Roger Weeks

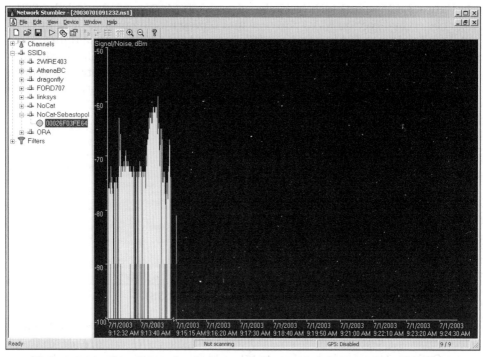

Figura 3.13. El medidor visual muestra la intensidad de la señal en el tiempo.

TRUCO 22 Detección de redes en Mac OS X

Descubra todo lo que siempre quiso saber sobre las redes inalámbricas de su zona.

Si sólo quiere buscar cualquier red que se encuentre disponible, probablemente le baste el cliente incorporado AirPort. Pero si quiere crear su propia red o solucionar los problemas de la de otro, necesitará muchos más detalles de los que proporcionan los clientes estándar. En concreto, saber qué redes está al alcance y qué canales utilizan puede resultar de gran valor a la hora de determinar la ubicación de nuestro equipo. A continuación analizaremos dos sencillas herramientas de sondeo para OS X que le permitirán hacerse una idea más aproximada de lo que sucede.

MacStumbler

Aunque sólo comparte el nombre con el conocido NetStumbler (véase el truco anterior), MacStumbler (`http://www.macstumbler.com/`) es probablemente el escáner de red más conocido para OS X. Es de fácil manejo y proporciona los detalles más útiles: redes disponibles, canales que utilizan y la intensidad de la señal recibida. También muestra el ruido recibido, si se ha habilitado WEP y una gran cantidad de útiles detalles (véase la figura 3.14).

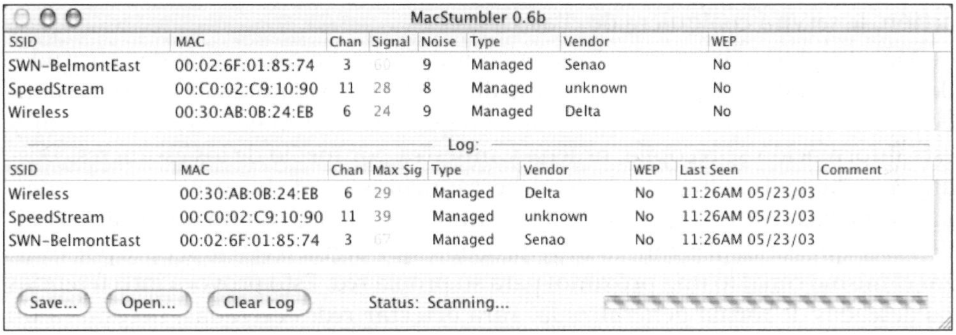

SSID	MAC	Chan	Signal	Noise	Type	Vendor		WEP
SWN–BelmontEast	00:02:6F:01:85:74	3	60	9	Managed	Senao		No
SpeedStream	00:C0:02:C9:10:90	11	28	8	Managed	unknown		No
Wireless	00:30:AB:0B:24:EB	6	24	9	Managed	Delta		No

Log:

SSID	MAC	Chan	Max Sig	Type	Vendor	WEP	Last Seen	Comment
Wireless	00:30:AB:0B:24:EB	6	29	Managed	Delta	No	11:26AM 05/23/03	
SpeedStream	00:C0:02:C9:10:90	11	39	Managed	unknown	No	11:26AM 05/23/03	
SWN–BelmontEast	00:02:6F:01:85:74	3	67	Managed	Senao	No	11:26AM 05/23/03	

Save... Open... Clear Log   Status: Scanning...

Figura 3.14. Pantalla principal de MacStumbler.

Al igual que muchas otras aplicaciones de OS X, MacStumbler es capaz de reproducir texto, por lo que puede "pronunciar" los ESSID de las redes cuando las encuentra. Aunque sigue en su fase beta, considero que MacStumbler es una herramienta muy fiable. Actualmente admite la búsqueda de redes utilizando únicamente la tarjeta AirPort incorporada.

iStumbler

Otra conocida herramienta de detección de redes es iStumbler (`http://homepage.mac.com/alfwatt/istumbler/`). Es incluso más sencilla que MacStumbler ya que prácticamente no necesita configuración. Basta con iniciarla para que busque de forma automática todas las redes disponibles, junto con un medidor de señal y de ruido a tiempo real. Como puede apreciar en la figura 3.15, existen planes de compatibilidad con GPS en la siguiente versión, pero en la actual, v0.6b, el campo Coordinates carece de sentido. Al igual que MacStumbler, iStumbler sólo admite la exploración si se utiliza la tarjeta AirPort incorporada.

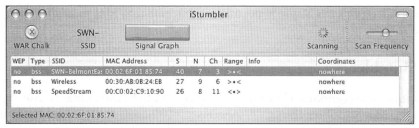

Figura 3.15. La sencilla interfaz metálica de iStumbler.

Estas herramientas buscan rápidamente todas las redes disponibles y conservan registros históricos en caso que de que necesite monitorizar redes inalámbricas en el tiempo. Si tiene que buscar todas las redes disponibles en el actual radio de acción, le servirá cualquiera de ellas.

MacStumbler e iStumbler funcionan mediante el envío activo de solicitudes de sondeo a todos los puntos de acceso disponibles. Los puntos de acceso responden a los sondeos (como harían con cualquier cliente inalámbrico legítimo) y esta información se recopila, ordena y muestra por medio de los escáneres. Desafortunadamente, ninguna de estas herramientas puede buscar redes cerradas, ya que dichas redes no responden a solicitudes de sondeo. Como no resulta sencillo saber qué canal utilizan, es muy probable que alguien cercano opte por utilizar el mismo canal (o uno próximo) para su propia red. Esto provoca interferencias no deseadas de forma generalizada. Para detectar redes cerradas, necesitará un escáner pasivo, como KisMAC o Kismet.

TRUCO 23 Detección de redes con PC manuales

Monitorice redes inalámbricas con facilidad mientras va andando.

Si cuenta con un PC manual, sabrá lo cómodo que es. Lo que puede que no sepa es que es un excelente dispositivo para probar redes inalámbricas. Si su equipo incorpora una ranura para tarjetas Compact Flash o PC, puede utilizar una tarjeta inalámbrica en dichas ranuras.

Si tiene un Sharp Zaurus o un Compaq iPAQ bajo Linux, está de suerte. Kismet se puede ejecutar en estos equipos, convirtiéndose en la herramienta de monitorización de redes más pequeña y potente del mundo. Al compilar Kismet para un dispositivo manual, asegúrese de incluir las optimizaciones del mismo. En la documentación de Kismet encontrará más información al respecto.

Para usuarios de Pocket PC 3.0 y 2002, el creador de NetStumbler ha escrito una versión en miniatura para estos dispositivos: MiniStumbler. MiniStumbler se puede descargar en `http://www.stumbler.net/`. Al cierre de la edición de este libro, la versión actual era la 0.3.23. MiniStumbler sólo admite tarjetas con placas Hermes (la gama Lucent/Orinoco/Agere/Avaya/Proxim). Actualmente no es compatible con tarjetas Prism o Cisco.

Para instalar MiniStumbler, basta con copiar el archivo adecuado para la arquitectura de procesador del Pocket PC desde el equipo anfitrión hasta el Pocket PC. No existe rutina de configuración. Entre las arquitecturas de procesador compatibles se encuentran ARM, MIPS y SH3. Compruebe la documentación de su sistema si no sabe cuál es la utilizada por su dispositivo manual.

Como ocurría con NetStumbler, es necesario configurar algunas opciones antes de iniciarlo por primera vez. En la parte inferior encontramos dos menús que debe configurar. El primer es Opt, como se indica en la figura 3.16. Asegúrese de marcar las opciones Reconfigure card automatically y Get AP Names.

Figura 3.16. Menú Opt de MiniStumbler.

En MiniStumbler se evidencia la falta de compatibilidad MIDI con información de audio. Sin embargo, puede establecer la velocidad de escaneo si hace clic en el menú Spd, como se indica en la figura 3.17. Normalmente se aconseja configurarlo a la mayor velocidad posible.

Una vez configuradas correctamente las opciones de MiniStumbler, ya puede empezar a buscar redes inalámbricas. Siempre que su tarjeta inalámbrica esté instalada, MiniStumbler empezará la búsqueda automática de redes. Una sesión típica de búsqueda tiene un aspecto similar al ilustrado en la figura 3.18.

Si ha utilizado NetStumbler alguna vez, se sentirá como en casa. Los datos se muestran de la misma forma, utilizando el mismo esquema de colores para las redes detectadas (verde, amarillo y rojo para indicar la intensidad de la señal, gris para las redes fuera de cobertura y el icono del candado para las redes que utilicen WEP). Si tiene que detener el proceso de búsqueda, basta con hacer clic en el triángulo verde situado en el menú inferior.

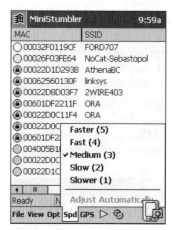

Figura 3.17. Velocidad de escaneo de MiniStumbler.

Figura 3.18. MiniStumbler en acción.

Aunque la pequeña pantalla de un Pocket PC es tremendamente portátil, en ocasiones resulta muy difícil ver grandes cantidades de datos. Para poder ver todos los datos en MiniStumbler, tendrá que desplazarse hacia la derecha. En esta parte se incluye la intensidad de la señal, SNR y los niveles de ruido.

MiniStumbler no admite ninguna de las vistas de visualización de NetStumbler, por lo que no puede conseguir una gráfico de la señal inalámbrica en el tiempo. Sin embargo, admite el registro de ubicaciones por medio de GPS. Haga clic en el menú GPS (véase la figura 3.19) y seleccione el puerto COM asociado a su GPS. MiniStumbler le mostrará la latitud y longitud de todas las redes inalámbricas que encuentre.

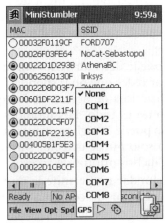

Figura 3.19. Seleccione el puerto al que esté conectado su GPS.

Evidentemente, un GPS sólo es eficaz para la detección de redes en exteriores. Pero la gran portabilidad de los Pocket PC los convierte en instrumentos idóneos para realizar estudios informales de un sitio, comprobar puntos de acceso no autorizados o establecer el área de cobertura de una red inalámbrica. Puede que MiniStumbler carezca de algunas de las útiles opciones de NetStumbler y Kismet, pero es muy sencillo de utilizar y mucho más completo que el sistema cliente de búsqueda de redes.

Roger Weeks

TRUCO

24

Escaneo pasivo con KisMAC

Obtenga información detallada sobre redes con este escáner pasivo para OS X.

KisMAC (`http://www.binaervarianz.de/projekte/programmieren/kismac/`) es otra herramienta OS X que comparte un nombre con la conocida herramienta de monitorización Kismet (que describiremos más adelante). Se trata de una herramienta de búsqueda y monitorización de redes mucho más avanzada que MacStumbler o iStumbler.

Como mencionamos anteriormente, los escáneres activos funcionan mediante el envío de solicitudes de sondeo a todos los puntos de acceso disponibles. Como estos escáneres dependen de las respuestas a un sondeo activo, los administradores de redes pueden detectar la presencia de herramientas como MacStumbler e iStumbler (así como la de NetStumbler y MiniStumbler o de cualquier otra herramienta que utilice sondeos de red activos).

KisMAC es un escáner de red pasivo. En lugar de enviar solicitudes de sondeo activas, indica a la tarjeta inalámbrica que sintonice un canal, escuche durante un tiempo, que pase a otro canal, que escuche durante un tiempo y así sucesivamente.

De esta forma, no sólo puede detectar redes sin anunciar su presencia, sino que también puede encontrar redes que no respondan a solicitudes de sondeo, en especial las redes cerradas (puntos de acceso en los que se ha deshabilitado el proceso de baliza). Pero eso no es todo. Los monitores pasivos tienen acceso a todas las tramas que la radio puede escuchar mientras sintoniza un determinado canal. Esto significa que no sólo puede detectar puntos de acceso sino también los clientes inalámbricos de dichos puntos de acceso.

El controlador AirPort estándar no permite la monitorización pasiva, por lo que KisMAC utiliza el controlador de código abierto Viha AirPort (http://www.dopesquad.net/security/). Cuando el programa se inicia, intercambia el controlador AirPort existente por el controlador Viha y reinstala automáticamente el controlador estándar al salir. Para realizar este intercambio de controladores, tendrá que proporcionar su contraseña administrativa al inicia KisMAC.

Mientras se esté ejecutando KisMAC, la conexión inalámbrica convencional no estará disponible. KisMAC también admite controladores para tarjetas Orinoco/Avaya/Proxim, así como para tarjetas inalámbricas basadas en Prism-II. La pantalla principal de KisMAC ofrece prácticamente la misma información que la MacStumbler o iStumbler. Pero al hacer doble clic sobre cualquier red disponible se muestran nuevos datos (véase la figura 3.20).

Un interesante efecto secundario del escaneado pasivo es que la detección de canales no es fiable al 100 por cien. Como los canales 802.11b se superponen, en ocasiones resulta complicado para el escáner pasivo saber con total seguridad en qué canal se ha sintonizado un punto de acceso, y puede equivocarse de canal. El punto de acceso de la figura 3.21 está conectado al canal 3, aunque indique que se trata del canal 2.

KisMAC le permite especificar qué canales quiere examinar. Esto puede resultar muy útil si necesita encontrar puntos de acceso que utilicen el mismo canal que el suyo (véase la figura 3.21). KisMAC cuenta con multitud de atractivas características, incluyendo compatibilidad con GSM, inyección de tramas (para tarjetas Prism II y Orinoco) e incluso un gráfico de tráfico relativo en tiempo real (véase la figura 3.22). Si detecta una red WEP, puede utilizar diferentes técnicas avanzadas para intentar adivinar la contraseña. Y sí, incluso puede leer en voz alta los ESSID encontrados.

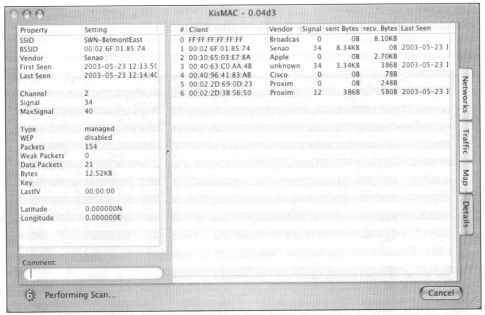

Figura 3.20. Detalles de red inalámbrica en KisMAC.

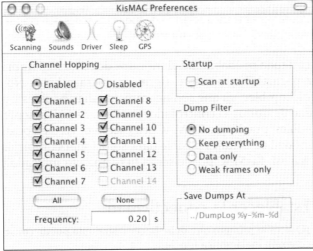

Figura 3.21. En KisMAC sólo puede seleccionar los canales que necesite examinar.

Posiblemente la característica más completa de KisMAC sea la posibilidad de registrar tramas 802.11 en un volcado pcap estándar. Marque las opciones Keep

Everything o Data Only en la sección de preferencias para guardar un archivo de volcado que puedan leer herramientas como Ethereal.

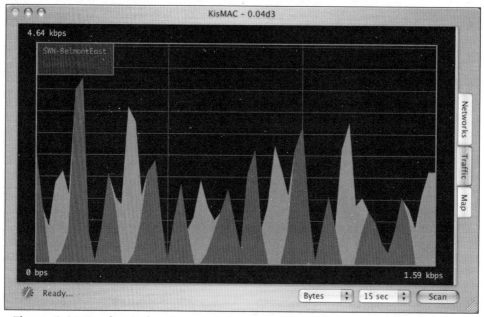

Figura 3.22. Puede ver el tráfico relativo de todas las redes detectadas sin transmitir un solo bit.

KisMAC es con toda probabilidad el monitor de redes inalámbricas más avanzado que hay para OS X, aunque sigue en su fase beta. No me olvido de MacStumbler e iStumbler, ya que son ligeramente más estables y pueden funcionar sin necesidad de quitar el controlador AirPort. Si únicamente quiere buscar las redes disponibles, puede que KisMAC sea excesivo. Pero en ocasiones necesitará la mayor cantidad de detalles posible para solucionar complejos problemas de red y, cuando sea así, KisMAC puede ser la herramienta indicada para ello.

TRUCO 25 · Establecer la conectividad

¿Qué es lo primero que debe hacer cuando no puede conseguir que una conexión inalámbrica funcione?

A pesar de lo etéreas que puedan parecer las redes inalámbricas, funcionan sorprendentemente bien. Una vez en el radio de acción de una red inalámbrica correctamente configurada, apenas se necesita trabajo por parte del usuario final. Suele bastar con abrir el portátil para que todo funcione. A excepción, claro está, de cuando no funciona. Si tiene problemas para conectarse, es hora de poner en práctica sus conocimientos de resolución de problemas. A continuación le ofrecemos una serie de sencillos pasos que deben ayudarle a determinar la fuente del problema.

- **¿La tarjeta inalámbrica está instalada y activada?**: Muchos portátiles incluyen la posibilidad de desactivar la tarjeta inalámbrica, bien a través de software o por medio de un interruptor físico. Compruebe que la tarjeta está insertada (del todo), activada y que cuenta con todos los controladores instalados. Es la solución equivalente a "está insertada" pero merece la pena comprobarlo antes.

- **¿Se encuentra en el radio de acción de un punto de acceso?**: Si no está seguro, compruebe el medidor de señal. ¿Tiene intensidad de señal suficiente como para comunicarse con el punto de acceso? Podría estar fuera de su cobertura. Si el software cliente muestra niveles de ruido, revíselos también para asegurarse de que la proporción entre señal y ruido es elevada. Siempre es posible que el vecino haya metido un burrito en el microondas o que acabe de contestar a su teléfono 2.4 GHz.

- **¿Está asociado a la red correcta?**: Este paso parece estúpido pero cada vez es más importante comprobarlo. Por ejemplo, vivo en un edificio de apartamentos en una zona muy concurrida de Seattle. En una ocasión traté de conectarme a mi servidor de archivos local desde mi portátil, sin poder conseguirlo. Creía que se trataba de problemas de conectividad, pero la intensidad de la señal era muy alta y podía acceder a páginas Web sin problema. Me conecté a la consola de mi servidor de archivos y todo parecía correcto. Sorprendido, decidí realizar un ping a mi portátil desde el servidor de archivos. Entonces me di cuenta de que el portátil utilizaba una dirección IP extraña, que ni siquiera se correspondía a la misma red que utilizaba en casa. ¿Cómo podía acceder a páginas Web si estaba utilizando los números de red equivocados?

Entonces me acordé de que ese mismo día había configurado el portátil para que utilizara la red con la señal más fuerte, independientemente del ESSID. Resulta que un vecino acababa de instalar un punto de acceso, al que yo me había asociado por error. Como tanto el vecino como yo estábamos ejecutando redes abiertas, mi portátil se asoció a la línea DSL de mi vecino y empezó a utilizarla. Evidentemente no podía acceder a mis equipos domésticos; todos se encontraban en una red privada detrás de mi enrutador.

Moraleja: asegúrese de que sabe a qué red está conectado.

- **¿Tiene una dirección IP?**: Desde la línea de comando en Linux, BSD u OS X, ejecute `ifconfig-a`. Busque una dirección `inet` asociada a su dispositivo inalámbrico.

  En Windows NT, 2000 o XP, ejecute `ipconfig/all` desde un símbolo del sistema. Debería ver una dirección IP asociada a su dispositivo inalámbrico.

  En Windows 95/98, ejecute `winipcfg`. Seleccione su tarjeta inalámbrica en el cuadro desplegable para poder ver su dirección IP.

  Si la dirección IP se muestra como 0.0.0.0, falta o empieza por 169, entonces no tiene dirección IP. Esto significa que no dispone de una licencia DHCP. Compruebe sus parámetros WEP y, si utiliza filtrado de direcciones MAC, asegúrese de que la dirección MAC de su tarjeta inalámbrica coincide con la lista de su punto de acceso.

  Si todos los parámetros inalámbricos son correctos y recibe una abundante señal, por alguna razón no ha recibido su licencia DHCP. Esto puede deberse a diversos motivos. ¿Ha configurado su tarjeta para solicitar DHCP? ¿El servidor DHCP está funcionando en su red? Si sirve a un elevado número de clientes, ¿se ha quedado sin licencias DHCP? En caso de duda, conviene realizar este tipo de resolución de problemas con ayuda de un administrador de redes. Si es administrador de redes, trate de utilizar un husmeador de tráfico como tcdump o Ethereal. ¿Puede ver el tráfico emitido desde el punto de acceso? ¿Qué sucede cuando su equipo solicita una licencia DHCP? Un buen husmeador puede ayudarle a identificar rápidamente la fuente del problema.

  Si tiene que conectarse imperiosamente a una red que no ofrezca licencias DHCP y puede contar con un husmeador, siempre puede utilizar camp. Únicamente se recomienda para los casos más extremos aunque no sería un truco si no le dijera cómo hacerlo, ¿verdad? El uso de un husmeador en una red muy transitada le permite averiguar el diseño de la red, incluyendo el rango IP que se utiliza y la puerta de enlace predeterminada. Seleccione una dirección IP de dicho rango y asígnela estáticamente. Tras ello, defina su enrutador predeterminado y eso es todo. No se recomienda realizar esta operación ya que resulta complicado determinar si se está compartiendo una dirección IP con otro equipo de la red, lo que podría causar problemas para ambos. Al mismo tiempo, cualquier administrador de redes respetable que descubra lo que estamos haciendo podría descargar toda su rabia contra nosotros. Pero si es tan respetable, puede preguntarle por qué no ha funcionado su servidor DHCP.

  Antes de continuar con los restantes pasos de resolución de problemas, conviene deshabilitar todos los túneles o proxies codificados que pueda estar ejecutando, para poder establecer una conectividad básica sin demasiadas variables en el camino.

*   **¿Puede hacer ping en la puerta de enlace predeterminada de la dirección IP?**: El primer paso a Internet es la puerta de enlace predeterminada. ¿Puede utilizar el comando ping en la misma?

    En Linux, BSD u OS X, ejecute `netstat -rn`. Busque el destino predeterminado o 0.0.0.0. Será su puerta de enlace predeterminada.

    En Windows NT, 2000 o XP, ejecute `ipconfig/all` desde un símbolo del sistema. La puerta de enlace predeterminada aparecerá en pantalla.

    En Windows 95/98, ejecute `winipcfg`. Seleccione su tarjeta inalámbrica en el cuadro desplegable para mostrar la puerta de enlace predeterminada.

    Intente hacer ping en la dirección IP enumerada. Una puerta de enlace inaccesible desde sí misma no es sinónimo de un problema, ya que no todos los enrutadores responden a solicitudes de ping. No obstante, si no puede acceder a la puerta de enlace y no puede acceder a Internet, asegúrese de que la puerta de enlace funciona. Si no es el administrador de la red, le recomendamos que lo busque.

*   **¿Puede hacer ping a una IP de Internet?**: Este paso es muy importante y se suele pasar por alto. Trate de hacer ping en una conocida dirección IP de Internet. Por ejemplo, 216.239.33.99 es la dirección IP de `www.google.com`. Debería memorizar una dirección IP que siempre esté funcionando y tratar de hacer ping en la misma. Un ping satisfactorio establece conectividad básica para el resto de Internet. Si todas las pruebas realizadas hasta ahora han sido satisfactorias pero no puede hacer ping en una IP de Internet, se debe a que el tráfico no supera su puerta de enlace predeterminada o a que no regresa de vuelta. En un apartado posterior encontrará más información al respecto.

*   **¿Puede hacer ping en www.google.com?**: Es un paso importante pero diferente al anterior. Si puede hacer ping en 216.239.33.99 pero los intentos de ping en `www.google.com` tardan demasiado y no son satisfactorios, es muy probable que el enrutamiento sea correcto pero que la resolución de nombres DNS no funcione. Revise los servidores DNS que le haya proporcionado su servidor DHCP.

    En Linux, BSD u OS X, pruebe con `cat /etc/resolv.conf`. Debería haber una o varias líneas `nombredeservidor` con una dirección IP.

    En Windows NT, 2000 o XP, ejecute `ipconfig /all` desde un símbolo del sistema. Se enumerarán los servidores DNS.

En Windows 95/98, ejecute `winipcfg`. Seleccione su tarjeta inalámbrica en el cuadro desplegable para que se muestren los servidores DNS.

Si no aparecen servidores DNS enumerados, significa que su servidor DHCP no le ha proporcionado ninguno. Asigne uno manualmente o, mejor todavía, arregle su servidor DHCP. Si aparece la lista de servidores DNS pero no puede resolver nombres DNS, probablemente se deba a un error de la configuración DNS. Póngase en contacto con su administrador de redes.

- **¿Puede navegar hasta www.google.com?**: Es una prueba obvia y puede que sea la que le haya llevado a empezar a buscar el motivo del problema. Si esta prueba funciona, dispone por tanto de algún tipo de conectividad a Internet. Pero siempre conviene incluirla en la rutina habitual, sobre todo si utiliza un punto de acceso público. Muchas redes públicas utilizan un portal cautivo (como NoCatAuth, que veremos más adelante) que prohíbe la mayor parte de conectividad de red antes de conectarse a una página Web. Esto puede resultar muy confuso, sobre todo si puede realizar la mayoría de estas pruebas pero no puede establecer una conexión SSH o comprobar el correo. Trate de navegar a una página Web conocida si tiene problemas para conectarse a una red pública, ya que pueden redirigirle a instrucciones sobre cómo conseguir un mayor acceso de red.

También pueden aparecer problemas inesperados si intervienen proxies transparentes, como squid. Puede indicar que existe un proxy manual que es el que supuestamente debe utilizar para el tráfico de Internet. Si puede ejecutar el comando ping y resolver nombres de anfitrión pero no puede navegar a sitios Web, compruebe con su administrador de redes si existe un proxy cercano a la red y si éste funciona correctamente.

Usar traceroute

Una herramienta muy útil para determinar el origen de un problema de red es `traceroute`. Aunque no es completamente infalible, puede ayudarle a determinar con exactitud dónde se pierde la comunicación. Se suele utilizar cuando se puede acceder a determinados equipos (por ejemplo, la puerta de enlace predeterminada) pero no a otros.

`traceroute` trata de contactar con todos los equipos disponibles en la ruta comprendida entre su equipo local y el destino final, e informa del tiempo medio que tarda en contactar con cada uno. No todos los enrutadores permiten que el tráfico `traceroute` pase por ellos, pero merece la pena probar si tiene problemas de red.

En Linux, BD u OS X, ejecute `traceroute -n 208.201.239.36`.

En cualquier versión de Windows, desde el símbolo del sistema, ejecute:

```
tracert -n 208.201.239.36
```

Evidentemente, puede utilizar cualquier dirección IP de Internet que desee. Debería obtener un resultado similar al siguiente:

```
traceroute to 208.201.239.36 (208.201.239.36), 30 hops max, 40 byte
packets
    1 10.15.6.1 4.802 ms 4.411 ms 4.886 ms
    2 216.254.17.1 11.341 ms 11.202 ms 10.797 ms
    3 206.191.168.200 14.212 ms 25.894 ms 11.811 ms
    4 206.191.168.220 14.362 ms 13.564 ms 23.587 ms
    5 206.253.192.194 13.046 ms 13.244 ms 13.595 ms
    6 157.130.191.113 147.823 ms 16.747 ms 17.827 ms
    7 152.63.106.190 19.723 ms 156.864 ms 23.545 ms
    8 152.63.106.233 22.393 ms 32.006 ms 18.52 ms
    9 152.63.2.134 14.93 ms 115.795 ms 34.949 ms
   10 152.63.1.34 35.249 ms 139.869 ms 32.841 ms
   11 152.63.54.130 38.268 ms 148.991 ms 33.852 ms
   12 152.63.55.70 33.457 ms 49.736 ms 90.575 ms
   13 152.63.51.125 34.17 ms 32.661 ms 32.978 ms
   14 157.130.203.234 53.416 ms 67.974 ms 35.621 ms
   15 64.142.0.1 41.108 ms 60.794 ms 92.63 ms
   16 208.201.224.30 40.331 ms 54.544 ms 144.794 ms
   17 208.201.239.36 49.154 ms 36.918 ms 124.526 ms
```

Muestra la dirección IP de todos los pasos intermedios hasta el destino final y la cantidad de tiempo aproximada que se tarda en alcanzar cada paso. Realiza tres intentos de contacto en cada paso e informa del tiempo de cada intento para establecer una especie de promedio. Si está completamente seguro de que la resolución de nombres funciona bien, puede omitir el interruptor -n, que hace que traceroute busque el nombre de todos los pasos intermedios.

Los problemas de conectividad se indican por medio de asteriscos en los campos de dirección IP. Por ejemplo, a continuación le ofrecemos el comando traceroute a una dirección IP inexistente:

```
rob@caligula:~$ traceroute -n 192.168.1.1
traceroute to 192.168.1.1 (192.168.1.1), 30 hops max, 40 byte packets

    1 10.15.6.1 4.795 ms 4.586 ms 4.3 ms
    2 216.254.17.1 169.344 ms 17.067 ms 15.115 ms
    3 206.191.168.200 15.13 ms 24.71 ms 16.03 ms
    4 * * *
^C
```

El enrutador en 206.191.168.200 es probable que haya descubierto que 192.168.1.1 es una dirección IP no enrutable y por ello descarta los paquetes con dicho destino. Si existen problemas de conectividad entre dos puntos de `traceroute`, verá asteriscos en el campo IP o percibirá tiempos de respuesta muy elevados entre pasos. Por lo general, cualquier valor que supere varios milisegundos implica que tendrá que volver a marcar más tarde.

Por mi experiencia, puedo afirmar que no suele ser necesario realizar todas las comprobaciones de esta lista para establecer la conectividad. Pero cuando resulta necesario, conviene ir despacio, eliminar variables durante el proceso y tratar de arreglar las cosas para que no vuelva a aparecer el mismo problema. En el caso de problemas de conectividad más graves que no se puedan resolver por medio de estos pasos, tendrá que adoptar medidas más extremas. Un analizador de protocolos potente como tcdump o Ethereal puede resolver los problemas de red más complicados.

TRUCO 26 Descubrir clientes inalámbricos con ping

Un rápido y sucio método para determinar quién se encuentra en nuestra subred local.

Este es un truco rápido y sencillo pero que resulta muy útil en muchas circunstancias. Imagine que está asociado a una red inalámbrica y quiere saber quién más utiliza la red. Podría recurrir a un husmeador de red (como Ethereal o tcdump) o buscar manualmente los clientes conectados (por medio de nmap) aunque pueda considerarse antisocial. Realmente no le interesa qué hace la gente, sino cuánta gente hay en línea. Buscar clientes en nuestra red local resulta muy sencillo gracias a la omnipresente utilidad ping. Basta con hacer ping en las direcciones de difusión de su red y ver quién responde.

Puede encontrar la dirección de difusión si ejecuta `ifconfig` de esta forma:

```
rob@florian:~$ ifconfig eth0
eth0     Link encap:Ethernet HWaddr 00:40:63:C0:AA:4B
    inet addr:10.15.6.1 Bcast:10.15.6.255 Mask:255.255.255.0
    UP BROADCAST RUNNING MULTICAST MTU:1500 Metric:1
    RX packets:13425489 errors:0 dropped:33 overruns:0 frame:0
    TX packets:19603221 errors:1118 dropped:0 overruns:0 carrier:0
    collisions:0 txqueuelen:100
    RX bytes:3073225705 (2930.8 Mb)
    TX bytes:1301320438 (1241.0 Mb)
    Interrupt:10 Base address:0xe800
```

Ahí está, la dirección `Bcast`. Es la dirección de difusión de su subred local, a la que escuchan todos los equipos. En Mac OS X y BSD, se enumera simplemente como la dirección de difusión:

```
rob@caligula:~$ ifconfig en1
en1: flags=8863<UP,BROADCAST,SMART,RUNNING,SIMPLEX,MULTICAST> mtu 1500
```

```
inet6 fe80::230:65ff:fe03:e78a%en1 prefixlen 64 scopeid 0x5
inet 10.15.6.49 netmask 0xffffff00 broadcast 10.15.6.255
ether 00:30:65:03:e7:8a
media: autoselect status: active
supported media: autoselect
```

La mayoría de los equipos (pero no todos) responden a un ping enviado a esta dirección. Pero con tan sólo ejecutar ping no siempre los clientes tienen tiempo suficiente de responder entre solicitudes eco. Ejecute ping con un tiempo de espera elevado (por ejemplo de 60 segundos) entre solicitudes y asegúrese de enviar al menos un ping:

```
rob@florian:~$ ping -c3 -i60 10.15.6.255
PING 10.15.6.255 (10.15.6.255): 56 octets data
64 octets from 10.15.6.1: icmp_seq=0 ttl=255 time=0.3 ms
64 octets from 10.15.6.72: icmp_seq=0 ttl=64 time=0.4 ms (DUP!)
64 octets from 10.15.6.61: icmp_seq=0 ttl=64 time=0.7 ms (DUP!)
64 octets from 10.15.6.65: icmp_seq=0 ttl=64 time=0.9 ms (DUP!)
64 octets from 10.15.6.64: icmp_seq=0 ttl=64 time=1.7 ms (DUP!)
64 octets from 10.15.6.66: icmp_seq=0 ttl=64 time=2.0 ms (DUP!)
64 octets from 10.15.6.69: icmp_seq=0 ttl=64 time=10.9 ms (DUP!)
64 octets from 10.15.6.68: icmp_seq=0 ttl=64 time=38.0 ms (DUP!)
^C
--- 10.15.6.255 ping statistics ---
1 packets transmitted, 1 packets received, +7 duplicates, 0% packet loss
round-trip min/avg/max = 0.3/6.9/38.0 ms
```

Cuando dejen de llegar duplicados (los que tienen el sufijo DUP!), pulse **Control-C** para eliminar el ping en ejecución o espere 60 segundos para realizar otro intento. De esta forma podrá hacerse una idea aproximada de cuántos equipos están conectados a la subred local.

Debe saber que no todos los equipos responden a solicitudes ping de difusión y que algunos bloquean el tráfico ICMP (el protocolo de ping). Aun así, en términos de sencillez, velocidad y ubicuidad, no se pueden superar los resultados del ping de difusión.

Si le interesan los tipos de tarjeta inalámbrica que están utilizando otros usuarios, puede intentar ver los números de serie en línea, como veremos a continuación.

Buscar fabricantes de radios por dirección MAC

Descubra qué tipo de tarjetas de radio y portátiles se utilizan en su red local.

Si acaba de unirse a nosotros tras leer el último truco, puede que se pregunte acerca de los usuarios de su red inalámbrica. Ya tiene sus direcciones IP y puede

descubrir fácilmente sus direcciones MAC con un sencillo comando `arp -an`.
Pero, ¿qué tipo de ordenadores utilizan? El IEEE mantiene la base de datos OUI.
Se trata de los 24 primeros bits de una dirección MAC, restringidos a proveedores
que fabrican dispositivos Ethernet. Si conoce los tres primeros bytes de una dirección MAC, puede buscar el fabricante del dispositivo directamente en IEEE.
Existe una base de datos en la Web en la dirección `http://standards.ieee.org/`
`regauth/oui/index.shtml`, en la que puede realizar búsquedas. Para utilizar
este servicio es necesario especificar el OUI separado por guiones, no por dos
puntos (por ejemplo, 00-02-2d, no 00:02:2d).

El código

Evidentemente esto resulta útil si tiene que realizar una consulta ocasional
pero se preguntará qué necesita para ver de forma inmediata el fabricante de
todos los dispositivos de su subred local. Justo después de realizar un ping de
difusión (véase el truco anterior), pruebe con este fragmento de Perl:

```perl
#!/usr/bin/perl

my %cards;
my %ips;

open(ARP,"arp -an|") || die "Couldn't open arp table: $!\n";

print "Looking up OUIs.";
while(<ARP>) {
   chomp;
   my $addr = $_;
   my $ip = $_;
   $addr =~ s/.* ([\d\w]+:[\d\w]+:[\d\w]+):.*/$1/;
   $addr =~ s/\b([\d\w])\b/0$1/g;
   $addr =~ s/:/-/g;
   next unless $addr =~ /..-..-../;

   $ip =~ s/.*?(\d+\.\d+\.\d+\.\d+).*/$1/;
   print ".";
   $cards{$addr}||=`curl -sd 'x=$addr' http://standards.ieee.org/cgi-bin/ouisearch`;
   ($cards{$addr} =~ /Sorry!/) && ($cards{$addr} = "Unknown OUI:
$addr");
   $ips{$ip} = $addr;
   }
   print "\n";
   for(keys(%ips)) {
        $cards{$ips{$_}} =~ s/.*.hex.\s+([\w\s,\.]+)\n.*/$1/s;
        print "$_ -> $cards{$ips{$_}}\n";
   }
```

Esta secuencia de comandos funciona correctamente en Linux, Mac OS X y BSD. Únicamente requiere Perl y la utilidad de red `curl` (`http://curl.sourceforge.net/`), y asume que la utilidad `arp` ya se encuentra en su ruta. Por motivos de eficacia, sólo consulta una vez al IEEE por cada OUI que encuentra.

Ejecutar el truco

Guarde el código en un archivo con el nombre **machines.pl** e invóquelo desde la línea de comando, para obtener un resultado similar al ilustrado a continuación:

```
rob@florian:~$ perl machines.pl
Looking up OUIs........
10.15.6.98 -> Compaq Computer Corporation
10.15.6.44 -> Aironet Wireless Communication
10.15.6.64 -> Aironet Wireless Communication
10.15.6.49 -> APPLE COMPUTER, INC.
10.15.6.75 -> Netgear, Inc.
10.15.6.87 -> APPLE COMPUTER, INC.
10.15.6.62 -> Senao International Co., Ltd.
```

Este nodo tiene una tarjeta Compaq, dos tarjetas Cisco Aironet, dos Apple AirPort, una Netgear y una tarjeta Senao asociadas. De esta forma puede hacerse una idea demográfica aproximada de sus usuarios inalámbricos; representada en el tiempo, puede ofrecer interesantes tendencias.

Algunos proveedores no aparecen en la base de datos OUI, pero la mayoría sí. Algunos aparecen bajo el nombre de una empresa subsidiaria (a menudo de Taiwan) lo que puede resultar confuso. Pero para obtener información informal sobre quién utiliza nuestra red inalámbrica esta secuencia de comandos puede ser muy útil.

TRUCO 28 Anuncios del servicio Rendezvous en Linux

Permita a sus usuarios saber qué servicios se ofrecen en su red, incluso aunque no utilice OS X.

Desde que ejecuto un nodo en SeattleWireless (así como un servicio de música en línea que estoy desarrollando), me gusta que la gente sepa qué servicios locales están disponibles. Está claro que la mayoría de los visitantes pasa directamente a su sitio Web preferido o comprueba su correo electrónico (o su popularidad) cuando acceden al nodo, pero puede que les interese disfrutar de los contenidos locales a 11 Mbps.

Es uno de los motivos por los que me atraen los anuncios del servicio DNS multidifusión (`http://www.multicastdns.org/`) y Rendezvous en concreto. Mi Linux Jukebox y Wiki se anuncian como un charlatán en una feria. Los usuarios inalámbricos del café de la esquina (o cualquiera que se encuentre a una distancia de un bloque o similar) pueden ver mis servicios locales con tan sólo mirar en los sitios Rendezvous disponibles (véase la figura 3.23). Y si esto no fuera suficiente, mi servicio de música en directo se anuncia como daap, de forma que los usuarios de iTunes 4 pueden ver lo que está disponible desde el interior de iTunes.

Figura 3.23. Los usuarios pueden encontrar lo servicios anunciados por medio de un navegador compatible con Rendezvous.

Para anunciar servicios Rendezvous, necesita un anunciador DNS multidifusión. Creo que la propia implementación Posix de Apple es la más indicada. (Puede descargarla tras registrarse de forma gratuita en el sitio de Apple, `http://www.opensource.apple.com/projects/rendezvous/source/Rendezvous.tar.gz`.)

La aplicación que necesitamos es `mDNSProxyResponderPosix`, que se encuentra en el directorio `mDNSPosix/`. Se instala de forma limpia y sin apenas advertencias en Linux 2.4.20. Una vez descargada, puede instalarla en una ubicación accesible (como por ejemplo en `/usr/local/bin`).

Tras ello, determine qué servicios quiere anunciar. No tienen que ser servicios locales necesariamente, ya que el servidor proxy mostrará todas las direcciones IP que le indiquemos, sean locales o no. En mi caso, anuncio mi Wiki local, Jukebox y el sitio Web NoCat, sólo por diversión. El programa `mDNSProxyResponderPosix` espera los siguientes argumentos:

```
mDNSProxyResponderPosix [IP] [Host] [Título] [Tipo de servicio] [Puerto]
[Texto opcional]
```

El primer argumento es la dirección IP que queremos anunciar. El segundo debe ser un nombre sencillo que se resolverá como dirección .local en DNS multidifusión. El título del servicio debe encerrarse entre comillas dobles y debe ser un nombre descriptivo de lo que estemos anunciando.

El campo `Tipo de servicio` es un poco complicado. Tiene esta forma:

```
_service._transport.
```

donde `service` es un nombre de servicio IANA conocido (como por ejemplo algo de `/etc/services`) y `transport` es el transporte real (por ejemplo `_tcp.` o `_udp.`). El argumento `Puerto` es simplemente el número de puerto y el campo de texto opcional proporciona información adicional a la aplicación que recibe los anuncios (como veremos más adelante).

Por ejemplo, para anunciar mi servicio de música, utilizo lo siguiente:

```
$ mDNSProxyResponderPosix 10.15.6.1 muzik "Music Jukebox" _http._tcp. 80 &
```

De esta forma se crea una dirección `muzil.local` que se resuelve en 10.15.6.1. Es un servicio HTTP, que se ejecuta en el puerto TCP 80. Fíjese en el símbolo & al final de la línea. Necesitamos este símbolo ya que `mDNSProxyResponderPosix` no se demoniza automáticamente (después de todo es un simple código de ejemplo). Como escucha por el puerto UDP 5353, no necesita privilegios especiales para ejecutare, por lo que le recomiendo que lo ejecute como usuario sin privilegios. Con esto nos basta para el servicio de música, pero es diferente si necesitamos acceder a un URL concreto. Por ejemplo, para acceder a mi Wiki, necesita desplazarse hasta `http://florian.local/wiki`, no sólo a `http://florian.local/`. Aquí es donde se utiliza el texto opcional que mencionamos antes. Safari acepta un argumento `path=` en este campo que se adjunta a la línea del URL. Por ejemplo:

```
$ mDNSProxyResponderPosix 10.15.6.1 florian "About this node" _http._tcp.80ø
path=/wiki &
```

Y eso es todo. Si utiliza VirtualHosts en Apache, tendrá que indicar a Apache que responda al nombre que esté anunciando (`florian.local` en el ejemplo anterior). Esto se puede hacer por medio de la directiva `ServerAlias` desde `<VirtualHost>`:

```
ServerName florian.rob.swn
ServerAlias florian.local
```

Se preguntará cómo anunciar servicios que no sean locales, como por ejemplo otros sitios Web. Basta con especificar su dirección IP como de costumbre:

```
$ mDNSProxyResponderPosix 216.218.203.211 nocat "NoCatNet" _http._tcp.
80 &
```

Por último, como ofrecemos música, sería aconsejable anunciarla directamente en el sistema iTunes. Como iTunes espera anuncios al servicio daap (al contrario que HTTP), es sencillísimo:

```
$ mDNSProxyResponderPosix 10.15.6.1 squeal "http://muzik.rob.swn/
"_daap._tcp. 80
```

Desafortunadamente, no se puede reproducir la música directamente desde la lista de reproducción compartida, ya que Apple utiliza un protocolo propietario para procesar el envío en línea. Por ello, como todavía no puedo reproducirlo en línea para el usuario, adopto la mejor solución posible: le envío el correspondiente URL. Si el usuario es lo bastante curioso como para desplazarse hasta el URL que aparece automáticamente en su lista de reproducción iTunes, podrán acceder a la música que ofrezco.

Es evidente que `mDNSProxyResponderPosix` no es tan eficaz como podría serlo. Después de todo, estamos iniciando una instancia diferente para cada servicio que queremos anunciar y ni siquiera existe un sencillo archivo de configuración. Recuerde que esta aplicación es un código de ejemplo de Apple y que con el tiempo aparecerán herramientas de anuncios DNS por multidifusión más sofisticadas. El código completo (así como su correspondiente especificación y documentación adicional) están a su disposición, a la espera de que alguien diseñe la aplicación Rendezvous definitiva para Linux, BSD o Windows.

Anunciar servicios Rendezvous arbitrarios en OS X

TRUCO 29

Rendezvous no funciona únicamente con páginas Web e iChat. Utilice esta aplicación de OS X para anunciar todo lo que desee.

Aunque se puede utilizar `mDNSProxyResponder` para anunciar servicios Rendezvous arbitrarios desde la línea de comando, OS X cuenta con diversas aplicaciones Aqua que se encargan de hacerlo por nosotros. Mi preferida es una aplicación gratuita denominada Rendezvous Beacon, que puede encontrar en `http://www.chaoticsoftware.com/ProductPages/RendezvousBeacon.html`. Incorpora toda la funcionalidad de `mDNSProxyResponder` en una sencilla y bien organizada interfaz (véase la figura 3.24).

La activación y desactivación de contadores (beacons) es tan sencilla como marcar una casilla de verificación. Puede añadir todos los beacons que desee, al servicio, protocolo y puerto que necesite. Al igual que `mDNSProxyResponder`, incluso le permite anunciar servicios que no sean locales de su red o equipo, como se indica en la figura 3.25.

En este ejemplo, se anuncia el sitio Web NoCat como el nombre DNS de multidifusión local `nocat.local`. Esto hace que todos los navegadores compatibles con Rendezvous de la red inalámbrica local (como Safari o Camino) vean un servicio llamado NoCat, que los dirige a la dirección IP mostrada en la figura 3.25. Puede cambiar el URL al que llega el usuario si modifica la línea `Path=` en el cuadro Text Record.

Puede anunciar cualquier servicio que desee si proporciona el correspondiente tipo de servicio y número de puerto. Por ejemplo, para anunciar un recurso compartido iTunes DAAP, utilice `_daap._tcp.as` como tipo de servicio y 3689 como número de puerto. El pequeño botón triangular situado a la derecha de estos campos le proporciona una relación de los servicios y puertos habituales.

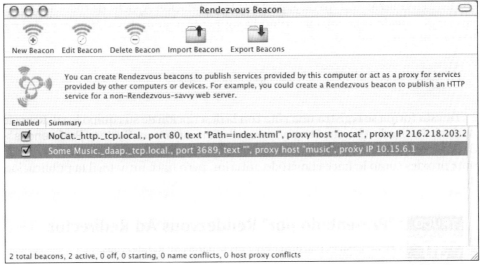

Figura 3.24. Pantalla principal de Rendezvous Beacon.

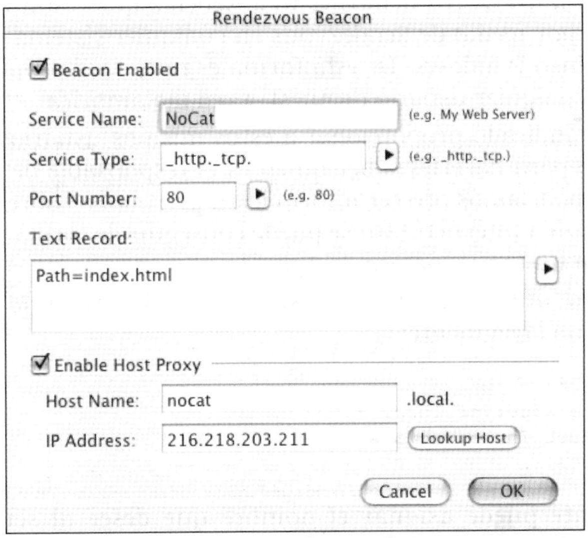

Figura 3.25. Puede anunciar servicios Rendezvous que se encuentren en otras redes.

Para que Rendezvous Beacon se ejecute cada vez que utilice su equipo, basta con añadirlo a Login times en System Preferences. Si quiere anunciar servicios Rendezvous, le recomiendo encarecidamente que utilice esta aplicación gratuita.

Otro método rápido y sencillo para anunciar páginas Web con Rendezvous consiste en utilizar mod_proxy, parte de la instalación Apache de todos los equipos OS X. Añada una entrada como la siguiente a su archivo /private/etc/httpd/httpd.conf:

```
<IfModule mod_rendezvous_apple.c>
    RegisterResource "Muzik on Caligula" "/Music/"
</IfModule>
```

De esta forma se registra una ruta con la descripción de su equipo local. Reinicie Apache, haciendo clic en **Stop** y, tras ello, en **Start** en System Preferences> Sharing>Personal Web Sharing. Desafortunadamente, mod_rendezvous no admite proxies como lo hace el método anterior, pero hace muy fácil la publicación de rutas locales sin necesidad de utilizar software adicional.

TRUCO 30 "Presentado por" Rendezvous Ad Redirector

Envíe enlaces patrocinados a los usuarios de Rendezvous.

Sepa que sólo debe utilizar este truco para las fuerzas del Bien.

En los dos últimos trucos hemos visto lo sencillo que resulta anunciar servicios arbitrarios por medio de Rendezvous en cualquier sistema operativo Posix, Mac OS X e incluso Windows. De esta forma es muy fácil proporcionar enlaces de referencia a cualquier usuario de nuestra red inalámbrica.

Estaría muy indicado proporcionar a estos mismos usuarios un anuncio de servicio público para hacerles saber quién es el responsable de proporcionar el enlace. Incluso podríamos ofrecer información personal o sobre nuestra red antes de que accedan a Internet. Esto se puede conseguir de forma sencilla con una aplicación y con un toque mágico de Apache.

En el archivo httpd.conf de su servidor Web, cree una nueva entrada VirtualHost como la siguiente:

```
<VirtualHost *>
    ServerName adserver.local
    DocumentRoot /home/rob/ads/
</VirtualHost>
```

Evidentemente puede asignar el nombre que desee al servidor y ubicar DocumentRoot donde considere apropiado. Reinicie Apache para aplicar el cambio. Asegúrese de que ServerName termina en .local.

Tras ello, cree todos los archivos html que desee en `DocumentRoot`, utilizando el siguiente código como plantilla:

```html
<html>
<head>
    <meta http-equiv="Refresh" content="5;http://freenetworks.org" />
</head>
<body>

<h1>This Rendezvous link brought to you by: me!</h1>

Redirecting you automatically in five seconds...
</body>
</html>
```

El URL que aparece al final de la línea `Refresh` será el destino final del usuario y el número inicial especifica los segundos de espera antes de iniciar la redirección. El cuerpo del código HTML puede incluir el mensaje que quiera que los usuarios vean antes de que surta efecto la redirección.

Por último, anuncie `adserver.local` (o lo que haya utilizado en su entrada `VirtualHost`) como servicio proxy utilizando para ello uno de los métodos descritos en los dos últimos trucos. En el campo de texto del anuncio Rendezvous, especifique el archivo HTML que acaba de crear. Por ejemplo, el archivo anterior se ha guardado en `/home/rob/ads/freenetworks.html` y se ha especificado `path=/freenetworks.html` como campo de texto.

Los usuarios que compartan mi red inalámbrica verán un anuncio Rendezvous denominado FreeNetworks y reciben el código HTML anterior cuando navegan al sitio. Cinco segundos después, son redirigidos automáticamente a la verdadera dirección `http:/freenetworks.org/` para que naveguen a sus anchas. Este tipo de servicio resulta idóneo para servicios permanentes en nodos inalámbricos de acceso público, para que los usuarios se hagan una idea de quién proporciona el acceso a Internet.

TRUCO 31

Detección de redes con Kismet

Resuelva los problemas de su red con una de las herramientas de monitorización inalámbrica más avanzadas que existe.

Al contrario de lo que sucede con sencillos escáneres de beacon como NetStumbler y MacStumbler, Kismet es una de las herramientas de diagnóstico más avanzadas disponibles para redes inalámbricas. Es un escáner de red pasivo capaz de detectar tráfico de puntos de acceso y clientes inalámbricos (incluyendo clientes NetStumbler). Localiza redes cerradas mediante la monitorización del tráfico enviado desde sus usuarios y registra todas las tramas 802.11 en formato pcap estándar para su posterior utilización con herramientas de diagnóstico y análisis especializadas, como veremos más adelante. Si tiene un equipo con varias tarjetas inalámbricas, Kismet puede dividir el análisis de la red entre todas ellas, de forma que el escáner es capaz de realizar el seguimiento simultáneo de todo el tráfico 802.11. Son algunas de las increíbles funciones de este software gratuito.

Evidentemente, todas estas prestaciones acarrean una gran complejidad. Para principiantes, se necesita una tarjeta 802.11b capaz de activar el modo de monitorización RF. Algunas de estas tarjetas se basan en Prism (como las tarjetas Senao/EnGenius, Linksys o D-Link), algunas son Lucent/Orinoco/Proxim/Avaya y otras son Cisco Aironet. Kismet también funciona con tarjetas 802.11 basadas en ar5k. He conseguido que Kismet funcione en un iBook con una tarjeta AirPort externa (un derivado de Orinoco) bajo Debian. A continuación le explicaré cómo conseguirlo.

Instalación

Descargue Kismet de `http://www.kismetwireless.net/`. Descomprima el árbol fuente y desplácese por el mismo. Si quiere utilizar los archivos de volcado de Kismet con Ethereal (muy recomendable), necesitará una copia del código fuente de Ethereal. Configure Kismet con una línea como la siguiente:

```
./configure --with-ethereal=../ethereal-0.9.12/
```

Debe sustituir la ruta completa a su código Ethereal. Debería poder generar Kismet con un estándar:

```
make; make dep; make install
```

En función de su plataforma y de su tarjeta inalámbrica, puede que tenga que instalar un controlador capaz de configurar el modo RF Monitor. Para la tarjeta AirPort de mi iBook, utilicé el núcleo precompilado y los módulos disponibles en `http://www.macunix.net:443/ibook.html`.

Tras ello, cree un usuario que Kismet asuma cuando se ejecute como raíz. También puede utilizar su propio UID si lo desea. Es necesario ejecutar Kismet como raíz inicialmente, pero cederá sus privilegios a este UID en cuanto empiece a capturar datos.

Seguidamente, modifique `/usr/local/etc/kismet.conf` para ajustarlo a su sistema. Como mínimo, configure la línea `source=` para que coincida con su hardware. Para iBook, lo configuré en `source=orinoco,eth1,Airport`. El formato para esta línea es `controlador,dispositivo,descripción`. Consulte los comentarios del archivo para ver los controladores admitidos.

Si quiere que Kismet pueda leer en voz alta el SSID de las redes detectadas, debe descargar e instalar el texto Festival del paquete `speech`. Kismet también puede reproducir efectos de sonido; de forma predeterminada, espera que `/usr/bin/play` esté instalado (parte de la utilidad de sonido Sox) pero cualquier reproductor de audio de línea de comando puede servir. Todos los parámetros de audio y otros parámetros de pantalla se configuran en `/usr/local/etc/kismet_ui.conf`.

Ejecutar Kismet

Antes de iniciar Kismet, tendrá que activar el modo de monitorización RF de su tarjeta inalámbrica. Para ello, basta con ejecutar `kismet_monitor` como raíz. Una vez en dicho modo, la tarjeta no podrá asociarse a una red inalámbrica, por lo que debe utilizar Ethernet (u otra tarjeta inalámbrica) si necesita una conexión de red.

Para iniciar Kismet debe ejecutar `kismet` bajo su UID habitual. Se abrirá una pantalla similar a la ilustrada en la figura 3.26.

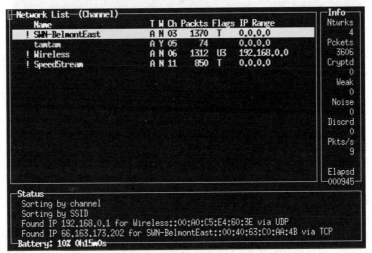

Figura 3.26. Pantalla principal de Kismet.

Y digo que será similar a esta imagen porque es muy probable que sólo vea una red, en caso de que vea alguna. Se debe a que es necesario indicar manualmente a la tarjeta que empiece a desplazarse por los diferentes canales. Ejecute `kismet_hopper -p` como raíz. De esta forma la tarjeta se desplazará entre canales de forma eficaz. Evidentemente, puede configurar el patrón de desplazamiento como desee. Consulte `man kismet_hopper` si necesita más detalles.

Una vez ejecutado `kismet_hopper`, debería ver cómo la pantalla principal se llena de todo tipo de información. De forma predeterminada, Kismet ordena inicialmente la lista de redes en función de la última vez que haya detectado tráfico en cada una de las redes. Esta lista cambia continuamente, lo que hace imposible seleccionar una red para realizar operaciones más detalladas. Puede cambiar la ordenación si hace clic en la tecla **S**, seguido de la ordenación deseada (por ejemplo, para ordenar por SSID, pulse **S-S**). Tras ello, puede utilizar las teclas de dirección para seleccionar una determinada red para su posterior inspección. Pulse **H** para acceder a la ayuda y **Q** para cerrar todas las ventanas emergentes.

Una vez enumeradas las redes, puede obtener más información sobre las mismas si las selecciona y pulsa **I**. En la figura 3.27 se reproduce la pantalla de información de redes.

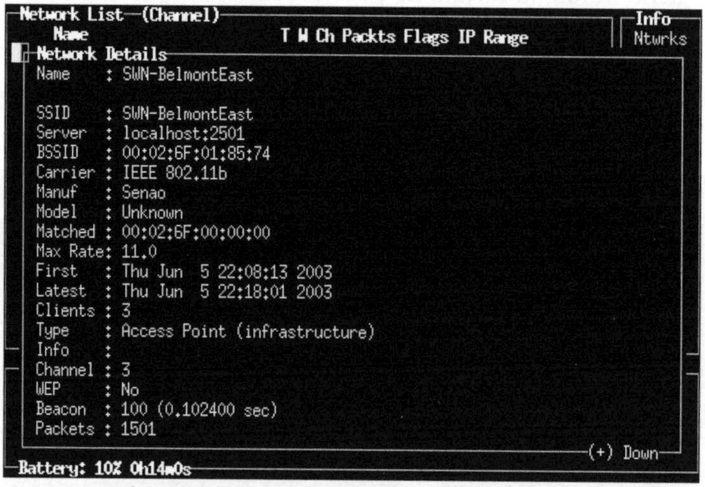

```
┌Network List─(Channel)─────────────────────────────────────┌Info─
│     Name                          T W Ch Packts Flags IP Range  ││ Ntwrks
│┌Network Details────────────────────────────────────────────
│ Name      : SWN-BelmontEast
│
│ SSID      : SWN-BelmontEast
│ Server    : localhost:2501
│ BSSID     : 00:02:6F:01:85:74
│ Carrier   : IEEE 802.11b
│ Manuf     : Senao
│ Model     : Unknown
│ Matched   : 00:02:6F:00:00:00
│ Max Rate: 11.0
│ First     : Thu Jun  5 22:08:13 2003
│ Latest    : Thu Jun  5 22:18:01 2003
│ Clients   : 3
│ Type      : Access Point (infrastructure)
│ Info      :
│ Channel   : 3
│ WEP       : No
│ Beacon    : 100 (0.102400 sec)
│ Packets   : 1501
│                                                    (+) Down─
└Battery: 10% 0h14m0s────────────────────────────────────────
```

Figura 3.27. información detallada de red.

Además de los puntos de acceso estándar, Kismet muestra las redes complementarias y las denominadas redes cerradas. Si no hay clientes que utilicen activamente una red cerrada, mostrará la información de la red con el nombre `<no ssid>`. Cuando un cliente se asocia a la red cerrada, esta información se actualiza con el correspondiente SSID.

Kismet también realiza el seguimiento de una gran cantidad de información sobre los clientes inalámbricos. Por ejemplo, para ver los clientes asociados a un determinado punto de acceso, haga clic en **C** desde la pantalla principal (véase la figura 3.28). Kismet intenta adivinar la red IP utilizada en función del tráfico que detecta. También genera estadísticas sobre la cantidad de tráfico que genera cada cliente, lo que permite saber con facilidad quién es el que absorbe mayor ancho de banda. Si mientras monitoriza una determinada red inalámbrica descubre que faltan paquetes, puede que se deba a que el programa sigue buscando redes. Para centrarse en un canal específico, anule `kismet_hopper` y configure manualmente el canal. En Linux, puede conseguirlo por medio del comando:

```
# iwpriv eth1 monitor 2 6
```

`eth1` se ha establecido en modo de monitorización y el último número especifica el canal. En el ejemplo anterior, la tarjeta se habría configurado para que monitorizara el canal seis. Al sintonizarla a otro canal, Kismet puede capturar muchos más datos, ya que no tiene que dividir su tiempo entre varios canales. Consulte la documentación proporcionada si desea añadir más tarjetas de radio para cubrir la totalidad del espectro disponible.

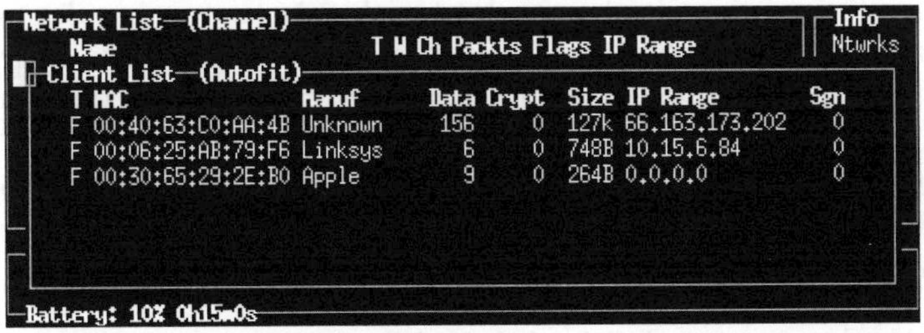

```
┌Network List─(Channel)──────────────────────────────────────┐ ┌Info─┐
│ Name                       T W Ch Packts Flags IP Range     │ │Ntwrks│
│┌Client List─(Autofit)───────────────────────────────────────┐
││ T MAC                 Manuf       Data Crypt  Size IP Range       Sgn
││ F 00:40:63:C0:AA:4B   Unknown     156    0    127k 66.163.173.202   0
││ F 00:06:25:AB:79:F6   Linksys       6    0    748B 10.15.6.84       0
││ F 00:30:65:29:2E:B0   Apple         9    0    264B 0.0.0.0          0
│
│
│
└Battery: 10% 0h15m0s────────────────────────────────────────┘
```

Figura 3.28. Puede ver los clientes asociados a una determinada red inalámbrica.

Limpieza

Cuando haya terminado de utilizar Kismet, haga clic en **Q** para salir y, tras ello, ejecute `kismet_unmonitor` como raíz. De esta forma se desactiva el modo de monitorización de la tarjeta pero no se restablecen los parámetros de red originales. Puede sacar la tarjeta y volver a introducirla, o configurar manualmente su SSID y demás parámetros para volver a utilizar la tarjeta inalámbrica como de costumbre. Son algunas de las tremendamente útiles funciones que ofrece Kismet. Pero, por encima de todo, Kismet guarda todas las tramas registradas en formato pcap estándar, por lo que puede utilizar herramientas como Ethereal o AirSnort para emplear los datos capturados en análisis posteriores. La ejecución inicial de Kismet puede resultar complicada, pero merece la pena el esfuerzo cuando lo que se busca es un análisis serio de la red.

Véase también

- Multitud de información sobre controladores de monitorización RF (http://airsnort.shmoo.com/).

- AirSnort en iBook (http://www.macunix.net:443/ibook.html).

- Monitorización RF pasiva en iBook (http://www.swieskowski.net/code/wifi.php).

TRUCO 32 Ejecutar Kismet en Mac OS X

Ejecute Kismet de forma nativa en OS X por medio del controlador Viha Airport.

Cuando escribí el truco anterior, el equipo responsable de Kismet buscaba a alguien que pudiera hacer funcionar el controlador Viha AirPort para OS X con Kismet. Sorprendentemente, se ha incorporado compatibilidad con OS X al árbol CVS de Kismet, con un funcionamiento más que aceptable. Al cierre de la edición de este libro, Kismet funcionaba con las tarjetas AirPort originales pero no con las nuevas tarjetas AirPort Extreme. Seguramente las admita cuando el controlador adecuado esté disponible. A continuación le indicamos lo que necesita para ejecutar Kismet en OS X.

En primer lugar, necesita el controlador Viha AirPort que puede conseguir en http://www.dopesquad.net/security/. Descargue el binario 0.0.1a, descomprímalo e instale el controlador:

```
root@caligula:~# tar zxf Viha-0.0.1a.tar.gz
root@caligula:~# mv Viha-0.0.1a/WiFi.framework/ /Library/Frameworks/
```

Si ha ejecutado KisMAC anteriormente, ya habrá instalado el controlador, por lo que puede ignorar este paso. Tras ello, descargue el código fuente de Kismet desde http://www.kismetwireless.net/download.shtml. Puede utilizar cvs para obtener una copia actual del código fuente o utilizar el parche que encontrará en http://www.kismetwireless.net/code/kismet-devel.diff.gz para añadir un árbol 2.8.1 existente a la revisión CVS. (Es una forma de hacerlo en caso de que no quiera recurrir a CVS.) Suponiendo que ha incluido el archivo kismet-2.8.1.tar.gz y el parche kismet-devel.diff en su directorio principal:

```
root@caligula:~# tar zxf kismet-2.8.1.tar.gz
root@caligula:~# cd kismet-2.8.1
root@caligula:~/kismet-2.8.1# patch -p1 < ../kismet-devel.diff
patching file CHANGELOG
patching file CVS/Entries
patching file CVS/Rootpatching file FAQ...
```

Ya puede generar el código, activando la compatibilidad con Viha de forma explícita y desactivando la compatibilidad con pcap. Kismet se toma su tiempo para generarse, por lo que tendrá que esperar.

```
root@caligula:~/kismet-2.8.1# ./configure --disable-pcap --enable-viha;
make
```

Si todo funciona correctamente, instale Kismet.

```
root@caligula:~/kismet-2.8.1# make install
```

Tendrá que editar tanto `kismet.conf` como `kismet_ui.conf` (que se encuentran en `/usr/local/etc/`). En `kismet.conf`, establezca `suiduser` en su nombre de inicio de sesión habitual para OS X (en mi caso utilizo `rob`). También debe definir una línea de captura para la tarjeta AirPort:

```
source=viha,en1,AirPort
```

Por último, en `kismet_ui.conf`, desactive la compatibilidad con APM (a menos que no le importe la presencia de un medidor de batería completamente inútil en la parte inferior de la pantalla):

```
apm=false
```

Por alguna razón desconocida, Kismet requiere un terminal con 26 líneas cuando se ejecuta en OS X, por lo que debe asegurarse de que su terminal tiene como mínimo la misma longitud. Si quiere ver un terminal en color (muy recomendable), establezca TERM en `xterm-color`:

```
rob@caligula:~$ export TERM=xterm-color
```

o, si está utilizando `tcsh`:

```
[caligula:~] rob% set term=xterm-color
```

Seguidamente, basta con ejecutar `kismet` como usuario normal (introduzca Kismet en la ventana **Terminal**) y ya está. Kismet anula automáticamente el controlador AirPort e inicia el controlador Viha (proceso en el que el monitor de la barra de menú de AirPort desaparece, pero no se preocupe). Al salir de Kismet (debe pulsar **Q**), anula el controlador Viha e inicia de nuevo el controlador AirPort. En algunos casos no se puede volver a cargar el controlador AirPort. De ser así, puede iniciar y detener Kismet o eliminar manualmente el controlador Viha:

```
root@caligula:~#/Library/Frameworks/WiFi.framework/Resources/driver.sh stop
```

Si necesita más detalles sobre cómo utilizar Kismet mientras se encuentra en ejecución, consulte el truco anterior. Parece que el salto entre canales se controla desde el propio `kismet`, por lo que no es necesario ejecutar `kismet_hopper` de forma externa. Kismet se encuentra en una fase de desarrollo activa, por lo que seguramente incluya más opciones y tenga un funcionamiento mucho más sencillo cuando lea estas líneas.

Monitorización de enlaces en Linux con Wavemon

Monitorice los parámetros de radio en tiempo real por medio de Wavemon, una herramienta gráfica para Linux.

En Linux, las herramientas inalámbricas estándar proporcionan una importante cantidad de información de estado. Estas herramientas obtienen la información de la interfaz de núcleo estándar /proc/net/wireless. Aunque resultan idóneas para ofrecer una gran precisión a la hora de medir la intensidad de la señal y los datos de ruido, estas herramientas no se han diseñado para describir el rendimiento en el tiempo.

Wavemon (http://www.wavemage.com/projects.html) es una magnífica herramienta que se encarga de esto precisamente. Consulta /proc/net/wireless varias veces por segundo para ofrecer un informe del rendimiento de nuestra conexión inalámbrica. Su sencilla interfaz gráfica reduce considerablemente la cantidad de código y resulta muy indicada para incluirla en distribuciones incrustadas (como en Pebble) para obtener datos de enlaces en tiempo real desde puntos de acceso remotos.

La interfaz principal proporciona una representación gráfica del estado actual del enlace (véase la figura 3.29).

```
┌─Interface─────────────────────────────────────────────────────┐
│eth1 (IEEE 802.11-DS),  ESSID: "SWN-BelmontEast",  nick: "HERMES I"│
│─Levels───────────────────────────────────────────────────────│
│link quality: 37/92                                            │
│                                            ·················· │
│signal level: -55 dBm (0.00 uW)                               │
│                                   ·························· │
│noise level: -92 dBm (0.00 uW)                                │
│                                                 ············ │
│signal-to-noise ratio: +37 dB                                 │
│                                            ·················· │
│─Statistics───────────────────────────────────────────────────│
│RX: 9805 (7184949),  TX: 6822 (1236654),  inv: 0 nwid, 0 key, 2 misc│
│─Info─────────────────────────────────────────────────────────│
│frequency: 2.4220 GHz,  sensitivity: 1/3,  TX power: 15 dBm (31.62 mW)│
│mode: managed,  access point: 00:02:6F:01:85:74               │
│bitrate: 11 Mbit/s,  RTS thr: off,  frag thr: off             │
│encryption: off                                               │
│power management: off                                         │
│─Network──────────────────────────────────────────────────────│
│if: eth1,  hwaddr: 00:30:65:03:E7:8A                          │
│addr: 10.15.6.33,  netmask: 255.255.255.0,  bcast: 10.15.6.255│
│─────────────────────────────────────────────────────────────│
│F1     F2lhist F3aplst F4     F5     F6     F7prefs F8help F9about F10quit│
└──────────────────────────────────────────────────────────────┘
```

Figura 3.29. Wavemon en funcionamiento.

Todas las estadísticas se actualizan en tiempo real, lo que la hace muy indicada para monitorizar enlaces punto a punto y para sintonizar antenas de larga distancia. Si prefiere una pantalla más fácil de leer, pulse **F2** para abrir la pantalla Level Histogram (véase la figura 3.30).

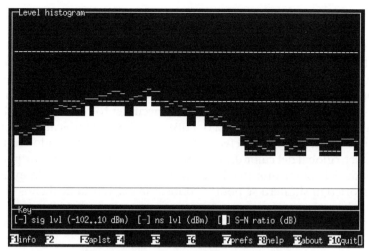

Figura 3.30. Atractivas ondas de datos.

Esta pantalla resulta muy fácil de leer en un portátil, incluso a la luz del sol, lo que la convierte en una herramienta muy indicada para trabajar en exteriores. El histograma se desplaza lentamente hacia la izquierda y ofrece un historial de los últimos instantes de la conexión inalámbrica. Como Wavemont se ejecuta en un terminal, puede ejecutar más de una instancia de esta herramienta para monitorizar simultáneamente varios enlaces de radio.

Si necesita un medidor de intensidad de señal y ruido de alto rendimiento para Linux, Wavemon no tiene rival. Puede descargar la versión actual del sitio de Freshmeat (`http://freshmeat.net/projects/wavemon/`).

TRUCO 34 Monitorización del estado histórico de los enlaces

Realice un completo seguimiento temporal del rendimiento de sus enlaces inalámbricos.

Las herramientas de monitorización descritas hasta el momento le ofrecen una lectura instantánea de la señal recibida y los niveles de ruido de un determinado enlace de red. Aunque estos datos son muy útiles para probar un enlace e instalar nuestro equipo, no hay que olvidar que las condiciones cambian con el tiempo. Realizar una comprobación determinada no nos permite saber qué sucede en términos más generales.

Por ejemplo, fíjese en la figura 3.31. Muestra datos de radio de un enlace de dos kilómetros y representa el promedio correspondiente a varios días. Comprobará que a la mitad de cada día la señal cae aproximadamente 6 dB, mientras que

el ruido se mantiene constante (recuerde que se trata realmente de valores negativos, por lo que en este gráfico, un número bajo es mejor para la señal). El patrón repetitivo que vemos indica el efecto del desvanecimiento térmico. Este enlace
en concreto es una sencilla antena de guía de onda instalada en un tejado con
una ligera pendiente. Cuando el tejado se calienta (así como el resto del entorno),
la señal percibida parece ser menor. Por la noche, al bajar la temperatura, aumenta la señal percibida. El efecto del desvanecimiento térmico en esta instalación se mitigó posteriormente (en 2 o 3 dB) cambiando la ubicación de la antena
acercándola al tejado. Como el efecto del calentamiento del tejado era menor, se
redujo el efecto global del calor diurno. No existe nada para eliminar por completo los efectos del sol en una tirada de larga distancia, pero sin la ayuda de un
gráfico histórico ni siquiera se podría conocer la existencia de dichos efectos.

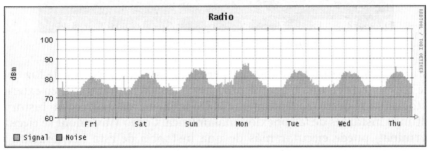

Figura 3.31. Este enlace muestra un aumento del desvanecimiento térmico
en la parte central del día.

En la figura 3.32 vemos otro interesante comportamiento, en esta ocasión
medido durante varias semanas. Este enlace tiene aproximadamente tres kilómetros de longitud y sigue mostrando los efectos del desvanecimiento térmico. Pero
fíjese en los valores de ruido. Aparecen por todo el gráfico, con valores muy elevados de -89 y un valor máximo de hasta -100. Con toda seguridad se deba a la
presencia de otros dispositivos a 2.4 GHz en el enlace entre los dos puntos. Como
el ruido permanece constante en algunos momentos y cambia rápidamente a
otro nivel, puede que se trate de un dispositivo que utilice canales en lugar de
salto de frecuencia. Dada la amplia variedad de ruido percibido, me inclino a que
se trata de un teléfono a 2.4 GHz de alta potencia situado en algún punto cercano. Es prácticamente imposible saber con toda seguridad el motivo, pero con
estos datos podemos cambiar la radio a un canal diferente sin riesgo a equivocar-
nos.

Estos gráficos se han generado en Linux con ayuda de algunas herramientas
gratuitas. Un simple servidor Linux puede monitorizar un elevado número de
dispositivos inalámbricos y los requisitos para cada punto de acceso son míni-

mos. Imagino que utilizará un PA DIY bajo Linux (que veremos más adelante) aunque se pueden aplicar técnicas similares para casi todos los tipos de dispositivos de radio.

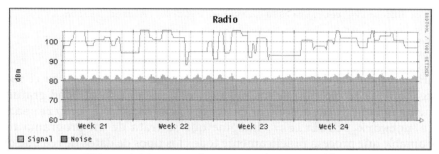

Figura 3.32. Una enlace con un entorno ruidoso.

Puede controlar la intensidad de la señal por medio de cualquier puerto TCP superior a 1024 disponible en los PA. El puerto 10000 suele ser un buen candidato. En todos los PA que quiera monitorizar, así como en el equipo que se encargue de la operación, añada las siguientes líneas a /etc/services:

```
mon0            10000/tcp
mon1            10001/tcp
mon2            10002/tcp
```

Tras ello, añada esta otra línea a /etc/inetd.conf en los equipos monitorizados:

```
mon0  stream  tcp     nowait  nobody  /usr/local/bin/iwconfig iwconfig eth1
```

Asegúrese de utilizar la ruta a iwconfig en su sistema y especifique el dispositivo que quiera monitorizar en la parte final. Puede añadir todas las líneas iwconfig que desee, utilizando cada vez un puerto diferente:

```
mon1  stream  tcp     nowait  nobody  /usr/local/bin/iwconfig iwconfig wlan0
```

Si necesita más puertos, añada líneas adicionales a /etc/services. Una vez configuradas todas las tarjetas de radio, reinicie inetd. Puede comprobar si los cambios han surtido efecto por medio de telnet:

```
pebble:~# telnet localhost mon0
Trying 127.0.0.1...
Connected to localhost.
Escape character is '^]'.
eth1    IEEE 802.11-DS  ESSID:"NoCat"  Nickname:"pebble"
    Mode:Managed  Frequency:2.457GHz  Access Point: 00:02:2D:1C:BC:CF
```

```
Bit Rate:11Mb/s    Tx-Power=15 dBm    Sensitivity:1/3
Retry limit:4   RTS thr:off    Fragment thr:off
Power Management:off
Link Quality:14/92  Signal level:-83 dBm  Noise level:-96 dBm
Rx invalid nwid:0  Rx invalid crypt:0  Rx invalid frag:6176330
Tx excessive retries:7880  Invalid misc:0   Missed beacon:0
```

```
Connection closed by foreign host.
pebble:~#
```

Para recopilar los datos de radio, tendrá que instalar `netcat` en el equipo encargado de la recolección de los mismos. `netcat` es una utilidad gratuita y realmente útil que puede encontrar en `http://www.atstake.com/research/tools/network_utilities/`. Imagine que se trata de un programa telnet programable que procesa prácticamente todos los tipos de datos de red que quiera proporcionarle. En mi caso utilizo `nc` para conectar todos los equipos y proceso los resultados por medio de una secuencia de comandos de Perl.

Con el binario `nc` instalado en su sistema, utilice el siguiente envoltorio para recopilar los datos:

```perl
#!/usr/bin/perl  -w
use strict;
my $ip = shift;
my $port = shift;
  ($ip && $port) || die "Usage: $0 ip port\n";
open(NC, "nc $ip $port |") || die "Couldn't spawn nc: $!\n";
while(<NC>) {
   if(/Signal level:-?(\d+).*Noise level:-?(\d+)/) {
        print "$1 $2\n";
        exit;
   }
}
die "Warning: couldn't find signal and noise!\n";
```

Lo denomino `/usr/local/sbin/radio.pl` y lo invoco desde la línea de comando con la dirección IP y el número de puerto. Simplemente devuelve dos números sin firma que representan los valores actuales de intensidad de señal y ruido:

```
rob@florian:~$ radio.pl 10.15.6.1 mon0
83 96
rob@florian:~$
```

En caso de que no la haya reconocido, la herramienta encargada de almacenar los datos y representar los gráficos es `rrdtool` de Tobi Oetiker. Al igual que otras muchas herramientas de este calibre, `rrdtool` puede resultar inicialmente desalentadora (e incluso frustrante). La recolección eficaz de datos y la precisa representación visual de los mismos no es tan sencilla como pensaba. Es evidente que `rrdtool` procesa todos los tipos de datos que le indiquemos pero hacer que funcione puede resultar complicado en un principio.

Personalmente, prefiero utilizar una herramienta como Cacti (`http://www.raxnet.net/products/cacti/`) para administrar los gráficos de `rrdtool`. Es muy fácil de instalar, tiene una sencilla interfaz Web y se encarga de administrar todas las bases de datos rrdtool. Con Cacti instalada, basta con configurar `radio.pl` como secuencia de comandos de entrada de datos y crear un origen de datos para cada radio que queramos monitorizar. En la documentación de Cacti encontrará más detalles al respecto.

Una vez configurado correctamente, Cacti puede generar promedios diarios, semanales, mensuales y anuales de todos sus orígenes de datos.

Si prefiere desarrollar su propia herramienta `rrdtool`, tendrá que utilizar un comando como el siguiente para crear su base de datos:

```
/usr/local/rrdtool/bin/rrdtool create \
 /home/rob/radio/radio.rrd \
 --step 300 \
 DS:signal:GAUGE:600:0:150 \
 DS:noise:GAUGE:600:0:150 \
 RRA:AVERAGE:0.5:1:600 \
 RRA:AVERAGE:0.5:6:700 \
 RRA:AVERAGE:0.5:24:775 \
 RRA:AVERAGE:0.5:288:797 \
 RRA:MAX:0.5:1:600 \
 RRA:MAX:0.5:6:700 \
 RRA:MAX:0.5:24:775 \
 RRA:MAX:0.5:288:797
```

Asegúrese de que el binario `rrdtool` se encuentra en su ruta y cambie la línea `print` de `radio.pl` por algo similar a lo siguiente:

```
`rrdtool update /home/rob/radio/radio.rrd --template signal:noise N:$1:$2`;
```

Añada una invocación a `radio.pl` a un autoejecutable que se ejecute cada cinco minutos para recopilar los datos:

```
*/5 * * * */usr/local/sbin/radio.pl 10.15.6.1 mon0
```

Por último, una vez obtenidos algunos datos, puede generar un gráfico como el de la figura 3.32 con ayuda de este comando:

```
/usr/local/rrdtool/bin/rrdtool graph - \
   --imgformat=PNG \
   --start="-604800" \
   --title=" Radio" \
   --rigid \
   --base=1000 \
```

```
--height=120 \
--width=500 \
--upper-limit=105 \
--lower-limit=60 \
--vertical-label="dBm" \
DEF:a="/home/rob/radio/ radio.rrd":signal:AVERAGE \
DEF:b="/home/rob/radio/ radio.rrd":noise:AVERAGE \
AREA:a#74C366:"Signal" \
LINE1:b#FF0000:"Noise" \
> graph.png
```

Aunque el resto de herramientas mencionadas en este capítulo le pueden ofrecer una estimación instantánea de cómo se comporta su conexión, `rrdtool`, `netcat` y esta sencilla secuencia de comandos le proporcionan valiosos datos históricos que pueden resultar muy útiles para solucionar los problemas de su red. Además de la señal y el ruido, `rrdtool` también puede realizar el seguimiento del tiempo de conexión, del tráfico de la red, de los clientes asociados, de los errores de transmisión y de otros muchos datos. La recompensa de disponer de gráficos históricos debería ser suficiente para intentar aprender a superar la complejidad de `rrdtool`.

TRUCO 35 — EtherPEG y DriftNet

Consiga una atractiva representación visual de lo que otros usuarios ven en su red.

Mientras que herramientas como tcdump, Ethereal y ngrep le proporcionan información detallada sobre lo que la gente hace en su red, la información que ofrecen no siempre resulta interesante. Puede que asuman que sus datos inalámbricos son vulnerables a la presencia de fisgones pero de algún modo siguen pensado que no les ocurrirá a ellos.

Por alguna razón, esta actitud desaparece rápidamente cuando conocen las herramientas que describiremos a continuación. Aunque se trata de utilidades muy sencillas, las considero tan revolucionarias para la monitorización de redes como lo fue el navegador Mosaic para Internet. En lugar de generar registros para su posterior análisis, simplemente le muestran lo que la gente está viendo en la red, en tiempo real.

EtherPEG

EtherPEG (`http://www.etherpeg.org/`) es una herramienta muy inteligente para OS X que combina todas las modernas ventajas de un husmeador de paquetes con la familiaridad de una biblioteca de representación de gráficos. Vigila el tráfico de la red local, vuelve a ensamblar los flujos TCP fuera de orden y busca en los resultados datos similares a GIF o JPEG. Tras ello, muestra dichos datos de forma aleatoria en una ventana de gran tamaño. Como puede comprobar en la figura 3.33, es una especie de meta-navegador a tiempo real que genera dinámicamente una vista de los navegadores de otros usuarios, que se crea mientras otra gente está en línea.

Figura 3.33. EtherPEG en funcionamiento.

Sin duda EtherPEG no es una aplicación comercial diseñada para fisgar a gran escala. Es una sencilla pero eficaz utilidad que muestra todos los datos de imágenes que puede ensamblar. No trata de indicar de dónde se han descargado dichas imágenes o quién las ha solicitado. Ni siquiera guarda una copia local para su posterior utilización; al salir de la aplicación, se pierden todos los datos recopilados.

El código fuente se encuentra disponible de forma gratuita y se compila muy fácilmente desde la ventana Terminal. Si busca una aplicación similar (e incluso más funcional) que se ejecute en otro sistema operativo que no sea OS X, siga leyendo.

DriftNet

Inspirada por EtherPEG (`http://www.ex-parrot.com/~chris/driftnet`), DriftNet es un capturador de imágenes para X11. Además de descodificar archivos de imagen de datos husmeados en la red, dispone de otras útiles opciones. Puede guardar todas las imágenes descodificadas para su posterior procesamiento (por ejemplo, para utilizarlas en un salvapantallas) y cuenta con compatibilidad experimental para descodificar flujos de audio mpeg.

Como puede comprobar en la figura 3.34, la interfaz de DriftNet es tan sencilla como la de EtherPEG. Puede hacer clic sobre cada una de las imágenes para guardarlas en disco o, si quiere guardar todas las imágenes capturadas, iniciar `driftnet` con el interruptor `-a`. De esta forma se inicia el programa en modo adjunto, lo que quiere decir que no se abre en una ventana, sino que guarda todos los datos de imagen en un directorio temporal (que también puede especificar con el interruptor `-d`). De esta forma, otras aplicaciones pueden utilizar esta colección de imágenes como origen de datos.

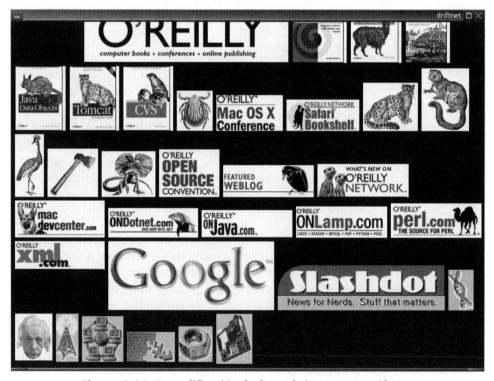

Figura 3.34. Descodificación de datos de imagen en DriftNet.

DrifNet ha recibido una sorprendente cantidad de críticas negativas acusándole de ser el peor tipo de utilidad espía y, en ocasiones, se dice que sólo se utiliza para invadir la privacidad de otros usuarios. Personalmente opino todo lo contrario, que es una herramienta verdaderamente útil. No sólo la puede utilizar un administrador de sistemas para desaconsejar el uso inadecuado de una red corporativa (con tan sólo ejecutarla en un monitor en un lugar público) sino que también puede ofrecer valiosos datos sobre el comportamiento de un grupo de usuarios inalámbricos. Qué mejor forma de saber lo que piensan estos usuarios que ver lo que ellos ven en sus propias pantallas. (Si le interesan mis experimentos sobre el subconsciente de grupo, puede visitar el registro Web original sobre el tema en `http://www.oreillynet.com/pub/wlg/1414`.) Herramientas como DriftNet y EtherPEG sirven para recordar la importancia de las prácticas de seguridad inalámbrica y, en general, el uso de la discreción cuando se utiliza una red inalámbrica.

Este tipo de intrusión es posible porque la gente utiliza protocolos no protegidos y, sin saberlo, difunden su tráfico de red a los cuatro vientos. Si utiliza encriptación de capa de aplicaciones (que describiremos en un capítulo posterior), este tipo de herramientas resultará completamente inútil. Si le preocupa su privacidad, debería alentar a sus amigos a que utilicen herramientas de encriptación de distribución gratuitas para protegerse de los intrusos de la red. He comprobado que hay pocas cosas que les empujen a hacerlo con tanta rapidez como ejecutar DriftNet o EtherPEG para mostrarles lo que ellos mismos están viendo.

TRUCO
36

Estimar el rendimiento de la red

¿Con qué rapidez puede transmitir datos a través de su punto de acceso?

Mucha gente utiliza herramientas en línea como la prueba Speed de DSL Reports (`http://speedtest.dslreports.com/`) para estimar el rendimiento de su conexión a Internet. Cuando se ejecuta desde un equipo conectado directamente a Internet, las indicaciones sobre la capacidad de carga y descarga son realmente pobres.

Esta herramienta es incluso menos útil para intentar estimar el ancho de banda disponible en otras redes. Por ejemplo, en una red inalámbrica de gran tamaño, resulta muy útil medir la capacidad real de un enlace de red independientemente de la velocidad de la conexión a Internet. Una utilidad muy indicada para medir el rendimiento es `iperf`. Es una sencilla utilidad gratuita que se puede ejecutar en Linux, BSD, OSX e incluso en Windows. Puede descargarla en `http://dast.nlanr.net/Projects/Iperf/`.

Para poder medir el rendimiento, debe utilizarse en pares (una instancia en cada extremo del enlace). En el extremo del enlace que quiera medir, inicie `iperf` en modo de servidor:

```
rob@livia:~$ iperf -s
```

No importa qué extremo se utilice como servidor, ya que se probará tanto la velocidad de carga como la de descarga. En el otro extremo del enlace, ejecute `iperf` en modo de cliente, especificando el servidor que se va a probar:

```
rob@caligula:~$ iperf -c livia -r
------------------------------------------------------------
Server listening on TCP port 5001
TCP window size: 32.0 KByte (default)
------------------------------------------------------------
------------------------------------------------------------
Client connecting to livia, TCP port 5001
TCP window size: 32.5 KByte (default)
------------------------------------------------------------
[  4] local 10.15.6.33 port 50421 connected with 10.15.6.4 port 5001
[ ID] Interval       Transfer      Bandwidth
[  4]  0.0-10.2 sec  2.95 MBytes   2.43 Mbits/sec
[  4] local 10.15.6.33 port 5001 connected with 10.15.6.4 port 60977
[ ID] Interval       Transfer      Bandwidth
[  4]  0.0-10.0 sec  3.09 MBytes   2.60 Mbits/sec
rob@caligula:~$
```

De forma predeterminada, `iperf` utiliza el puerto 5001 para sus comunicaciones. Si este puerto está utilizado, puede especificar otro diferente por medio del indicador -p en ambos extremos:

```
rob@livia:~$ iperf -s -p 30000
```

También puede especificar un puerto diferente en el cliente:

```
rob@caligula:~$ iperf -c livia -r -p 30000
------------------------------------------------------------
Server listening on TCP port 5001
TCP window size: 32.0 KByte (default)
...
```

Si no quiere que nadie se conecte a su servidor `iperf`, no olvide anular el lado del servidor por medio de **Control-C** cuando haya terminado de realizar las mediciones.

Además de las sencillas pruebas TCP, también puede manipular diversos parámetros TCP, probar flujos UDP, utilizar multidifusión o IPv6, e incluso utilizar un flujo de datos personalizado para realizar las pruebas. La ejecución de la utilidad con los valores predeterminados le permite hacerse una idea aproximada de la cantidad de datos que puede admitir su conexión, sobre todo si no la utiliza ningún otro cliente. Si necesita más información sobre el mágico funcionamiento de esta herramienta, puede consultar la documentación en línea incluida en `http://dast.nlanr.net/Projects/Iperf/iperfdocs_1.7.0.html`.

 TRUCO ## Vigilar el tráfico con tcpdump

37 **Esta famosa herramienta de línea de comandos de captura de paquetes resulta muy indicada para solucionar complicados problemas de red.**

Prácticamente todas las versiones modernas de Unix incluyen la utilidad `tcpdump`. Su engañosamente sencilla interfaz oculta una compleja y potente herramienta diseñada para capturar datos de una interfaz de red, filtrarlos e imprimirlos para que se haga una idea más completa de lo que sucede en una red. Para poder capturar datos con `tcpdump` es necesario que actúe como usuario raíz.

La forma más sencilla de iniciar esta herramienta consiste en ejecutarla al tiempo que se especifica el dispositivo de red al que queremos escuchar:

```
remote:~# tcpdump -i eth0
```

Si al hacerlo se encuentra conectado a un equipo remoto, verá una gran cantidad de tráfico, incluso en un equipo sin cargar. Se debe a que `tcpdump` captura el tráfico de su sesión `ssh` y lo muestra en su terminal, lo que genera más tráfico, que se vuelve a mostrar de nuevo, en un bucle infinito de bits inútiles. Esto se puede evitar por medio de un sencillo filtro. Por ejemplo, podría ignorar todo el tráfico `ssh`:

```
remote:~# tcpdump -i eth0 -n 'port ! 22'
```

En este caso hemos especificado el indicador `-n`, que indica a `tcpdump` que ignore las búsquedas DNS de todos los host que encuentre. Al capturar datos de red, todo se basa en la velocidad. Si su equipo está enfrascado en otras funciones de red (como por ejemplo en la búsqueda de nombres DNS), podría pasar por alto paquetes, sobre todo en una red muy transitada. Al ignorar las búsquedas se acelera la captura pero significa que verá direcciones IP y números de puerto en lugar de nombres y servicios. Una de las aplicaciones habituales de `tcpdump` es buscar tráfico ping para solucionar problemas de conectividad. Para ver únicamente tráfico ICMO, especifique el protocolo en un filtro. No olvide la barra invertida cuando quiera especificar nombres de protocolo:

```
pebble:~# tcpdump -i wlan0 'proto \icmp'

tcpdump: listening on eth0
```

```
16:34:33.842093 10.15.6.33 > www.google.com: icmp: echo request
16:34:33.873784 www.google.com > 10.15.6.33: icmp: echo reply
16:34:34.893981 10.15.6.33 > www.google.com: icmp: echo request
16:34:34.940997 www.google.com > 10.15.6.33: icmp: echo reply
```

En este ejemplo vemos que un usuario envía solicitudes de eco (ping) a www.google.com que, a su vez, envía respuestas de eco. Si ve solicitudes de eco sin las correspondientes respuestas, significa que hay un problema en algún punto de la red. Si envía ping y ni siquiera puede ver la solicitud de eco en su enrutador, el problema se encuentra en algún punto entre el cliente y el enrutador. Intentar determinar dónde se encuentra el problema, junto con el uso de los correspondientes filtros de tcpdump, puede ayudarle a identificar el origen del error.

También puede capturar todos los datos de un determinado host. Para ello, utilice la directiva host:

```
pebble:~# tcpdump -i wlan0 'host 10.15.6.88'
tcpdump: listening on eth0
16:47:16.494447 10.15.6.88.1674 > florian.1900: udp 132 [ttl 1]
16:47:16.494524 florian > 10.15.6.88: icmp: florian udp port 1900
unreachable [tos 0xc0]
16:47:16.495831 10.15.6.88.1674 > florian.1900: udp 133 [ttl 1]
16:47:16.495926 florian > 10.15.6.88: icmp: florian udp port 1900
unreachable [tos 0xc0]
16:47:21.488711 arp who-has 10.15.6.88 tell florian
16:47:21.491861 arp reply 10.15.6.88 is-at 0:40:96:41:80:2c
16:47:28.293719 baym-cs197.msgr.hotmail.com.1863 > 10.15.6.88.1046: .
ack 5 win 17128
```

Obviamente, esta persona utiliza MSN Messenger, como se aprecia por su conexión a baym-cs197.msgr.hotmail.com en el puerto 1863, así como por las difusiones UPD al puerto 1900. También puede ver una respuesta ARP que muestra la dirección MAC del usuario que empieza por 0:40:96, lo que indica una tarjeta Cisco. Sin necesidad de recurrir a nmap u a otro escáner activo, podemos intuir que este usuario utiliza un portátil con Windows. Esta información se revela en cuestión de segundos, con tan sólo observar cinco o seis paquetes. Si el usuario hubiera utilizado encriptación de capa de aplicaciones, este tipo de intrusión hubiera sido imposible. En un capítulo posterior encontrará información mucho más detallada sobre la seguridad en redes inalámbricas. Mac OS X es mucho más profuso que MS Windows, ya que revela el nombre del usuario (y en ocasiones su fotografía) en forma de multidifusiones iChat. La descodificación de estos datos se deja a discreción del usuario pero la captura de los mismos es muy sencilla:

```
pebble:~# tcpdump -i wlan0 -X -s 0 -n -l 'port 5353'
```

Con esta línea verá un volcado completo de paquetes, tanto en formato hexadecimal como en ASCII. Si tiene que analizar grandes cantidades de datos, suele ser más sencillo recurrir a una herramienta gráfica como Ethereal. Como probablemente su punto de acceso no ejecute Xwindows, puede utilizar `tcpdump` para capturar los datos. Al especificar el indicador `-w` se escriben todos los paquetes en un archivo con formato acap, que muchas herramientas (como Ethereal) pueden leer:

```
pebble:~# tcpdump -i wlan0 -n -w captured.pcap 'port 5353'
```

Tras ello, basta con transferir el archivo `captured.pcap` a su equipo local y abrirlo en Ethereal.

Para ser una utilidad de línea de comando, `tcpdump` es una herramienta de captura de paquetes sorprendentemente completa. Cuenta con un lenguaje de expresiones de filtro complejo y potente, y se puede adaptar para capturar específicamente los datos deseados. Si necesita más información sobre lo que `tcpdump` puede hacer, no dude en consultar `man tcpdump`.

TRUCO 38 · Análisis visual del tráfico con Ethereal

Examine los datos de la red con uno de los analizadores de protocolos más avanzados.

Ethereal es uno de los analizadores de protocolos más conocidos del planeta. Se ejecuta en las principales plataformas, incluyendo Linux, BSD, Mac OS X y Windows. Al igual que `tcpdump`, puede capturar paquetes directamente desde una interfaz de red o analizar datos de un archivo previamente guardado. Al capturar datos, Ethereal le ofrece estadísticas en tiempo real de qué protocolos está en uso (véase la figura 3.35). Para iniciar las capturas debe seleccionar Capture>Start, indicar la interfaz en la que quiere realizar la captura y hacer clic en **OK**. Necesitará el correspondiente permiso (normalmente privilegios de usuario raíz) para capturar los datos.

Si quiere volver a ver estas estadísticas (más detalladas) una vez finalizada la captura de paquetes, ejecute Tools>Protocol Hierarchy Statistics. También puede utilizarlo en archivos de volcado capturados previamente. Si ya dispone de datos capturados (por ejemplo guardados con `tcpdump` desde un equipo remoto), basta con ejecutar File>Open y seleccionar el archivo que quiera analizar.

Ethereal muestra los datos recopilados de tres formas diferentes. En la parte superior de la ventana se muestra un resumen de los datos, con un paquete por línea. Se enumera la secuencia, la hora, los datos IP, el protocolo y una descripción general del paquete.

Los datos se pueden ordenar por cualquiera de estos campos. Para ello, basta con hacer clic en el nombre del campo situado en la parte superior. Al seleccionar un paquete se muestra más información en las dos ventanas restantes. La parte central de la ventana muestra una clasificación jerárquica del paquete, incluyendo las capas Ethernet, IP, TCP y demás. De esta forma puede analizar la parte concreta del paquete que le interese. En la parte inferior de la ventana se muestra un volcado hexadecimal del paquete. Los bits del paquete quedan resaltados automáticamente al seleccionar partes del mismo en la sección central. Por ejemplo, al seleccionar la dirección IP en la parte central, se resaltan los 4 bytes correspondientes en el volcado hexadecimal de la parte inferior.

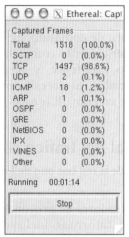

Figura 3.35. Ethereal le ofrece estadísticas sobre los protocolos que ve mientras captura los paquetes.

En la figura 3.36 puede apreciar la capacidad de Ethereal para diseccionar protocolos de nivel superior como HTTP. Seleccione un paquete HTTP en la parte superior y abra la lista desplegable **Hypertext Transfer Protocol** de la sección central. De esta forma podrá ver el contenido del paquete, mostrado en código ASCII.

Evidentemente, la mayoría de las conversaciones TCP se distribuyen entre varios paquetes. Ethereal ensambla la totalidad del flujo si seleccionamos un paquete y ejecutamos **Tools>Follow TCP Stream**. En la figura 3.37 se reproducen los resultados correspondientes al flujo HTTP anterior. Resulta difícil de apreciar en blanco y negro, pero las dos conversaciones se muestran en colores diferentes, lo que permite saber a simple vista qué lado está hablando.

Hablando de colores, Ethereal puede mostrar los datos del paquete con codificación de color, definida por un rico lenguaje de patrones. De esta forma, puede conseguir que los datos que busque aparezcan en rojo y todo lo demás en gris claro. Utiliza el mismo lenguaje de patrones para especificar filtros de pantalla, aunque desafortunadamente no es el mismo que utiliza `tcpdump`. En el siguiente truco describiremos la forma de generar un filtro de pantalla.

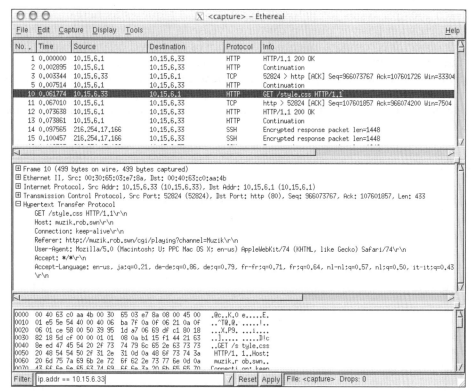

Figura 3.36. Ethereal puede analizar muchos protocolos de nivel superior, como por ejemplo HTTP.

Éste ha sido sólo un ejemplo de algunas de las funciones básicas de Ethereal. Puede mostrarle los paquetes que se desplazan por su red inalámbrica con la cantidad de detalle que desee y es una de las herramientas más potentes para realizar el seguimiento de problemas de red. Puede consultar la documentación y los archivos de captura de ejemplo incluidos en `http://www.ethereal.com/`. También encontrará otros usos creativos de esta aplicación.

TRUCO
39 Realizar el seguimiento de tramas 802.11 en Ethereal

Utilice Ethereal para realizar el seguimiento de datos de tramas inalámbricas que normalmente no puede capturar.

Además de capturar tráfico de Nivel 2 (y superior) por su cuenta, Ethereal puede abrir archivos de volcado guardados por otras herramientas que incorporan datos adicionales, como Kismet y KisMAC. Las últimas versiones de Ethereal pueden mostrar todos los datos de tramas 802.11 que estas herramientas de monitorización pasivas pueden capturar (véase la figura 3.38). De esta forma puede observar el comportamiento de dispositivos en el nivel del protocolo 802.11, lo que proporciona información muy útil sobre lo que realmente sucede en una red inalámbrica. Recuerde que Kismet y KisMAC capturan todos los datos 802.11 que oyen, incluyendo datos de redes en las que puede que no esté interesado. Suele pasar cuando captura datos mientras estas herramientas analizan todos los canales disponibles.

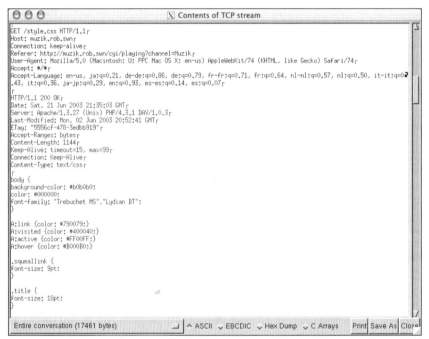

Figura 3.37. Ethereal ensambla un flujo TCP para mostrar una conversación entre dos host.

Para centrarse en un determinado punto de acceso, utilice un filtro de pantalla en los datos. La forma más sencilla de crear un filtro desde cero consiste en generarlo interactivamente con ayuda del editor de filtros. En la parte inferior de la pantalla, haga clic en el botón **Filter:**. Tras ello, haga clic en **Add Expression** para abrir el editor de filtros. En el panel Field name debe seleccionar la información que le interese. Como nos interesa el ID BSS de un punto de acceso, seleccione IEEE 802.11>BSS Id. Seleccione = = como valor de Relation e introduzca la dirección MAC de su punto de acceso en el campo Value. En la figura 3.39 se reproduce este proceso.

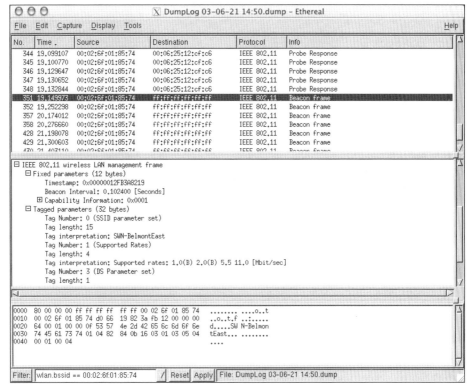

Figura 3.38. Ethereal puede mostrar tramas 802.11 capturadas por otros programas.

Haga clic en **Accept** y, tras ello, en **OK**. Ethereal filtrará los datos en función de la expresión que hayamos indicado. Como mencionamos anteriormente, el lenguaje es diferente al lenguaje de expresiones de filtro `libpcap` que utiliza `tcpdump`. La expresión resultante se muestra en la parte inferior de la pantalla, junto al botón **Filter:**. Puede crear expresiones más complejas mediante la combinación de filtros con `and` y `or`. Haga clic en **Apply** cada vez que cambie un filtro para comprobar el efecto que tiene en los datos. Si tiene que analizar un volcado de paquetes codificado con WEP, tendrá que indicar la clave WEP para Ethereal; en caso contrario, sólo podrá ver paquetes codificados. Bajo Edit>Preferences, seleccione Protocols>IEEE 802.11. Introduzca los datos WEP para que Ethereal los descodifique automáticamente (véase la figura 3.40).

Si ha utilizado AirSnort para descodificar un flujo WEP, puede que tenga que marcar la casilla de verificación Ignore the WEP bit. AirSnort descodifica los datos pero no el fragmento WEP. Si no marca esta casilla, Ethereal asumirá que los datos siguen codificados y no intentará proseguir con la descodificación.

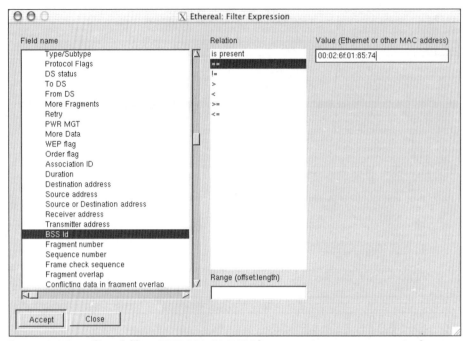

Figura 3.39. Utilice el filtro IEEE 802.11 BSS Id para centrarse en un punto de acceso concreto.

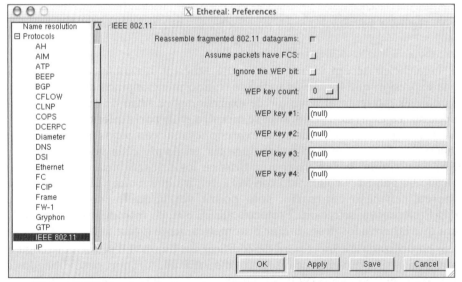

Figura 3.40. Puede indicar su clave WEP en las preferencias de protocolo.

Ethereal puede filtrar prácticamente todos los bits de una trama 802.11, lo que la convierte en una herramienta muy útil para analizar una conexión inalámbrica. Mediante la combinación de Ethereal como Kismet o KisMAC puede obtener uno de los paquetes de análisis inalámbrico más flexibles y potentes.

TRUCO 40 Interrogar la red con nmap

Cuando tenga que saber todo lo relacionado con una red o un host, nmap puede ser la solución.

Las herramientas de monitorización de red analizadas hasta ahora consiguen sus objetivos a través de la escucha pasiva del tráfico de la red. Puede obtener mejores resultados si solicita la información directamente a los equipos en lugar de esperar a que la divulguen por su cuenta. Para conseguir información adicional sobre un determinado equipo (o toda una red de equipos), necesita una utilidad de escaneado activo. Una de las más avanzadas y utilizadas es `nmap`. La puede encontrar en `http://www.insecure.org/nmap/` y en el sitio Web se ofrece una descripción de la misma:

> Nmap utiliza paquetes IP de formas nuevas para determinar qué host están disponibles en la red, qué servicios (puertos) ofrecen, bajo qué sistema operativo (y versión de éste) se ejecutan, qué tipo de filtros de paquetes o cortafuegos se ha implementado y cientos de otras características.

El uso más habitual de `nmap` es para analizar los puertos TCP de un equipo para determinar qué servicios están disponibles. Si se ejecuta como usuario raíz, también puede utilizar técnicas de huellas digitales TCP avanzadas para intentar adivinar el sistema operativo del equipo de destino.

```
caligula:~# nmap -O 10.15.6.1

Starting nmap V. 3.00 ( www.insecure.org/nmap/ )
Interesting ports on florian.rob.swn (10.15.6.1):
(The 1590 ports scanned but not shown below are in state: closed)
Port        State        Service
22/tcp      open         ssh
53/tcp      open         domain
80/tcp      open         http
179/tcp     open         bgp
443/tcp     open         https
2601/tcp    filtered     zebra
2605/tcp    filtered     bgpd
3128/tcp    filtered     squid-http
3306/tcp    filtered     mysql
10000/tcp   open         snet-sensor-mgmt
10005/tcp   open         stel
```

```
Remote operating system guess: Linux Kernel 2.4.0 - 2.5.20
Uptime 65.988 days (since Thu Apr 17 18:33:00 2003)

Nmap run completed -- 1 IP address (1 host up) scanned in 33 seconds
```

Este análisis se realizó en un servidor de mi red doméstica. Las estimaciones sobre el sistema operativo utilizado y el tiempo de conexión son correctas (se trata de un sistema Linux 2.4.19 que ha estado funcionando 65 días, 23 horas y 43 minutos). Fíjese en que `nmap` también puede detectar puertos TCP filtrados además de los puertos que aceptan conexiones. No se puede garantizar que estos servicios estén en activo, pero como hay un cortafuegos en funcionamiento, probablemente algunos de ellos lo estén. Los puertos 10000 y 10005 forman parte de un sistema de monitorización personalizado que utilizo, como mencioné anteriormente. Si siente curiosidad sobre un determinado usuario de su red inalámbrica, `nmap` puede contarle muchos detalles sobre el sistema operativo que utilice. Además de analizar puertos de un mismo host, `nmap` puede analizar redes completas. Para examinar todos los equipos de la red local, pruebe:

```
caligula:~# nmap -sS -O 10.15.6.0/24
```

La parte `/24` es la notación CIDR (Enrutamiento entre dominios sin clases) para la máscara de red, que especifica que todas las direcciones IP comprendidas entre 10.15.6.0 y 10.15.6.255 deben analizarse. Si el equipo analizado cuenta con un buen sistema de detección de intrusos (como Snort, `http://www.snort.org/`) puede determinar que hay un análisis en progreso y puede tomar medidas al respecto. Para intentar solventar esta posibilidad, `nmap` le ofrece diversos métodos de exploración alternativos que pueden ser difíciles de detectar. El interruptor `-sS` indica a `nmap` que utilice un análisis SYN indetectable en lugar de una conexión TCP estándar. El enfrentamiento entre herramientas de análisis y herramientas de detección de intrusión se lleva produciendo desde la aparición de dichas herramientas y es muy probable que continúe durante algún tiempo. Puede utilizar `nmap` para realizar el seguimiento de usuarios que abusen de la red o simplemente para realizar una encuesta y saber qué ejecutan los usuarios. Suele ser habitual sondear los equipos para determinar qué servicios inesperados pueden aparecer o para saber si un cortafuegos está correctamente configurado. Independientemente de la forma en que utilice `nmap`, le ofrecerá información muy útil sobre los equipos que forman su red inalámbrica.

TRUCO 41 Monitorización de redes con ngrep

Vea qué hace cada usuario desde su interfaz de red.

La utilidad `ngrep` (`http://www.packetfactory.net/Projects/ngrep`) es una interesante herramienta de captura de paquetes, similar a `tcpdump` o

Ethereal. Se trata de una herramienta exclusiva ya que intenta facilitar todo lo posible el hecho de hacer coincidir qué paquetes capturados imprimir, por medio de un formato compatible con grep (junto con expresiones regulares y una gran cantidad de interruptores grep de GNU). También convierte los paquetes a ASCII (o hexadecimal) antes de imprimirlos.

Por ejemplo, para ver el contenido de todas las solicitudes GET de HTTP que pasan por nuestro enrutador, pruebe con:

```
# ngrep -q GET
```

Si sólo le interesa un determinado host, protocolo o puerto (u otros criterios de paquetes), puede especificar un filtro bpf así como un patrón de datos. Utiliza una sintaxis similar a tcpdump:

```
# ngrep -qi rob@nocat.net port 25
T 10.42.4.7:65174 -> 209.204.146.26:25 [AP]
    RCPT TO:..

T 209.204.146.26:25 -> 10.42.4.7:65174 [AP]
    250 2.1.5 ... Recipient ok..

T 10.42.4.7:65174 -> 209.204.146.26:25 [AP]
    Date: Sun, 8 Sep 2002 23:55:18 -0700..Mime-versión: 1.0 (Apple Message
    framework v543)..Content-Type: text/plain; charset=US-ASCII;
    format=flowed..Subject: Greetings.....From: John Doe ..To:
    rob@nocat.net..Content-Transfer-Encoding: 7bit..Message-Id: ..X-Mailer:
    Apple Mail v2)....What does that pgp command you mentioned do
    again?....Thanks,.....--A Friend....
```

Como ngrep imprime en STDOUT, puede realizar un postprocesamiento en la salida para crear un filtro de impresión. Si procesa la salida personalmente, añada el interruptor -1 para que la línea de salida se realice en búfer.

El código

Si le interesa lo que los usuarios de la red inalámbrica local están buscando en línea, pruebe con un fragmento de Perl similar al siguiente:

```perl
#!/usr/bin/perl
use Socket;
$|++;

open(NG,"ngrep -d en1 -lqi '(GET|POST).*/(search|find)' |");
print "Go ogle online.\n";
my ($go,$i) = 0;
my %host = ( );

while(  ) {
```

```
if(/^T (\d+\.\d+.\d+\.\d+):\d+ -> (\d+\.\d+\.\d+\.\d+):80/) {
      $i = inet_aton($1);
      $host{$1} ||= gethostbyaddr($i, AF_INET) || $1;
      $i = inet_aton($2);
      $host{$2} ||= gethostbyaddr($i, AF_INET) || $2;
      print "$host{$1} -> $host{$2} : ";
      $go = 1;
      next;
}
if(/(q|p|query|for)=(.*)?(&|HTTP)/) {
      next unless $go;
      my $q = $2;
      $q =~ s/(\+|&.*)/ /g;
      $q =~ s/%(\w+)/chr(hex($1))/ge;
      print "$q\n";
      $go = 0;
}
else {
      next unless $go;
      $go = 0;
      print "\n";
}
}
```

Ejecutar el truco

He denominado a esta secuencia de comandos **go-ogle**. Ejecuta un ngrep para buscar todas las solicitudes GET o POST que incluyan search o find en alguna parte del URL. Guarde el código en un archivo con el nombre **go-ogle.pl** e invóquelo desde la línea de comando. Obtendrá un resultado similar al que mostramos a continuación:

```
# perl go-ogle.pl
Go ogle online.
caligula.nocat.net -> www.google.com : o'reilly mac os x conference
caligula.nocat.net -> s1.search.vip.scd.yahoo.com : junk mail $$$
tiberius.nocat.net -> altavista.com : babel fish
caligula.nocat.net -> 166-140.amazon.com : Brazil
livia.nocat.net -> 66.161.12.119 : lart
```

No escapa las cadenas codificadas en la consulta (fíjese en el símbolo ' de la consulta sobre Google y en $$$ en Yahoo!). También convierte las direcciones IP en nombres de host (ngrep no parece disponer de esta función, probablemente para optimizar la velocidad de las capturas). Los dos últimos resultados son interesantes: la consulta Brazil se ejecutó en http://www.imdb.com/ y la última en http://www.dictionary.com/. Evidentemente, IMDB es ahora propiedad de Amazon y el motor de búsqueda de Dictionary.com no tiene un registro PTR. Resulta sorprendente todo lo que se puede saber sobre el mundo con tan sólo analizar los paquetes de otros usuarios. Debe actuar como usuario raíz para poder ejecutar `ngrep`; para obtener los mejores resultados debería ejecutarse desde el enrutador de la red o desde cualquier otro cliente inalámbrico asociado a un punto de acceso transitado.

TRUCO 42 Ejecutar ntop para obtener estadísticas de una red en tiempo real

Vea lo que hace otra gente en su red en el tiempo por medio de ntop.

Si necesita estadísticas de red en tiempo real, debería probar con la herramienta `ntop` (`http://www.ntop.org/`). Se trata de un completo analizador de protocolos con una interfaz Web y compatible con gráficos SSL y GD. Desafortunadamente, `ntop` no es precisamente ligera (requiere un mayor número de recursos en función del tamaño de la red y del volumen del tráfico de la misma) aunque puede ofrecerle una imagen aproximada de quién se encuentra en la red.

`ntop` debe ejecutarse inicialmente como raíz (para que las interfaces entren en modo promiscuo y empiecen a capturar paquetes) pero después puede ceder sus privilegios al usuario que especifiquemos. Si decide ejecutar `ntop` de forma prolongada, probablemente tendrá que hacerlo en un equipo de monitorización dedicado (con un número reducido de servicios en el mismo, por motivos de seguridad y rendimiento). A continuación le indicamos cómo ejecutar `ntop` de forma rápida y sencilla. En primer lugar, debe crear un usuario y un grupo `ntop`:

```
root@gemini:~# groupadd ntop
root@gemini:~# useradd -c "ntop user" -d /usr/local/etc/ntop -s /bin/
true -g ntop ntop
```

Tras ello, descomprima y genere `ntop` de acuerdo a las instrucciones proporcionadas en `docs/BUILD-NTOP.txt`. Imagino que habrá descomprimido el árbol en `/usr/local/src/ntop-2.1.3/`. Cree un directorio para `ntop` en el que almacene su base de datos de capturas:

```
root@gemini:~# mkdir /usr/local/etc/ntop
```

(Debe ser propiedad de la raíz, no del usuario `ntop`.)

Si prefiere utilizar SSL para https (en lugar de http estándar), copie la clave SSL predeterminada en `/usr/local/etc/ntop`:

```
root@gemini:# cp /usr/local/src/ntop-2.1.3/ntop/*pem /usr/local/etc/ntop
```

Fíjese en que la clave SSL predeterminada no se generará con el nombre de host correcto de su servidor. Tras ello, será necesario inicializar las bases de datos `ntop` y definir una contraseña administrativa:

```
root@gemini:~# ntop -A -u ntop -P /usr/local/etc/ntop
21/Sep/2002 20:30:23 Initializing GDBM...
21/Sep/2002 20:30:23 Started thread (1026) for network packet analyser.
21/Sep/2002 20:30:23 Started thread (2051) for idle hosts detection.
21/Sep/2002 20:30:23 Started thread (3076) for DNS address resolution.
21/Sep/2002 20:30:23 Started thread (4101) for address purge.

Please enter the password for the admin user:
Please enter the password again:
21/Sep/2002 20:30:29 Admin user password has been set.
```

Por último, ejecute ntop como demonio e inicie el servidor SSL en su puerto preferido (4242, por ejemplo):

```
root@gemini:~# ntop -u ntop -P /usr/local/etc/ntop -W4242 -d
```

De forma predeterminada, ntop también se ejecuta como servidor HTTP estándar en el puerto 3000. Debería bloquear el acceso a estos puertos en su cortafuegos o por medio de reglas iptables de línea de comando.

Deje que se ejecute ntop y, tras ello, conéctese a https://suservidor:4242/. Encontrará todo tipo de detalles sobre el tráfico que se ha percibido en la red, como se indica en la figura 3.41.

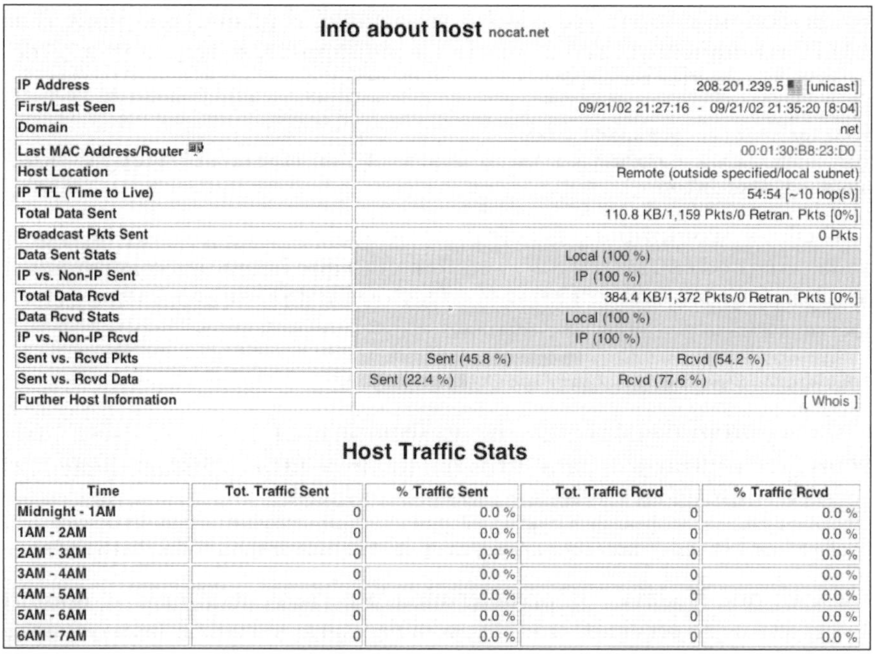

Info about host nocat.net

IP Address	208.201.239.5 ▪ [unicast]
First/Last Seen	09/21/02 21:27:16 - 09/21/02 21:35:20 [8:04]
Domain	net
Last MAC Address/Router 🖳	00:01:30:B8:23:D0
Host Location	Remote (outside specified/local subnet)
IP TTL (Time to Live)	54:54 [~10 hop(s)]
Total Data Sent	110.8 KB/1,159 Pkts/0 Retran. Pkts [0%]
Broadcast Pkts Sent	0 Pkts
Data Sent Stats	Local (100 %)
IP vs. Non-IP Sent	IP (100 %)
Total Data Rcvd	384.4 KB/1,372 Pkts/0 Retran. Pkts [0%]
Data Rcvd Stats	Local (100 %)
IP vs. Non-IP Rcvd	IP (100 %)
Sent vs. Rcvd Pkts	Sent (45.8 %) Rcvd (54.2 %)
Sent vs. Rcvd Data	Sent (22.4 %) Rcvd (77.6 %)
Further Host Information	[Whois]

Host Traffic Stats

Time	Tot. Traffic Sent	% Traffic Sent	Tot. Traffic Rcvd	% Traffic Rcvd
Midnight - 1AM	0	0.0 %	0	0.0 %
1AM - 2AM	0	0.0 %	0	0.0 %
2AM - 3AM	0	0.0 %	0	0.0 %
3AM - 4AM	0	0.0 %	0	0.0 %
4AM - 5AM	0	0.0 %	0	0.0 %
5AM - 6AM	0	0.0 %	0	0.0 %
6AM - 7AM	0	0.0 %	0	0.0 %

Figura 3.41. ntop le ofrece todo tipo de información en tiempo real de gran utilidad.

Aunque herramientas como `tcpdump` y Ethereal le ofrecen un análisis detallado e interactivo del tráfico de la red, `ntop` proporciona gran cantidad de información estadística en una atractiva interfaz Web de fácil manejo. Una vez instalada y bloqueada correctamente, es muy probable que se convierta en su herramienta predilecta para el análisis de la red.

## CAPÍTULO 4

Trucos de hardware
Trucos 43 a 69

Las fuerzas del mercado han conseguido reducir el precio del hardware inalámbrico convencional hasta límites increíbles en un breve plazo de tiempo. El punto de acceso 802.11b medio costaba menos de 100 euros al cierre de la edición de este libro y con la aparición en el mercado de tecnologías como 802.11g y 802.11a, los precios continuarán bajando. Estos precios tan reducidos hacen que para el usuario medio sea más fácil que nunca configurar su propia red inalámbrica.

Pero se preguntará qué puede hacer con un punto de acceso una vez lo tenga en su domicilio. El punto de acceso de hardware convencional permite abarcar un área relativamente reducida, lo que proporciona acceso local para un número concreto de clientes en una red inalámbrica privada. El punto de acceso de consumo medio tiene un alcance aproximado de 300 pies y se suele conectar directamente a una red cableada existente. Aunque el diseño plug and play de estos dispositivos suele bastar para crear redes sencillas, mucha gente busca formas de ampliar el alcance y las prestaciones de sus redes. ¿Cómo se puede aumentar el alcance de un punto de acceso a varios kilómetros? ¿Cómo se puede conseguir que los usuarios accedan a una página Web concreta cuando se conecten a nuestra red? ¿Cómo se puede crear una red más segura y flexible de lo que normalmente suele ofrecer un punto de acceso? ¿Cómo pueden los usuarios finales ampliar su propio radio de alcance y seleccionar redes con la cobertura óptima?

En este capítulo veremos diferentes métodos para responder a estas preguntas. Analizaremos todo tipo de información sobre antenas, cables de alimentación, conectores y sobre cómo utilizar estos elementos con un punto de acceso o una tarjeta cliente. Describiremos técnicas para ampliar un punto de acceso y ejecutarlo en Linux, montarlo en un soporte externo y aumentar su alcance. Si todo esto no es suficiente para su aplicación, le proporcionaremos todo lo necesario para crear su propio punto de acceso desde cero.

TRUCO 43 Antenas complementarias para portátiles

Mejore el radio de alcance de su portátil con una antena complementaria

Posiblemente la pregunta más habitual en cualquier grupo de usuarios inalámbricos sea cómo se puede ir más allá. El medio más eficaz para aumentar el alcance es incrementar la ganancia de la antena. Mucha gente añade una antena externa a su punto de acceso o sustituye la que tienen por otra de mayor alcance. Aunque esto puede resultar útil para los clientes inalámbricos, la mayoría de los usuarios pasan por alto la necesidad de una buena antena en el lado cliente. Mientras que algunos portátiles (como iBook de Apple o Viao de Sony) incluyen antenas incrustadas en la pantalla del equipo, mucha gente utiliza tarjetas inalámbricas complementarias.

Estas tarjetas se convierten en un molesto dispositivo que sobresale por un lateral del portátil, paralelo al teclado y muy próximo a la mesa. Suele ser la única antena del portátil y, en la mayoría de los casos, se puede mejorar considerablemente.

No todas las tarjetas inalámbricas admiten antenas externas. Algunas como Zcomax XI-300 y Proxim RangeLan-DS tienen antenas desmontables, de forma que se puede eliminar la presencia del molesto "apéndice" de plástico y permite el uso de dos antenas externas por medio de adaptadores pigtail. Otras, como algunas tarjetas Cisco y Senao/EnGenius, no disponen de dicha antena interna y sólo funcionan con antenas externas.

El uso de una antena externa en un portátil tiene dos importantes efectos. Por un lado, la mayoría de las antenas tiene una ganancia mucho mayor que la pequeña antena dipolar que incluyen muchas tarjetas inalámbricas. Por otra parte, una antena externa recibe la señal alejada del equipo, lo que proporciona mayor visibilidad y hace más sencillo cambiar la orientación de la antena para determinar la señal de más calidad.

Aunque el uso de la antena externa correcta aumentará sin duda su cobertura, no todas las antenas resultan igual de adecuadas. A continuación describiremos tres antenas de pequeño tamaño y que ofrecen grandes resultados.

Poynting (http://www.poynting.co.za) es un fabricante sudafricano de antenas que comercializa una serie de antenas económicas, incluyendo una de 3,5 pulgadas y sectoriales de 8dBi. Su precio oscila alrededor de los 22 euros. Es lo suficientemente reducida como para pegarla en la parte posterior de un portátil y, al mismo tiempo, ofrece una alta ganancia para su tamaño (y su precio). Puede verla en línea en la dirección `http://www.poynting.co.za/antennas/ism_24ghzsinglepatch8dbi.shtml`.

Si utiliza una tarjeta Lucent/Orinoco/Avaya/Proxim (o un derivado de las mismas como AirPort), puede que le interese Orinoco Range Extender. Considero que el precio es ligeramente excesivo, unos 65 euros. Es similar a un palo rectangular de color blanco con una base de goma y una línea de alimentación extensa, y ofrece hasta 5dBi en todas direcciones. Si necesita mayor ganancia, el diseño Deep Dish Cylindricar Reflector (que describiremos más adelante) funciona bastante bien con este tipo de estructuras. La base resulta muy indicada para colocar la antena en una mesa o estantería cercana aunque lo mejor es que se puede separar completamente de la antena. El poste en sí también es muy portátil y, al igual que las antenas Poynting, se puede adherir a la parte trasera de cualquier portátil. Algunos usuarios han abierto la parte del cableado, la han recortado y soldado, y la han vuelto a pegar para conseguir la longitud adecuada (y eliminar los cables sobrantes). Encontrará Range Extender en `http://www.proxim.com/products/all/orinoco/client/rea/index.html`.

Por último, si su presupuesto es reducido, puede que le interese reciclar una antena "pato de goma" de un punto de acceso WAP11, WET11, Cisco 350 u otros modelos. Se trata de pequeñas antenas omnidireccionales o dipolares que ofrecen una ganancia de 3 a 5 dBi. Algunas antenas incluyen codos de ángulo recto. Con un sencillo adaptador o un conector podrá utilizar estas antenas de baja ganancia en su portátil, lo que es mejor que dejar que acumulen polvo en un cajón. Utilice el cable de conexión más flexible que necesite y conéctelo a la tarjeta de su portátil. Como siempre, no olvide comprobar el tipo de conectores que necesita en ambos extremos del cable (tanto la tarjeta del portátil como la antena suelen tener conectores poco convencionales). En un truco posterior encontrará más información al respecto. También puede consultar las especificaciones en línea del fabricante.

Incrementar el alcance de Titanium PowerBook

Las ondas de radio no pueden atravesar el titanio, pero esto no debe impedir que se conecte con su TiBook.

Titanium PowerBook de Apple es posiblemente uno de los portátiles más atractivos estéticamente del mercado. Atrae la atención sobre todo su pantalla de gran tamaño y, como el resto de la línea de Apple, admite el uso de una tarjeta AirPort incorporada. Desafortunadamente, aunque la opción del titanio como material de la carcasa exterior hace que TiBook sea un placer para la vista y para el tacto, presenta problemas con las conexiones inalámbricas.

La carcasa de metal actúa como una eficaz jaula de Faraday y bloquea las señales de radio por todas partes menos por los pequeños puertos de plástico de la antena situados en ambos laterales del teclado. Para empeorar las cosas, los puertos de antena coinciden con la posición exacta en la que la mayoría de los usuarios apoya las manos cuando no están escribiendo. Cuando esto sucede, se suele perder la conectividad ya que el cliente de radio trata desesperadamente de buscar el camino hasta el punto de acceso.

Apple es conocedor de este problema y trabaja actualmente en solucionarlo en las nuevas versiones del PowerBook de titanio. Algunos usuarios afirman que se consigue una mayor cobertura con tan sólo ajustar el conector de la antena a la tarjeta AirPort, ya que en ocasiones puede quedar suelto. Pero incluso con una antena y una tarjeta que funcionen perfectamente, los equipos TiBook tienen la mitad de alcance con los equipos iBook de plástico, que cuentan con una antena interna mucho más visible.

Afortunadamente, existe una solución. Como los equipos TiBook cuentan con una ranura PCMCIA, se puede añadir otra tarjeta inalámbrica y utilizarla en lugar de la tarjeta AirPort incorporada.

El principal inconveniente de esta solución es que las herramientas inalámbricas integradas de Apple sólo funcionan con la tarjeta AirPort interna, por lo que tendrá que determinar la forma de controlar su conexión inalámbrica, aunque el aumento doble o cuádruple del radio de alcance bien merece el esfuerzo realizado.

En la dirección `http://wirelessdriver.sourceforge.net/` encontrará el proyecto WirelessDevice. Al cierre de la edición de este libro, admitía más de 40 tarjetas inalámbricas diferentes en OS X y, en la actualidad, puede que admita muchas más. Funciona con tarjetas basadas en Prism así como con tarjetas Hermes y Aironet.

Una tarjeta muy conocida es la serie EnGenius/Senao, en concreto el modelo 2511. Tiene una salida de 200 mW y es especialmente sensible. Existen dos versiones de la misma, con o sin antena. Si utiliza la 2511-CD-EXT2, necesitará una antena externa como Poynting, ya que no dispone de antena interna propia. Si necesita una antena interna con conector de antena, una buena opción sería la tarjeta Lucent/Orinoco/Proxim Silver o Gold. Al igual que AirPort, tiene una salida de 30 mW pero es muy sensible y tiene un precio económico (aproximadamente de 40 euros).

Recuerde que lo mejor que puede hacer para mejorar el radio de alcance de cualquier dispositivo inalámbrico es conseguir que la antena sea visible con respecto al punto de acceso con el que quiera comunicarse.

Aunque una tarjeta externa no sea tan cómoda como la tarjeta AirPort incorporada, cualquier solución es más indicada que ocultar la antena bajo una armadura de titanio.

Actualizaciones WET11

Aumente el alcance, la sensibilidad y la funcionalidad de WET11.

WET11 de Linksys (`http://www.linksys.com/products/product.asp?prid=432`) es uno de los productos de puente cliente Ethernet más económicos del mercado. Funciona prácticamente con cualquier dispositivo Ethernet y no requiere controladores especiales para su configuración. Mucha gente utiliza WET11 para conectar dispositivos que en caso contrario no admitirían una radio con la red inalámbrica. Por ejemplo, resultan idóneos para conectar dispositivos en red como PlayStation2 o Xbox y evitar el uso de un cable Ethernet hasta el televisor. También se pueden utilizar para conectar redes completas si se utilizan junto a cortafuegos como el BESR41 de Linksys. Basta con conectar WET11 al puerto WAN del cortafuegos para que todos los dispositivos conectados al mismo puedan compartir la conexión inalámbrica de WET11. Algunos usuarios han obtenido diferentes resultados al utilizar WET11 directamente con un conmutador o un concentrador, debido a la implementación de la resolución de direcciones MAC del dispositivo.

También hay muchas quejas sobre el funcionamiento incorrecto de DHCP con WET11, pero estos problemas parecen resolverse con la actualización del producto a la última revisión, y con el uso del servidor DHCP Version 3 o posterior de ISC, que puede conseguir en `http://www.isc.org/products/DHCP/`. Como ocurre con todos los dispositivos de hardware incrustados (y en especial con los de Linksys), conviene estar al día de las actualizaciones del producto. Los productos actualizados suelen resolver los comportamientos erróneos y, en ocasiones, le ofrecen nuevas opciones.

WET11 cuenta con un concentrador cruzado para la parte Ethernet, lo que facilita su instalación independientemente de que utilice cables directos o cruzados. Su pequeño tamaño y su simplicidad lo convierten en un componente idóneo siempre que necesite que un dispositivo Ethernet actúe como cliente para un punto de acceso.

Sin embargo, puede que todas estas características no le parezcan suficientes. A continuación le ofrecemos un par de trucos relacionados con este hardware tan atractivo.

Añadir una antena

WET11 puede acomodar una antena externa. Basta con desenroscar la pequeña antena de goma y sustituirla por una antena digital RP-SMA. De esta forma se mejora considerablemente el alcance de WET11 y, si se utiliza una antena direccional, se puede evitar el ruido y la interferencia de las redes cercanas. Puede guardar la antena de goma para utilizarla en otros proyectos, como por ejemplo para acoplarla a su portátil (como vimos en un truco anterior).

Actualizar la radio

Posiblemente el principal inconveniente de WET11 sea la barata tarjeta de radio que viene instalada de fábrica. Incorpora una radio de 80 mW de bajo alcance con una sensibilidad inferior a la media. Afortunadamente, la tarjeta se basa en el diseño de referencia de Prism 2. Si no le importa perder la garantía, puede actualizar su tarjeta por una mucho más sensible y potente, una tarjeta Senao o EnGenius. La tarjeta Senao (o EnGenius) 2511 Plus EXT 2 es perfecta ya que incluso utiliza el mismo conector de antena interno, lo que facilita enormemente la actualización.

Antes de continuar, actualice la tarjeta que vaya a sustituir con los últimos controladores. Desconecte la tarjeta Ethernet y desenchufe WET11. Quite la base de goma de WET11 y abra la carcasa. Con sumo cuidado, desconecte el conector de antena, quite los tornillos que sujetan la tarjeta y sáquela. No podrá utilizar los tornillos de sujeción ya que la tarjeta de reemplazo cuenta con un envoltorio físico ligeramente distinto.

Inserte la nueva tarjeta y vuelva a conectar el cable de antena a la misma. Si la tarjeta PCMCIA está orientada con los conectores de antena hacia la derecha (y la etiqueta Senao/EnGenius aparece en la parte superior), tendrá que utilizar el conector de la parte superior. Es el mismo lado en el que estaba conectada la tarjeta original. Por último, vuelva a cerrar la carcasa y conecte la alimentación. Ya puede empezar a disfrutar de las ventajas de una tarjeta mucho más sensible y con una potencia de 200 mW.

Utilizar pilas

WET11 utiliza una fuente de alimentación de 5V de corriente continua. Numerosos usuarios han conseguido utilizar satisfactoriamente WET11 con pilas. Con cuatro pilas NiMH (cada una de aproximadamente 1.2 V) se consigue una batería de 4.8 V, lo que permite utilizar WET11 durante varias horas. WET11 admite voltajes ligeramente superiores a 5 voltios (e incluso hasta 12 V) por lo que, en teoría, podría utilizar cuatro pilas alcalinas (4 x 1.5v = 6V). Si confecciona sus propias pilas, asegúrese de utilizar la polaridad correcta. Tenga en cuenta también que el tiempo operativo será significativamente menor si las transmisiones son prolongadas y utiliza la tarjeta de 200 mW mencionada antes.

El uso de pilas externas puede resultar muy útil para generar una fuente de señal durante el estudio de un sitio o para ocultarla. En el sitio belga `http://`

`reseaucitoyen.be/?SourcePortable` encontrará una detallada descripción al respecto así como fotografías ilustrativas (el sitio está en francés). Con el tamaño y la ubicuidad de WET11 no es de extrañar la cantidad de usuarios que se han decantado por este dispositivo.

TRUCO 46 · AirPort Linux

Convierta su Graphite AirPort (o cualquier otro punto de acceso basado en KarlNet) en un completo enrutador Linux.

Al adentrarnos en las profundidades de la futurista carcasa de doble concha de Graphite Apple AirPort (`http://www.apple.com/airport/`) encontramos un completo ordenador. Diseñado originalmente por KarlNet (`http://karlnet.com/`), las entrañas de Apple AirPort son idénticas a las de Proxim RG1000, RG1100 y otros puntos de acceso. Para los hackers de la red, constituye un auténtico reto: si se puede conseguir que un sistema operativo más completo (como Linux) funcione en hardware AirPort, se podría crear un súper punto de acceso que realizara tareas más complejas que un punto de acceso estándar. Por ejemplo, un AirPort de Linux podría controlar enrutamiento dinámico, cortafuegos e incluso túneles de Internet, como IPIP o GRE.

Hay gente que ha avanzado considerablemente en este proyecto. El mayor obstáculo que han encontrado ha sido intentar acoplar un sistema utilizable al propio sistema original. AirPort es un ordenador muy reducido con recursos de hardware mínimos. Se trata básicamente de una CPU 486 (sin puntos) con 4 MB de RAM y una capacidad de almacenamiento de 512 KB. Si lo comparamos con los estándares actuales, no es mucho más que una calculadora de bolsillo. Existen diferentes limitaciones físicas que han revelado diversos inconvenientes:

- El sistema necesita un núcleo ligero. El más utilizado actualmente corresponde a la serie 2.2 de Linux, para ahorrar memoria RAM.

- No hay suficiente espacio para almacenar un sistema Linux en la memoria flash por lo que el sistema de archivos raíz se guarda en un recurso compartido NFS. Este dispositivo se puede montar en Ethernet u otros dispositivos inalámbricos.

- Con tan sólo 4 MB de RAM, el espacio para aplicaciones es muy limitado. Se pueden utilizar aplicaciones muy ligeras como `telnetd`, pero resulta prácticamente imposible ejecutar `sshd`.

- Como la tarjeta interna de AirPort se basa en Hermes, los puntos de acceso host no funcionan con la misma. Hasta la fecha, no se ha conseguido (que yo sepa) que el punto de acceso Hermes funcione con AirPort Linux, aunque se puede conseguir. Esto significa que es necesario utilizar el dispositivo inalámbrico en modo punto a punto y que no se permiten los puentes Ethernet.

El funcionamiento de AirPort Linux se basa en la carga de un firmware personalizado en AirPort que le indique que se inicie desde la red. Si posteriormente decide que prefiere utilizar AirPort como punto de acceso convencional, basta con añadir al firmware la versión original de Apple. Para poder ejecutar AirPort Linux, necesita un servidor capaz de proporcionar servicios DHCP, TFTP y NFS. Para ello, basta con cualquier servidor Linux o BSD.

Instalación

El pionero de AirPort Linux fue Till Straumann. Puede encontrar su proyecto original en `http://www-hft.ee.tu-berlin.de/~strauman/airport/airport.html`; sin embargo, la forma más rápida de empezar es desplazarse hasta `http://www.seattlewireless.net/index.cgi/AirportLinux` y descargar el paquete `AirportLinux-0.01.tar.gz`. Se trata de una recopilación de todo el software necesario para que todo funcione, junto con documentación al respecto. En primer lugar, configure los servicios necesarios en su servidor Linux o BSD. Extraiga el archivo `AirportLinux-0.01.tar.gz` y acceda al mismo. Por motivos de simplicidad, instalaremos el software en directorios bajo `/remote/`, aunque puede utilizar el directorio que desee:

```
~/AirportLinux-0.01# mvserver/tftpboot /
~/AirportLinux-0.01# mkdir /remote; mvairport /remote
```

El directorio `/tftpboot/` contiene el pequeño núcleo necesario para iniciar AirPort y `/remote/airport/` contiene el sistema de archivos raíz. Una vez almacenados los datos, configure `tftpd` y NFS. Añada una línea como la siguiente al archivo `/etc/inetd.conf` y reinicie `inetd`:

```
tftp     dgram     udp     wait     root     in.tftpd
```

Añada la siguiente línea a `/etc/exports` y reinicie `rpc.nfsd`. Asegúrese de que `portmap` se está ejecutando:

```
/remote/airport        airport(ro)
```

Tras ello, será necesario configurar `dhcpd` para que sirva una dirección IP estática a AirPort y proporcionarle parámetros de inicio adicionales. Para ello, necesita la dirección MAC de hardware de AirPort. Las direcciones MAC de las tarjetas Ethernet y de las tarjetas inalámbricas se enumeran en la parte inferior de la unidad. Si realiza el inicio desde Ethernet (lo más probable), utilice el Id. de

Ethernet. El inicio inalámbrico puede resultar difícil de configurar y es mucho más lento que el inicio convencional. Le recomiendo que utilice Ethernet para realizar el inicio siempre que sea posible.

Una vez obtenidas las correspondientes direcciones MAC, cree el siguiente código en /etc/dhcpd.conf y reinicie dhcpd:

```
host airport {
        hardware ethernet  00:30:65:FF:AA:BB;
        filename "/tftpboot/vmlinubz.nbi";
        option host-name "airport";
        option option-130 "eth0";
        option root-path "/remote/airport";


}
```

Tendrá que sustituir 00:30:65:FF:AA:BB por la verdadera dirección MAC. Por último, seleccione una dirección IP sin utilizar en su red local y añada la entrada correspondiente al archivo /ect/hosts:

```
10.15.6.20 airport
```

El servidor ya está listo para AirPort Linux y ya puede utilizar el hardware AirPort.

Actualizar AirPort

La forma más sencilla de actualizar AirPort consiste en utilizar Java Configurator (que describiremos más adelante). Se incluye una copia del mismo en el archivo AirportLinux-0.01.tar.gz, en el directorio etherboot/. Inicie AirPort como de costumbre y anote la dirección IP que utilice. Inicie Configurator, introduzca la dirección IP y la contraseña de su tarjeta AirPort y seleccione File>Upload new base station information. Cuando se le solicite un archivo, seleccione el archivo AirportLinux-0.01.tar.gz. Espere unos instantes a que se reinicie AirPort. Tras ello, es muy importante realizar un inicio de hardware de AirPort desconectando y volviendo a conectar la alimentación. Conviene hacerlo siempre que actualice el firmware a un dispositivo, para garantizar que se inicia con un nuevo arranque.

Tras unos instantes, podrá hacer ping en AirPort en la dirección IP especificada y, cuando termine el arranque, puede indicárselo a telnet. Inicie sesión como usuario raíz sin contraseña. Tendrá un intérprete de comandos en su propio AirPort:

```
$ telnet 10.15.6.20
Trying 10.15.6.20...
```

```
Connected to 10.15.6.20.
Escape character is '^]'.

airport login: root


BusyBox v0.60.2 (2002.08.30-19:59+0000) Built-in shell (msh)
Enter 'help' for a list of built-in commands.

#
```

Cambie la contraseña raíz con el comando `passwd` para poder utilizar el sistema. Configure las interfaces con `ifconfig` e `iwconfig` como de costumbre. Si no puede acceder a AirPort tras volver a arrancarlo, fíjese en los registros DHCP, TFTP y NFS de su servidor (en ocasiones, los podrá encontrar en `/var/log/messages`). Debería ver que AirPort solicita una licencia DHCP, pide `vmlinubz.nbi` de `in.tftpd` y monta `/remote/airport` una vez iniciado el núcleo.

Recuperar la configuración original

Si tiene que volver a convertir AirPort en un punto de acceso convencional, sólo tiene que volver a actualizar el firmware. Reinicie AirPort sin conectar el cable Ethernet. Creará una red con el nombre "AirPort xxxxxxxxxx". Asocie su equipo a esta red y ejecute la utilidad de configuración AirPort de Apple. Detectará AirPort automáticamente. Haga doble clic en **AirPort** e introduzca la contraseña de hardware. La utilidad AirPort Configuration le indicará que existe firmware actualizado. Haga clic en **Sí** para realizar la actualización y, cuando AirPort se reinicie, habrá recuperado su estado original.

AirPort Linux no siempre resulta adecuado para todo el mundo, pero le permite realizar determinadas operaciones con el hardware AirPort. Si no le proporciona la suficiente flexibilidad para su proyecto inalámbrico, puede probar a crear su propio punto de acceso desde cero, como veremos más adelante.

TRUCO 47 **Java Configurator para puntos de acceso AirPort**

Configure su punto de acceso basado en AirPort o Lucent desde el subprograma de Java.

Jon Sevy ha trabajado mucho con AirPort y ha creado un cliente Java de código abierto (`http://edge.mcs.drexel.edu/GICL/people/sevy/airport`) que configura el punto de acceso AirPort (incluyendo Graphite, Snow y Extreme) así como el RG-1000. También ha recopilado gran cantidad de información sobre el funcionamiento interno de AirPort y en su sitio ofrece numerosos recursos en línea. Como se trata de una utilidad de código abierto compatible con todas las plataformas, la utilizaremos en los siguientes ejemplos (véase la figura 4.1).

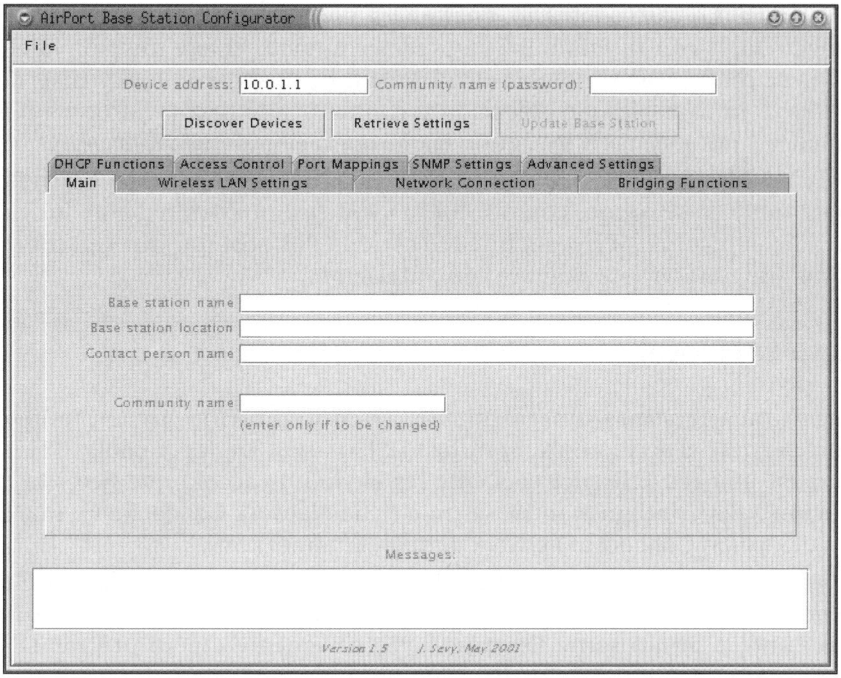

Figura 4.1. Java Configurator de AirPort.

Para utilizar la aplicación Java Configurator, necesita una copia del entorno de ejecución de Java, que puede descargar de `http://java.sun.com/` si no lo tiene. Para iniciar la utilidad, debe ejecutar la siguiente secuencia en Linux:

```
$ java -jar AirportBaseStationConfig.jar &
```

También puede hacer doble clic sobre el icono AirportBaseStationConfig en Windows.

AirPort se puede configurar en el puerto Ethernet o en el puerto inalámbrico. Cuando se abre la ventana de la aplicación, puede hacer clic en el botón **Discover Devices** para localizar automáticamente todos los puntos de acceso de la red. Una vez localizada la dirección IP del punto de acceso que desee configurar, introdúzcala en el campo Device address y la contraseña en el campo Community name. Si no está seguro de la dirección IP o de la contraseña, AirPort utiliza de forma predeterminada la contraseña `public` y la dirección `10.0.1.1` en la interfaz inalámbrica (selecciona la dirección IP por medio de DHCP; utilice **Discover**

Devices para determinar si lo está configurando por Ethernet o no). Una vez introducida la información correcta, haga clic en el botón **Retrieve Settings**.

Lo primero que debe cambiar es el valor de Community name que aparece en el primer panel. En caso contrario, cualquiera podría volver a configurar AirPort por medio de la contraseña public predeterminada. En ese mismo panel también puede configurar el nombre de AirPort (que aparece en los análisis de red) así como la información de ubicación y contacto si lo desea. Estos campos son opcionales y no tienen efecto alguno en las operaciones que realicemos.

Debería seleccionar un nombre de red, en la ficha Wireless LAN Settings. Este nombre también se conoce como ESSID e identifica nuestra red ante los clientes en el radio de alcance. Si ejecuta una red cerrada, los host que quieran conectarse tendrán que conocer este nombre con antelación.

Acceso LAN local

Como mencionamos anteriormente, la configuración predeterminada de AirPort permite el acceso LAN. Si utiliza DSL o un módem por cable, o si instala AirPort en una red Ethernet existente, es el tipo de acceso que necesita. En la aplicación Java Configurator, fíjese en la ficha Network Connection y marque el botón de opción Connect to network through Ethernet port.

Aquí puede configurar la dirección IP de AirPort, bien a través de DHCP, introduciendo manualmente la información sobre la misma o utilizando PPPoE (Protocolo Punto a punto sobre Ethernet). Probablemente quiera utilizar DHCP, a menos que su ISP requiera una dirección IP manual o PPPoE.

Configurar el marcado telefónico

En la ficha Network Connection encontrará el botón de opción **Connect to network through modem**. Utilice esta opción si la única conexión de red de la que dispone es a través de marcado telefónico. Es muy lento, lo asumimos, pero al menos es inalámbrico. Las opciones Dialup y Ethernet son mutuamente excluyentes, por lo que no puede utilizarlas al mismo tiempo.

Al marcar la opción Connect to network through modem, el panel presenta los campos Phone number, Modem init string y otros campos relacionados con el marcado telefónico. Asegúrese de marcar la opción Automatic dialing para que marque el número de teléfono cuando empiece a utilizar AirPort. Haga clic en el botón **Username/Password/Login Script** para introducir la información de inicio de sesión. En esta pantalla, también puede definir una secuencia de comandos de inicio de sesión personalizada en caso de que sea necesario. La secuencia de comandos predeterminada funciona correctamente con diferentes ISP.

Una vez configurado AirPort para que utilice marcado telefónico, marca el número y se conecta siempre que detecte tráfico de Internet en el puerto inalámbrico. Utilice su tarjeta inalámbrica como de costumbre y, tras un retraso inicial (mientras se marca el número), podrá conectarse.

NAT y DHCP

De forma predeterminada, AirPort actúa como servidor NAT y como servidor DHCP para los clientes inalámbricos. El servicio DHCP se controla desde la ficha DHCP Functions. Para activar DHCP, marque la casilla Provide DHCP address delivery to wireless hosts. Puede especificar el rango de IP que quiera emitir; de forma predeterminada, AirPort concede licencias comprendidas entre 10.0.1.2 y 10.0.1.50. También puede establecer un tiempo de licencia que especifica la duración (en segundos) de la dirección IP emitida. Cuando concluye este periodo, el cliente se vuelve a conectar al servidor DHCP y solicita otra licencia. El valor predeterminado 0 (duración ilimitada) suele resultar adecuada para la mayoría de las instalaciones pero puede utilizar un valor inferior si el número de clientes que trata de conectarse a AirPort es elevado.

Si no tiene otro servidor DHCP en su red, AirPort también puede proporcionar servicios a sus host convencionales. Marque la casilla Check the Distribute addresses on Ethernet port, too si desea esta funcionalidad.

Sólo debe marcar esta casilla de verificación si no cuenta con otro servidor DHCP en su red. La presencia de más de un servidor DHCP en la misma subred no es aconsejable y puede despertar la ira del administrador del sistema. Observar cómo dos servidores se enfrentan para ver quién emite las licencias puede resultar un pasatiempo divertido pero también puede colapsar la red y hacer que se pierdan todos los trabajos en curso. De todas formas, ¿en qué estaba pensado cuando conectó equipamiento no autorizado a la red de la empresa?

Si tiene más de un punto de acceso AirPort en la misma red cableada, asegúrese de que sólo activa DHCP en uno de ellos y, como mencionamos anteriormente, sólo si no dispone de un servidor DHCP.

NAT resulta muy útil si no tiene que compartir un elevado número de direcciones IP (y, actualmente, poca gente lo hace). También ofrece a sus clientes inalámbricos cierta protección, ya que actúa como un eficaz cortafuegos unidireccional. En Configurator, puede configurar NAT en la ficha Bridging Functions. Para activar NAT, haga clic en el botón de opción Provide network address translation (NAT). Puede especificar su propia red y máscara de red privadas o utilizar las predeterminadas (10.0.1.1./255.255.255.0).

Creación de puentes

Uno de los principales inconvenientes de la ejecución de NAT en los host inalámbricos es que éstos reducen su accesibilidad desde los host convencionales (cableados). Aunque los usuarios inalámbricos pueden conectarse a cualquier equipo de la red, la conexión por medio de NAT es complicada (AirPort proporciona cierta compatibilidad para ello y permite asignaciones de puertos estáticos, aunque esto no resulte muy aconsejable). Por ejemplo, si ejecuta un cliente Windows en la red inalámbrica, la ventana Entorno de red mostrará únicamente otros clientes inalámbricos pero no los equipos de la red, ya que NAT oculta el tráfico de difusiones (del que depende el protocolo SMB de Windows). Si ya cuenta con un servidor DHCP en su red convencional y ejecuta direcciones privadas, las funciones NAT y DHCP de AirPort son redundantes y simplemente serán un estorbo.

En lugar de duplicar los esfuerzos y complicarnos la vida, puede deshabilitar NAT y DCHP, y habilitar el uso de puentes en la red. Desactive DHCP en la ficha DHCP Functions (como mencionamos anteriormente) y marque la opción Act as transparent bridge (no NAT) que encontrará en la ficha Bridging Functions. Cuando se ejecuta AirPort en este modo, todo el tráfico destinado a los clientes inalámbricos que se envía se difunde por la red inalámbrica y viceversa. Esto incluye el tráfico de difusión (como solicitudes DHCP y tráfico de anuncios SMB). Además de la autenticación inalámbrica, hace que AirPort sea completamente invisible para el resto de la red.

Una vez habilitado el uso de puentes, puede que le resulte complicado restablecer el modo NAT en la unidad. Si en el modo de uso de puentes Java Configurator parece no responder (o la utilidad de administración Mac AirPort), tiene dos soluciones para corregirlo.

Si utiliza un equipo Mac, puede intentar restaurarlo manualmente. Pulse el pequeño botón situado en la parte inferior de AirPort durante un par de segundos. El indicador luminoso de color verde cambiará a amarillo. Conecte el puerto Ethernet de AirPort al equipo y ejecute la utilidad de administración. El software le permitirá restablecer los parámetros predeterminados de AirPort. Tiene cinco minutos para ello, antes de que la luz amarilla se vuelva verde y se recupere el modo de puentes.

WEP, filtrado MAC y redes cerradas

Si quiere bloquear su red en el punto de acceso, cuenta con las siguientes opciones para ello: codificación WEP, filtrado de direcciones MAC (el número de serie de la tarjeta) y ejecutar una red cerrada. Los tres servicios son completamente independientes, por lo que no tiene que ejecutar filtrado MAC y una red cerrada al mismo tiempo. La combinación de estas tres opciones puede que no proteja su red al completo frente a un determinado intruso, pero desalentará a la mayoría de los aspirantes a intrusos.

Para configurar las claves WEP, haga clic en la ficha Wireless LAN Settings e introduzca claves en los campos correspondientes. También debe marcar la casilla Use encryption y anular la selección de la opción Allow unencrypted data para exigir el uso de WEP en la red. Proporcione una copia de dicha clave a todos sus clientes inalámbricos.

Si activa el filtrado MAC, AirPort mantiene una tabla interna de direcciones MAC con permiso para utilizar AirPort. Haga clic en la ficha Access Control e introduzca todas las direcciones MAC que desee. Sólo las radios que utilicen una de las direcciones MAC indicadas podrán asociarse a AirPort. La dirección MAC de una tarjeta inalámbrica debe aparecer impresa en la parte posterior de la misma (una dirección MAC está formada por seis números hexadecimales, como por ejemplo 12:34:56:ab:cd:ef).

Una red cerrada hace que AirPort rechace conexiones de tarjetas que no hayan establecido el ESSI de forma explícita, por ejemplo clientes con un ESSID en blanco o que se haya establecido en ANY. Para convertir a una red en cerrada, marque la casilla Closed network situada bajo Wireless LAN Settings.

Recuerde que sin codificación todo el tráfico se envía de forma transparente, por lo que cualquiera presente en el radio de acción podría leer y reutilizar esta delicada información (como por ejemplo números ESSID y direcciones MAC válidas). Incluso con WEP, cualquier usuario legítimo puede ver este tráfico. Si necesita restringir el acceso a un usuario, debe cambiar la clave WEP en todos los clientes inalámbricos. Sin embargo, en pequeños grupos de usuarios de confianza, los que utilicen estos métodos de control deberían desanimar a cualquier intruso potencial.

Itinerancia

La itinerancia inalámbrica puede resultar muy útil si su red está configurada para admitir esta función. Para que la itinerancia sea posible, todos los puntos de acceso deben ser del mismo fabricante, deben encontrarse en la misma subred cableada física (por ejemplo, en la misma red IP sin la intervención de enrutadores) y deben tener el mismo nombre de red (ESSID).

En AirPort, si se dan estas condiciones, la itinerancia se habilita de forma automática. Compruebe que todos los puntos de acceso AirPort tienen el mismo nombre de red, en la ficha Wireless LAN Settings. Si por algún motivo quiere deshabilitar la itinerancia, asigne a cada punto de acceso AirPort un ESSID diferente.

Guardar los cambios

Una vez satisfecho con los parámetros, haga clic en el botón Update Base Station y espere a que AirPort se reinicie. Si ha cambiado el nombre de la red o los parámetros WEP, no olvide cambiar su cliente inalámbrico local antes de intentar asociarse al punto de acceso. Es todo lo que necesita.

 TRUCO 48

Estación base de software de Apple

Utilice un equipo OS X con una tarjeta AirPort como verdadero punto de acceso.

Mac OS 9 contaba con una opción de AirPort muy útil denominada Estación base de software. Permitía que cualquier equipo Mac con una tarjeta AirPort y una conexión Ethernet (o de marcado telefónico) actuara como un punto de acceso de hardware y que compartiera su conexión a Internet por la red inalámbrica. En las primeras versiones de OS X se echaba en falta esta función pero se ha vuelto a introducir en OS X 10.2.

Para comenzar, tendrá que establecer una conexión a Internet que no sea inalámbrica (Ethernet sería idónea). Pensará que para iniciar una nueva red inalámbrica basta con hacer clic en el icono AirPort y seleccionar Crear red, pero si lo hace, se crea una red IBSS (de igual a igual). Para poder convertir un equipo Mac en un verdadero punto de acceso, debe seleccionar Preferencias del sistema>Compartir y hacer clic en la ficha Internet (véase la figura 4.2). Marque la casilla de verificación superior (Compartir la conexión a Internet con ordenadores que usen AirPort) pero antes de hacer clic en el botón **Iniciar** tendrá que configurar los parámetros inalámbricos. Haga clic en el botón **Opciones AirPort...** para acceder a un menú desplegable similar al reproducido en la figura 4.3.

Especifique un nombre y un canal de red, y active WEP si lo necesita. Haga clic en **Aceptar** y, tras ello, pulse el botón **Iniciar**. Cierre el panel de control. El icono de AirPort cambiará para incluir una flecha (véase la figura 4.4). Esto significa que AirPort está funcionando como verdadero punto de acceso.

Para desactivar los recursos compartidos y recuperar las operaciones normales de AirPort, vuelva al panel de control Compartir (o seleccione la opción para compartir la conexión a Internet desde la barra de menú de AirPort) y haga clic en el botón **Detener**. Mientras comparta la conexión a Internet, cualquier usuario en el radio de alcance de su Mac lo verá como un punto de acceso normal y podrá acceder a Internet como si se tratara de un punto de acceso de hardware. No estoy seguro de por qué Apple dificulta tanto la configuración de esta opción ya que puede resultarle muy útil cuando necesite un punto de acceso de forma rápida.

Figura 4.2. Puede habilitar la estación base de software en el panel de control Compartir.

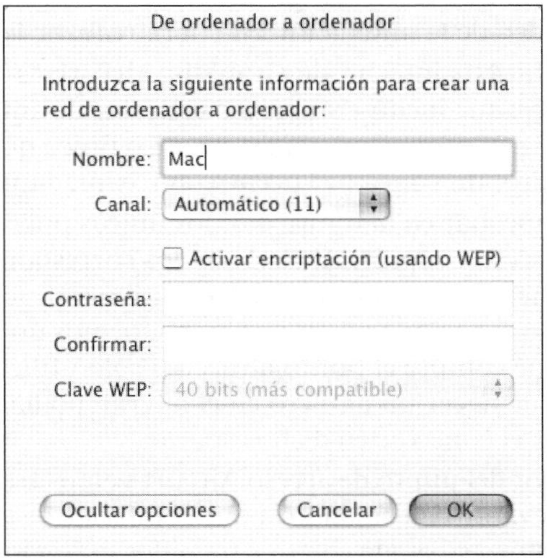

Figura 4.3. Configure los parámetros inalámbricos de AirPort options.

Figura 4.4. Estación base de software en funcionamiento.

TRUCO 49

Añadir una antena a AirPort

Amplíe significativamente su radio de alcance por medio de una estación base AirPort.

Como hemos mencionado a lo largo del libro, el método más eficaz para aumentar el radio de alcance es utilizar una buena antena. La mayoría de los puntos de acceso incorpora una sencilla antena dipolar u omnidireccional que no ofrece mucha ganancia pero al menos separa la antena del cuerpo del punto de acceso. El AirPort de Apple es un punto de acceso bastante caro que incluye una antena integrada pero sin conector de antena externo. Esta situación se ha mejorado en los nuevos modelos AirPort Extreme que incorporan ahora un conector de antena externo aunque existe un gran número de puntos de acceso AirPort antiguos que dependen de la antena interna para realizar la comunicación.

Por fortuna, la tarjeta interna de Graphite AirPort es una tarjeta Lucent/ Orinoco/Avaya Silver, que incluye su propio conector de antena. Con un poco de trabajo, puede añadir su propia antena externa. Lo único que necesita es un destornillador, un taladro, un conector Lucent y aproximadamente media hora.

Como puede comprobar en la figura 4.5, los únicos puertos en la parte trasera de un punto de acceso Graphite AirPort son los correspondientes al módem, a Ethernet y el de alimentación. El resto del dispositivo está sellado y no hay espacio para introducir un conector a no ser que practiquemos un orificio en la carcasa. En mi caso, desde que compré el punto de acceso sólo utilicé el módem una vez, por lo que en lugar de hacer un agujero en el lateral, podía quitar la entrada de teléfono e introducir el conector en dicho espacio.

En la parte inferior del punto de acceso AirPort vemos tres tornillos de cabeza Philips. Quítelos y levante con cuidado la mitad inferior de la carcasa. En el interior verá otra estructura sujetada con tres tornillos más. Quítelos pero no levante la parte interna. Verá un pequeño cable que conecta la entrada telefónica a la placa base, cubierta por un fragmento de cinta metálica plateada. Despegue la cinta y desconecte el conector del módem. Ya puede retirar la tapa interna. Se trata de la placa base y la tarjeta inalámbrica de AirPort, que se conecta a los puertos por medio de dos pequeños cables (un cable Ethernet y un cable de alimentación rojo y negro). Tendrá que quitarlos también.

Figura 4.5. La parte importante de un punto de acceso Graphite AirPort.

Si nunca ha manipulado una tarjeta Lucent/Orinoco/Avaya Silver con anterioridad, verá que hay una pequeña cubierta de plástico negro sobre el conector de antena, en el borde de la tarjeta. Quite esta cubierta, como se indica en la figura 4.6.

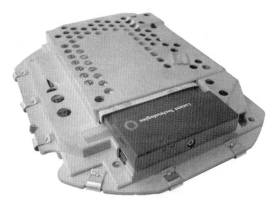

Figura 4.6. La tarjeta Lucent con el conector de antena descubierto.

Apreciará que la tarjeta inalámbrica está encajada sobre un surco de plástico negro en la mitad superior de la cubierta exterior. Al volver a montar el punto de acceso no queda espacio suficiente para introducir el conector, por lo que tendrá que eliminar parte de esta pieza plástica o utilizar una cuchilla para cortarla. Un conector pigtail de ángulo recto es más indicado que un conector pigtail directo ya que dentro de la carcasa no hay espacio para maniobrar.

Si prefiere practicar un orificio en el lateral de la carcasa de AirPort, también puede hacerlo. Personalmente prefiero introducir un conector en el puerto del módem, para lo que tengo que quitar el chasis del puerto. Hay dos tornillos que sujetan una placa de metal a la mitad superior de la cubierta exterior. Quítelos para retirar el chasis del puerto de la cubierta. Verá dos pequeños tornillos que sujetan la entrada de teléfono a la placa metálica. Necesitará un destornillador con cabeza Philips pequeña para quitarlos. También puede utilizar un destornillador de joyero (como los que se utilizan para arreglar gafas).

A continuación, invierta los pasos, colocando los cables con cuidado cuando vuelva a montar la estructura con los correspondientes tornillos. En la figura 4.7 puede ver un conector de 8 pulgadas introducido en el puerto del módem.

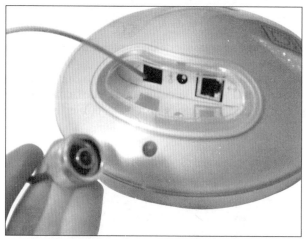

Figura 4.7. AirPort con un conector N macho estándar.

Hubiera sido mejor utilizar un conector N o NTC e introducirlo directamente en el puerto del módem, pero no tenía uno a mano. Resultaría más robusto y evitaríamos tirar con demasiada fuerza del conector o dañar la tarjeta o el propio conector. Sepa también que al conectar uno de estos conectores a una tarjeta Lucent, la antena interna está apagada, por lo que la cobertura será desastrosa a menos que conecte el conector a la antena.

Esta técnica se puede utilizar en otros dispositivos que incluyan una tarjeta interna con conectores de antena, como Proxim RG1000 o RG1100. Muchos puntos de acceso actuales incorporan antenas externas pero si utiliza uno que no la tenga, con estas pequeñas modificaciones puede mejorar considerablemente su radio de acción.

TRUCO 50 La luz nocturna NoCat

Coloque su punto de acceso donde todo el mundo pueda verlo: en el techo.

En marzo de 2003, estaba con unos amigos pasando un rato agradable en una estupenda cafetería de Sebastopol, California. El establecimiento se encontraba en un antigua estación de madera, con techos muy altos, lámparas industriales muy antiguas que colgaban del techo e incluso un par de vagones en las vías, que utilizaban como tiendas.

Desafortunadamente, en la cafetería no había cobertura inalámbrica. (La hubo, hace mucho tiempo, cuando mi editorial se encontraba en la acera de enfrente. Pero fue hace mucho tiempo, cuando la señal no era todo lo buena que podría haber sido.) Mientras disfrutábamos de nuestras bebidas de alto octanaje, pensamos en cuál sería la mejor forma de conseguir cobertura en un lugar tan amplio. El recinto en el que estábamos era normal, abierto los 24 horas (la entrada frontal era enorme y ni siquiera había puerta).

Aunque se podría instalar un punto de acceso en una de las tiendas cerradas del edificio, la cobertura en los espacios abiertos sería mínima. Convendría que el punto de acceso estuviera situado por encima del nivel del suelo, donde todo el mundo pudiera verlo.

Casi al mismo tiempo, todos miramos hacia arriba y nos fijamos en las lámparas que colgaban de las vigas de madera. ¿Se podría introducir un punto de acceso en una estructura del tamaño de una bombilla e instalarlo en una toma de luz existente? Parecía una buena idea pero bastaba saber cómo hacer llegar el acceso a la red sin utilizar cables CAT5. Muy sencillo: con Power Ethernet.

Con la reciente aparición de la serie SpeedStream de Siemens, esta descabellada idea inducida por la cafeína de un punto de acceso en una bombilla se convertía en una posibilidad. Estos dispositivos son muy reducidos, del tamaño de un transformador de pared estándar (véase la figura 4.8). Incluyen un adaptador inalámbrico CF que actúa como punto de acceso (de hecho, es la misma tarjeta que la del conocido WCF11 de Linksys pero con una pegatina diferente). Lo mejor de todo es que la red inalámbrica se conecta directamente al transformador AC, de forma que con un adaptador Powerline Ethernet estándar situado en el mismo circuito puede proporcionar acceso a Internet a todos los puntos de acceso que queramos conectar. Con un precio de 85 euros, no nos resistíamos a comprar uno y ver qué podíamos hacer.

Figura 4.8. El pequeño punto de acceso SpeedStream Powerline.

Una de las primeras preocupaciones era práctica y no técnica. Evidentemente, si cambiábamos una bombilla por un punto de acceso, la habitación tendría menos luz. A menos que el propio punto de acceso también diera luz. Después de unas cuantas ideas descabelladas sobre iluminación, soldamos un cable NM de cobre a un tubo fluorescente como prototipo. El cable NM es lo suficientemente rígido como para sujetar la lámpara y es muy sencillo de soldar. El tubo fluorescente tiene menos potencia que una lámpara de 300 vatios pero era mejor que nada. Y como se calienta mucho menos, no derretiría nuestro punto de acceso. Con esto resolvimos momentáneamente el problema de la iluminación pero quedaba por saber cómo conectar el invento a un casquillo de bombilla estándar.

Posteriormente, fuimos a una ferretería y encontramos una gran variedad de enchufes, casquillos y adaptadores. Nos decidimos por un sencillo dispositivo alargador, con un enchufe hembra en un extremo y un conector macho en el otro. Los contactos eran de cobre, de forma que podíamos soldarlos al cable NM (véase la figura 4.9). Ya teníamos el diseño básico pero faltaba algo que utilizar como contenedor.

Un Tupperware, evidentemente. Pintamos de blanco el interior del recipiente y conseguimos encajar el dispositivo. Primero tratamos de dejar fuera la unidad SpeedStream para ahorrar espacio pero ya habíamos conseguido encajarla (la mayor parte de la unidad la ocupaba el transformador). Además, al mantener la estructura original nos fiábamos más de ser capaces de enchufar el dispositivo. Sacamos el enchufe por la parte inferior del recipiente y, por medio de tornillos, sujetamos otro conector para afianzarlo.

Figura 4.9. El punto de acceso, el conector y la bombilla conectados con cable NM.

Una vez asumidas todas las consideraciones técnicas, faltaba únicamente la tan importante fase de marketing del proyecto. Con cinta eléctrica y una pegatina de vinilo nació la Luz nocturna NoCat. En la figura 4.10 puede verla en todo su esplendor.

Figura 4.10. La "bombilla" completada.

¿Cómo funcionaria? Seguramente el fluorescente emitiría todo tipo de ruidos que interferirían con el punto de acceso, al menos eso pensábamos.

Desafortunadamente no disponíamos de un equipo para realizar pruebas de salida pero los informes de DSL mostraban una aceptable velocidad de 2 Mbps, una capacidad superior a la de la red de módem por cable que utilizábamos, por lo que estábamos más que satisfechos con los resultados obtenidos.

Una posible mejora del diseño sería cambiar el fluorescente por una estructura de LED o incluso por un casquillo para poder utilizar cualquier fuente luminosa (de baja temperatura). Este diseño tiene mucho más sentido que el original de Siemens ya que permite elevar el punto de acceso por encima del nivel del suelo, donde probablemente lo vea más gente. La inclusión de puntos de acceso adicionales es tan sencilla como enroscar una bombilla, ya que se conectan directamente el segmento AC Powerline y terminan en el mismo punto Ethernet.

No olvide que se trata de un prototipo y que, aunque ha funcionado en este caso, no se ha probado durante horas de uso prolongado. Como mínimo, sería aconsejable aislar los contactos expuestos y buscar la forma de ventilar el tubo fluorescente (o sustituirlo por una estructura de LED). Constrúyalo como desee pero, ante todo, páselo bien mientras lo hace.

Construya su propio hardware de punto de acceso

Utilice una de estas conocidas cajas de PC incrustadas para su proyecto de construcción de un punto de acceso.

Existe una amplia variedad de hardware compatible con PC que puede utilizar como punto de acceso. Si su presupuesto es limitado, puede rescatar ese antiguo PC que acumula polvo en el fondo del armario (siempre que sea como mínimo de la serie 486/50; los equipos 386, aunque le produzcan nostalgia, resultan demasiado lentos para los estándares actuales). Algunos usuarios prefieren utilizar una completa torre con un antiguo procesador 486 o Pentium como combinación de punto de acceso y servidor de archivos. Un nodo de la red NoCat es un antiguo Apple G3 con Yellow Dog Linux, ya que es todo lo que teníamos a nuestro alcance. No obstante, si tiene pensado diseñar un proyecto de red de gran tamaño, conviene estandarizar la plataforma de su hardware. Es aconsejable desde el punto de vista estético así como por motivos de fiabilidad y de facilidad a la hora de solucionar los posibles problemas que surjan. Aunque lo único que haga su antiguo 486 sea acumular polvo, el precio de los nuevos equipos incrustados es cada vez menor. Se trata de diminutos equipos sin ventilador diseñados para funcionar con corriente continua y que se inician por medio de memoria RAM compact flash. Esto equivale a componentes inmóviles, escasos requisitos de ventilación y periodos de ejecución de duración considerable.

No todas las soluciones incrustadas son necesariamente económicas. Un ejemplo evidente es el hardware PC/104 utilizado en aplicaciones industriales. Aunque ofrece un rendimiento relativamente bajo, es famoso por su robustez y su facilidad de programación, así como por el bus PC/104 apilable estándar. Pero ni siquiera su tremenda popularidad en el sector industrial ha conseguido que se reduzca su precio, si lo comparamos con el resto de productos disponibles en el mercado de la informática general.

Independientemente de la plataforma de hardware que elija, asegúrese de que se ajusta a sus necesidades. Al seleccionar un producto de hardware, tenga en cuenta el número y el tipo de interfaces de radio y de red, los requisitos de refrigeración y de alimentación, el tamaño, la RAM y la CPU disponibles y, por supuesto, el precio. A continuación le ofrecemos una serie de soluciones para redes artesanales con una elevada proporción entre rendimiento y precio.

• *Soekris (http://www.soekris.com/):* Conocida familiarmente como la pequeña caja verde, la solución Soekris es la opción habitual entre los creadores de redes artesanales. Existen diferentes modelos de Soekris que funciona como puntos de acceso, con y sin PCMCIA. Todas las placas Soekris se ejecutan desde Compact Flash e incorporan varias interfaces Ethernet estándar, una ranura mini PCI, un sistema de autovigilancia del hardware, una consola en serie y un procesador AMD 133 MHz. No tienen ventilador y utilizan una fuente de alimentación de corriente continua (véase la figura 4.11).

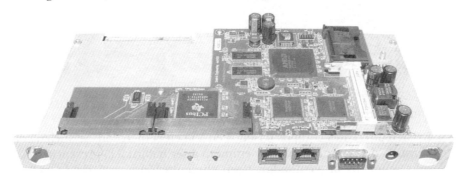

Figura 4.11. La placa Soekris net4521.

Al cierre de la edición de este libro, la placa Soekris net4521 (con dos ranuras PCMCIA, dos puertos Ethernet, una ranura mini PCI y 64 MB de RAM) costaba aproximadamente 250 euros.

• OpenBrick (http://www.openbrick.org/): Otra conocida solución incrustada es OpenBrick. La placa OpenBrick típica tiene un procesador Georde a 300 MHz (sin ventilador), un NIC incorporado, una ranura PCMCIA y utiliza memoria Compact Flash. Requiere alimentación por corriente continua y, al contrario de lo que sucede con Soekris, también incluye puertos USB (aunque no tiene ranuras mini PCI). Incorpora 128 MB de RAM de forma estándar y también cuenta con espacio para una unidad de 2,5 pulgadas.

La placa OpenBrick (véase la figura 4.12) se ha diseñado para actuar como pequeña estación de trabajo cliente o servidor y, como tal, cuenta prácticamente con toda la funcionalidad de un PC (salida de vídeo VGA y NTSC, PS/2, puertos paralelos y en serie, sonido, etc.). Estas funciones adicionales implican un aumento de precio, que alcanza aproximadamente los 350 euros.

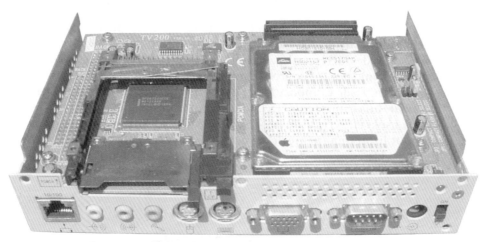

Figura 4.12. La placa OpenBrick.

- *Equipos basados en Via (http://www.via.com.tw/)*

Existen diferentes equipos basados en Via en el mercado. Se suelen considerar PC de escritorio, aunque empieza a ser habitual la presencia de cajas más pequeñas sin ventilador y con alimentación por corriente continua. Como se han diseñado para utilizarse como equipos personales de propósito general, suelen incluir procesadores Via de 500 MHz o superior, NIC incorporados, una interfaz IDE, USB y una ranura PCI. Con ayuda de un sencillo adaptador CF-IDE (que veremos más adelante) estas placas (o, de hecho, cualquier PC) se pueden iniciar desde Compact Flash y conseguir una solución de hardware sin partes móviles.

Si busca una solución sin ventilador, pruebe con la versión a 500 MHz, ya que las versiones a 800 MHz y las placas Via de mayor velocidad requieren un ventilador para el procesador. Las placas base Via (véase la figura

4.13) costaban aproximadamente 100 euros al cierre de la edición de este libro, sin incluir el precio de la caja, la memoria RAM o el disco duro.

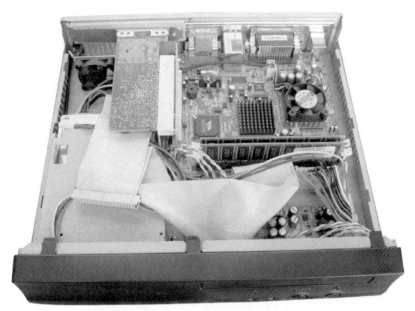

Figura 4.13. Un PC Via EPIA a 800 MHz.

- La serie Fujitsu Stylistic: Esta colección no estaría completa sin mencionar la serie Fujitsu Stylistics 1000 (véase la figura 4.14). Se trata de un conocido Tablet PC que lleva escrito "Modifícame" por todas partes. Cuenta con tres ranuras PCMCIA y una de ellas es el dispositivo de inicio. Se puede iniciar desde Card Flash por medio de un adaptador CF a PCMCIA e incluye, de forma exclusiva, una pantalla LCD y batería. La serie 1000 cuenta con un procesador 486 DX4/100, se puede ampliar a 40 MB de RAM, puede utilizar un lápiz inalámbrico como dispositivo de entrada y funciona perfectamente como puerta de entrada de hardware (la utilizo personalmente en mi nodo de SeattleWireless). Fujitsu sigue fabricando la serie Stylistics aunque los nuevos equipos son bastante caros (con un precio similar al de los portátiles modernos). Probablemente pueda encontrar equipos antiguos de las series 1000 y 1200 en el mercado de segunda mano por menos de 100 euros.

La ejecución de su propio punto de acceso personalizado puede ser más complicado que el uso de los dispositivos plug and play que puede encontrar en cualquier tienda de electrónica, pero también puede resultar más gratificante.

Conseguir la potencia y la flexibilidad de Linux o BSD en el propio punto de acceso le permite obtener un sinfín de posibilidades que no puede alcanzar con un punto de acceso convencional de 75 euros.

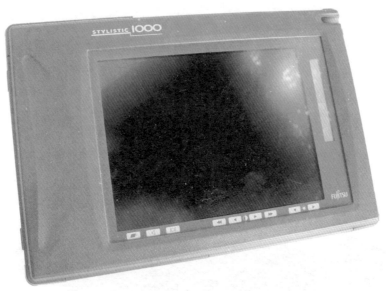

Figura 4.14. La placa Fujitsu Stylistics 1000.

TRUCO 52 Disco duro Compact Flash

Cree su propio disco duro sin partes móviles y con un consumo mínimo.

Uno de los principales retos a la hora de crear un dispositivo incrustado es encontrar espacio suficiente para almacenar el sistema operativo y los datos que necesitemos. Aunque los discos duros de 2,5 pulgadas de los ordenadores portátiles ofrecen probablemente la mejor proporción entre espacio de almacenamiento y espacio físico, suelen presentar problemas en los sistemas incrustados. Un disco duro es un dispositivo mecánico, con condiciones operativas ambientales muy estrictas (tanto de temperatura como de humedad). Generan ruido, consumen gran cantidad de potencia y, sobre todo, son bastante frágiles. En otras palabras, no es muy aconsejable dejar uno de estos dispositivos en una caja de plástico desprotegida encima del tejado en los meses de verano o invierno.

Una alternativa muy habitual a los discos duros tradicionales consiste en utilizar memoria RAM flash. La memoria flash utiliza una pequeña fracción de la potencia que requiere un disco duro y puede funcionar bajo una mayor variedad de condiciones ambientales. Es de pequeño tamaño, muy ligera y no hace ruido. Se puede escribir miles de veces e incluso se puede caer al suelo sin miedo a perder los datos que contiene. Aunque no resulte tan económica en términos de precio por bit, la popularidad de las cámaras digitales ha contribuido a que los precios se rebajen considerablemente. Si puede acomodar su aplicación en un espacio de 32 a 512 MB, el almacenamiento flash es una alternativa viable a los discos duros de 2,5 pulgadas.

Se pueden utilizar diferentes tipos de flash como dispositivo IDE estándar por medio de un sencillo conversor, ilustrado en la figura 4.15. Personalmente me gusta CFADPT1 de Mesa Electronics. Puede encontrar sus dispositivos de memoria en `http://www.mesanet.com/diskcardinfo.html`. Se puede utilizar en una cadena IDE estándar o en el IDE SFF de un portátil. Como el bus IDE SFF proporciona alimentación al cable de datos (el IDE estándar no lo hace), tendrá que conectar un conector de potencia adicional al adaptador cuando lo utilice con dispositivos IDE estándar.

Figura 4.15. Adaptador CompactFlash a IDE.

Una vez introducida la tarjeta CompactFlash en el adaptador IDE y conectada al ordenador, no se necesita configuración adicional. Las unidades CF no requieren controladores especiales y aparecen como dispositivos IDE estándar ante el equipo host. Los puede formatear y dividir como si se tratara de cualquier otro dispositivo IDE. Una vez instalado el sistema operativo, incluso puede iniciarlo desde estos dispositivos.

Por un precio razonable, Mesa también ofrece cables planos IDE SFF con conectores instalados (difíciles de encontrar). Existen diferentes proveedores que comercializan adaptadores CF a IDE, con un precio aproximado de 20 euros. Aunque también puede encontrar adaptadores SmartMedia y Memory Stick, CF a IDE suele ser más económico.

Al cierre de la edición de este libro, las tarjetas compact flash de 512 MB valían menos de 100 euros, las de 256 MB unos 50 y las de 128 MB aproximadamente 20. Resultan ideales para ejecutar una microdistribución de Linux como Pebble (que describiremos a continuación). Aunque no necesite uno de estos adaptadores para utilizarlos con la placa Soekris, ya que se ejecuta directamente desde CF, permiten que cualquier ordenador con una interfaz IDE pueda eliminar el componente menos fiable: el disco duro.

 ## TRUCO 53 Pebble

Utilice esta pequeña distribución basada en Debian para crear su propio punto de acceso inalámbrico personalizado.

Terry Schmidt de NYCwireless ha realizado un magnífico trabajo en la consecución de una distribución básica de Linux específicamente modificada para puntos de acceso inalámbricos en general y para la plataforma Soekris en particular. Esta distribución se denomina Pebble y la puede conseguir de forma gratuita en `http://www.nycwireless.net/pebble/`. Trata de equilibrar la funcionalidad con el tamaño y ofrece aproximadamente 47 MB. Como está basada en Debian, la personalización del software instalado es muy sencilla. Al contrario de lo que ocurre con otras distribuciones de reducido tamaño, utiliza binarios y bibliotecas estándar.

De esta forma se simplifican considerablemente las actualizaciones y no es necesario generar los paquetes desde el código fuente ni vincularlos a bibliotecas personalizadas.

- Se basa en Debian GNU/Linux 3.0r1 (Woody)

- Núcleo Linux 2.4.20 con módulos IPv6

- HostAP 0.0.2 y utilidades

- Herramientas para crear puentes

- Servidor DNS djbdns

- NoCatAuth se ejecuta como usuario no raíz, envía 0.81

- Servidor openSSH 3.4p1

- OpenSSL con parche 0.9.6c

- pcmcia-cs

- ppp y pppoe
- Zebra 0.92a5

Incluye una amplia gama de utilidades como wget, elvis, tcpdump, perl e incluso lynx. Se ejecuta perfectamente en todos los modelos Soekris y genera una consola en serie en dichos equipos (o en cualquier equipo con un puerto en serie disponible). Se ejecuta prácticamente en todos los equipos de la clase 486 (o superior) con al menos 32 MB de RAM. Si no necesita toda la funcionalidad que ofrece la distribución estándar, puede eliminar los componentes que desee, para ajustarla a un espacio más reducido. Por ejemplo, si elimina Perl, NoCatAuth, djbdns y algunas de las utilidades menos importantes, conseguirá acomodar Pebble en una tarjeta flash de 32 MB (aunque como ahora las tarjetas flash de 128 MB cuestan menos de 20 euros, puede que sea un esfuerzo inútil).

Si ejecuta la distribución desde una memoria flash, una de las funciones más útiles de Pebble es que monta el medio de arranque en sólo lectura y crea un disco RAM temporal para sus archivos temporales. Esto significa que una vez configurada, no se vuelve a escribir en la memoria flash, lo que amplía considerablemente la duración de la misma.

Como está basada en Debian, resulta muy sencillo instalar y eliminar paquetes por medio de la utilidad estándar `apt-get`. Pebble se encuentra actualmente en fase de desarrollo y recibe contribuciones de numerosos usuarios de red. Si dispone de la minúscula cantidad de espacio necesaria para Pebble, le recomiendo que la pruebe en su propia aplicación de punto de acceso.

TRUCO 54 Túneles: encapsulación IPIP

Túneles IP con el controlador IPIP de Linux.

Si nunca ha trabajado con túneles IP anteriormente, puede que le interese consultar Advanced Router HOWTO (`http://www.tldp.org/HOWTO/Adv-Routing-HOWTO/`) antes de continuar. Básicamente, un túnel IP es como una red privada virtual, a excepción de que no todos los túneles IP utilizan cifrado. Un equipo enlazado por túnel a otra red tiene una interfaz virtual configurada con una dirección IP que no es local, pero que existe en una red remota. Habitualmente, todo el tráfico (o la mayoría) de la red se dirige a través de este túnel, por lo que parece que los clientes remotos existen en la red como si fueran locales. Esto se puede utilizar para que los clientes de Internet puedan acceder a servicios de redes privadas o, de forma más general, que se conecten a dos redes privadas cualesquiera utilizando Internet para dirigir el tráfico del túnel. Si quiere establecer un sencillo túnel IP dentro de IP entre dos equipos, puede probar con IPIP. Probablemente sea el protocolo de túnel más sencillo de todos y también funciona con *BSD, Solaris e incluso con Windows. Tenga en cuenta que únicamente se trata de un protocolo de túnel y que no utiliza ningún tipo de cifrado. Sólo puede dirigir paquetes en modo unidifusión; si necesita dirigir tráfico en modo multidifusión, pruebe con GRE (que describiremos más adelante).

Antes de adentrarnos en nuestro primer túnel, necesita una copia de las herramientas de enrutamiento avanzadas (en concreto la utilidad ip). Puede conseguir la última copia autorizada en `ftp://ftp.inr.ac.ru/ip-routing/`. Le advertimos que estas herramientas no son de fácil manejo pero le permiten manipular prácticamente todos los aspectos del motor de red de Linux.

En este ejemplo, asumimos que tiene dos redes privadas (10.42.1.0/24 y 10.42.2.0/2) y que éstas disponen de conectividad directa a Internet gracias a un enrutador Linux en cada una de ellas. La dirección IP real del primer enrutador de red es 240.101.83.2 y la dirección del segundo 251.4.92.217. No es muy complicado, por lo que nos adentraremos en el proceso.

En primer lugar, cargue el módulo del núcleo en ambos enrutadores, actuando como usuario raíz:

```
# modprobe ipip
```

Tras ello, en el enrutador de la primera red (la red 10.42.1.0/24), añada lo siguiente:

```
# ip tunnel add mytun mode ipip remote 251.4.92.217 local
240.101.83.2 ttl 255
# ifconfig mytun 10.42.1.1
# route add -net 10.42.2.0/24 dev mytun
```

En el enrutador de la segunda red (la red 10.42.2.0/24), haga lo mismo:

```
# ip tunnel add mytun mode ipip remote 240.101.83.2 local
251.4.92.217 ttl 255
# ifconfig mytun 10.42.2.1
# route add -net 10.42.1.0/24 dev mytun
```

Evidentemente, puede asignar a la interfaz un nombre más descriptivo que **mytum**. Desde el enrutador de la primera red, debería poder hacer ping a 10.42.2.1 y, desde el enrutador de la segunda, hacer lo propio con 10.42.1.1. Del mismo modo, todos los equipos de la red 10.42.1.0/24 deberían poder dirigirse a todos los equipos de la red 10.42.2.0/24, como si no existiera Internet entre ellos.

Si ejecuta un núcleo 2.2.x de Linux, está de suerte; a continuación le indicamos un método abreviado que puede emplear para no tener que utilizar el paquete de herramientas Advanced Router. Una vez cargado el módulo, pruebe con estos comandos:

```
# ifconfig tun10 10.42.1.1 pointopoint 251.4.92.217
# route add -net 10.42.2.0/24 dev tun10
```

Y, en el enrutador de la segunda red (la red 10.42.2.0/24):

```
# ifconfig tun10 10.42.2.1 pointopoint 240.101.83.2
# route add -net 10.42.1.0/24 dev tun10
```

Eso es todo.

Si puede hacer ping al enrutador contrario, pero el resto de equipos de la red no pueden enviar tráfico más allá del enrutador, asegúrese de que ambos enrutadores se han configurado para enviar paquetes entre interfaces:

```
# echo "1" > /proc/sys/net/ipv4/ip_forward
```

Si tiene que comunicarse con redes situadas más allá de 10.42.1.0 y 10.42.2.0, basta con añadir líneas `route add -net` adicionales. No se necesita configuración alguna en ninguno de los host de red, siempre que dispongan de una ruta predeterminada a sus respectivos enrutadores (que deberían, ya que se trata de su propio enrutador). Para anular el túnel, debe eliminar la interfaz en ambos enrutadores si lo desea:

```
# ifconfig mytun down
# ip tunnel del mytun
```

(o, en Linux 2.2):

```
# ifconfig tun10 down
```

El núcleo se encargará de vaciar la tabla de enrutamiento cuando desaparezca la interfaz.

Véase también

- Advanced Routing HOWTO, `http://www.tldp.org/HOWTO/Adv-Routing-HOWTO/`

- Advanced Routing Tools (iproute2), `ftp://ftp.inr.ac.ru/ip-routing/`

TRUCO
55

Túneles: encapsulación GRE

Túneles IP con GRE para admitir dispositivos multidifusión y Cisco.

GRE significa Encapsulación genérica de enrutamiento. Al igual que en el caso de los túneles IPIP, GRE es un protocolo de encapsulación sin cifrar. Las principales ventajas de GRE con respecto a IPIP son que admite paquetes multidifusion y que también es compatible con enrutadores Cisco.

Al igual que en el truco anterior, asumimos que tiene dos redes privadas (10.42.1.0/24 y 10.42.2.0/24) y que ambas cuentan con una conectividad directa a Internet a través de sendos enrutadores Linux. La dirección IP del enrutador de la primera red es 240.101.83.2 y la del segundo es 251.4.92.217.

Como en el caso de los túneles IPIP, necesitará una copia del paquete de herramientas de enrutamiento avanzadas (no he podido encontrar ningún método abreviado para túneles GRE en Linux 2.2). Una vez instalado el paquete `iproute2`, puede empezar a cargar el módulo de núcleo GRE en ambos enrutadores:

```
# modprobe ip_gre
```

En el enrutador de la primera red, configure un nuevo dispositivo de túnel:

```
# ip tunnel add gre0 mode gre remote 251.4.92.217 local 240.101.83.2
ttl 255
# ip addr add 10.42.1.254 dev gre0
# ip link set gre0 up
```

Puede asignar el nombre que desee al dispositivo; **gre0** es sólo un ejemplo. Al mismo tiempo, la dirección 10.42.1.254 puede ser cualquier dirección disponible en la primera red, pero no 10.42.1.1 (la dirección IP ya vinculada a su interfaz interna). Tras ello, añada las rutas de red por medio de la nueva interfaz de túnel:

```
# ip route add 10.42.2.0/24 dev gre0
```

Hemos completado la primera red. Pasemos a la segunda:

```
# ip tunnel add gre0 mode gre remote 240.101.83.2 local 251.4.92.217
ttl 255
# ip addr add 10.42.2.254 dev gre0
# ip link set gre0 up
# ip route add 10.42.1.0/24 dev gre0
```

Como en el caso anterior, la dirección 10.42.2.254 puede ser cualquier dirección disponible en la segunda red. Puede añadir todos los comandos `ip route add... dev gre0` que desee.

Eso es todo. Ya puede enviar paquetes entre las dos redes como si no existiera Internet. Si ejecuta un comando `traceroute` desde la primera red verá un par de saltos a cualquier host de la segunda (aunque probablemente aprecie un ligero retardo al pasar el salto 10.42.2.254, a menos que esté realmente bien conectado). Si tiene cualquier problema, revise las notas del ejemplo IPIP y no se preocupe. El mejor aliado a la hora de depurar una nueva configuración de red puede ser un husmeador de paquetes como tcpdump o Ethereal (que describimos anteriormente). Para cerrar el túnel, ejecute el siguiente código en ambos enrutadores:

```
# ip link set gre0 down
# ip tunnel del gre0
```

Véase también

- Advanced Routing HOWTO, `http://www.tldp.org/HOWTO/Adv-Routing-HOWTO/`

- Advanced Routing Tools (iproute2), `ftp://ftp.inr.ac.ru/ip-routing/`

TRUCO 56 Ejecutar su propio dominio de nivel superior

Configure su propio dominio de nivel superior en BIND para facilitar el desplazamiento.

Si administra una red que utilice direcciones privadas, probablemente habrá tenido que mantener archivos de zona que reflejen adecuadamente direcciones IP internas y externas. Con la inclusión de vistas en Bind 9, se ha facilitado significativamente la compatibilidad con varios intervalos de direcciones en un mismo dominio.

Aunque el uso de vistas es una de las formas de solucionar el problema, piense en la conveniencia de configurar su propio dominio de nivel superior. Habitualmente, las entradas de zona en `named.conf` tienen este aspecto:

```
zone "oreillynet.com" {
    type master;
    file "data/oreillynet.com";
};
```

Se trata de una entrada correcta de un servidor DNS correspondiente al subdominio `oreilly-net.com`. Los dominios de nivel superior actuales (como `.com`, `.net`, `.org`, `.int`, etc.) sólo se delegan a los 13 servidores misteriosamente conocidos como servidores DNS raíz. Aunque el resto de Internet no consulte sus servidores, puede que le resulte muy útil configurar su propio dominio de nivel superior que funcione únicamente en su propia red local.

Por ejemplo, imagine que tiene una serie de equipos que utilizan la red privada 192.168.1.0/24. No se puede acceder directamente a estos equipos desde Internet y no quiere anunciar su información DNS para que la vean los intrusos de las redes. Pruebe con un dominio de nivel superior no estándar:

```
zone "bp" {
   type master;
   file "data/bp";
   allow-transfer { 192.168.1/24; };
   allow-query { 192.168.1/24; };
};
```

bp es la abreviatura de BackPlane y es muy reducido. Tras añadir el código anterior a su archivo de zona, establezca un registro principal para bp como haría con cualquier otro dominio:

```
$TTL 86400
@  IN SOA  ns.bp. root.homer.bp. (
           2002090100       ; Serial
           10800            ; Refresh after 3 hours
           3600             ; Retry after 1 hour
           604800           ; Expire (1 week)
           60               ; Negative expiry time
           )

     IN NS           ns.bp.

   Ns IN A  192.168.1.1

homer     IN A  192.168.1.10
bart      IN A  192.168.1.11
lisa      IN A  192.168.1.12
```

Vuelva a cargar named. Debería poder hacer ping en homer.bp. Si quiere que otros servidores de nombres mantengan copias esclavas de su dominio de nivel superior, basta añadirlas como de costumbre:

```
zone "bp" {
   type slave;
   file "db.bp";
   masters { 192.168.1.1; };
};
```

De esta forma puede extender su nuevo dominio de nivel superior por toda la arquitectura de la red privada. Si utiliza túneles por Internet para conectarse a la oficina o a amigos remotos, la compatibilidad con su dominio de nivel superior puede crecer, teóricamente, todo lo que desee. Es exactamente lo que hacen algunas redes comunitarias inalámbricas (como NoCatNet y SeattleWireless). Por ejemplo, los usuarios de SeattleWireless pueden desplazarse hasta http:// www.rob.swn/ para acceder a un servidor Web que alojo personalmente en la red inalámbrica. Este método abreviado de utilizar un dominio de nivel superior ahorra una gran cantidad de trabajo, no requiere un acceso a Internet para funcionar y resulta mucho más sencillo que recordar direcciones IP.

Empezar a utilizar Host AP

Utilice una tarjeta inalámbrica Prism II con Linux como si se tratara de un punto de acceso de hardware.

El controlador Host AP permite que una tarjeta inalámbrica basada en Prism funcione como principal o esclavo BSS, y también que se ejecute en modo IBSS. Admite tarjetas PCMCIA, PCI y mini PCI. Es recomendable que utilice un núcleo 2.4 de Linux o posterior en caso de que quiera usar Host AP. Para comenzar, debe descargar el controlador de `http://hostap.epitest.fi/`. Si tiene que ejecutar una tarjeta basada en Hermes (como Lucent/Orinoco/Avaya/Proxim), en un truco posterior encontrará más información al respecto. Una vez descomprimido el controlador, basta con ejecutar `make` con el nombre del controlador que quiera generar: `make pccard` genera el controlador PCMCIA, `make plx` genera el controlador PCI PC Card no PCMCIA (basado en plx) y `make pci` genera el controlador PCI estándar. El código del controlador independiente del hardware se genera de forma automática independientemente del controlador que seleccione. Puede generar todos los controladores si cuenta con espacio suficiente en su sistema. Para instalar los controladores, ejecute `make install_pccard`, `make install_plx` o `make install_pci`, respectivamente.

PCMCIA

Si quiere instalar el controlador PCMCIA, el proceso `make` copia automáticamente `hostap_cs.conf` a su directorio `/etc/pcmcia/`, para detectar las tarjetas cuando las inserte. Puede iniciar y detener servicios PCMCIA con total tranquilidad después de instalar el controlador Host AP. Una vez instalado, el dispositivo inalámbrico se denominará `wlan0` (el segundo `wlan1`, etc.).

La configuración de los parámetros de radio es muy sencilla. Si utiliza el controlador PCMCIA, todos los parámetros inalámbricos se configuran en `/etc/pcmcia/wireless.opts`.

A continuación le ofrecemos un ejemplo correspondiente al modo BSS principal (por ejemplo, Host AP):

```
#
# wireless.opts
#

case "$ADDRESS" in

*,*,*,*)
    INFO="A card in Host AP Master mode"
    ESSID="NoCat"
    MODE="Master"
```

```
        CHANNEL="6"
    RATE="auto"
    ;;

esac
```

Se habrá dado cuenta de que está repleto de asteriscos. Pero si alguna vez ha trabajado con `network.opts`, comprobará que la sintaxis es la misma. Si nunca lo ha hecho, los asteriscos le ofrecen una tremenda flexibilidad.

La secuencia de comandos se pasa a una cadena de `$ADDRESS` que proporciona detalles sobre la tarjeta insertada, por lo que puede tener diferentes entradas para diferentes tarjetas.

La sintaxis correspondiente a la dirección es la siguiente:

```
esquema, socket, instancia, dirección MAC)
```

`esquema` le permite configurar todos los perfiles arbitrarios que desee. Los esquemas se suelen utilizar en un portátil cliente, en el que puede tener diferentes parámetros de red, por ejemplo para la red inalámbrica de la oficina o para la de casa. Puede ver el esquema actual si utiliza el comando `cardctl scheme` como raíz y puede cambiarlo por medio del comando `cardctl scheme casa` o `cardctl scheme oficina`. Tanto `wireless.opts` como `network.opts` discriminan entre esquemas, lo que permite cambiar la red y la configuración inalámbrica de forma rápida con un solo comando.

El segundo parámetro, `socket`, es el número de socket en el que se introduce la tarjeta PCMCIA. Normalmente empieza en 0 y asciende hasta el número de ranuras PCMCIA de las que disponga. Para determinar cuál es cuál, inserte una tarjeta en una ranura y ejecute el comando `cardctl status`.

El tercer parámetro, `instancia`, se utiliza para tarjetas de red que tienen más de una interfaz. Nunca he visto una de estas tarjetas pero si dispone de una con más de un dispositivo de red en su interior, utilice este comando para configurar diferentes parámetros para cada dispositivo, empezando por 0.

El último parámetro es muy útil, ya que puede hacer coincidir su valor con una dirección MAC concreta. Incluso puede utilizar comodines, para que coincida con una dirección MAC parcial, como en este ejemplo:

```
*,*,*,00:02:6F:*)
```

Esta secuencia coincide con una tarjeta Senao/EnGenius insertada en cualquier ranura, en cualquier esquema. Recuerde que `wireless.opts` sólo se invoca para configurar parámetros de radio. Los parámetros de red (como la dirección IP, la puerta de enlace predeterminada y si se utiliza DHCP o no) se configuran en `network.opts`, como sucede en cualquier otro dispositivo de red PCMCIA.

Una advertencia más a la hora de utilizar el controlador Host AP PCMCIA: algunos equipos (sobre todo Stylistic 1000) experimentan problemas para cargar el controlador con algunas tarjetas Prism 1000. La tarjeta se detecta al insertarla pero misteriosamente falla al inicializarse e informa del error mediante un mensaje. Si tiene problemas con el controlador, pruebe a añadir la siguiente línea a su archivo `hostap_cs.conf` (y sustituya las líneas `hostap_cs` existentes):

```
module "hostap_cs" opts "ignore_cis_vcc=1"
```

Normalmente, el controlador trata de comprobar que una entrada de la tabla de voltajes aceptados de la tarjeta coincide con el voltaje devuelto por la ranura PCMCIA. En algunos casos, puede que se informe del voltaje equivocado, lo que impide la inicialización del controlador. Con esta opción, el controlador ignora el voltaje sugerido y se carga de todas formas. Funciona perfectamente en mi Stylistic 1000 con una tarjeta Senao 200 mW.

PCI

La configuración de una tarjeta Prism II PCI o mini PCI es similar a la de cualquier otro dispositivo de red. En algún momento del proceso tendrá que configurar los parámetros de radio manualmente con llamadas a `iwconfig`. Conviene realizarlo en el proceso de arranque, una vez cargados todos los módulos del núcleo pero antes de que el dispositivo configure la pila IP. Basta con crear una secuencia de comandos de inicialización con la siguiente línea:

```
iwconfig wlan0 essid "NoCat" mode "Master" channel 6 rate "Auto"
```

Copie esta secuencia de comandos en `/etc/init.d/` y vincúlela al punto apropiado de `/etc/rc2.d/` o donde se encuentre su nivel de ejecución predeterminado. Desafortunadamente, cada distribución de Linux tiene un mecanismo diferente para procesar las secuencias de comando `rc` de arranque, por lo que en caso de duda, consulte la documentación de su distribución.

Una vez configurados los parámetros de radio, puede tratar a su dispositivo `wlan0` como si fuera cualquier otra interfaz Ethernet. Asígnele una dirección IP, configure el enrutamiento y vincule procesos a la dirección IP como de costumbre. El controlador Host AP se encarga de todos los detalles de administración de los clientes inalámbricos. Si alguna vez tiene que cambiar los parámetros de radio de la tarjeta (utilice PCMCIA o PCI), basta con modificarlos y fijarse en el estado actual por medio de `iwconfig`:

```
root@pebble:~# iwconfig wlan0
wlan0     IEEE 802.11b  ESSID:"NoCat"
   Mode:Master  Frequency:2.437GHz  Access Point: 00:02:6F:01:85:74
```

```
Bit Rate:11Mb/s   Tx-Power=24 dBm   Sensitivity=1/3
Retry min limit:8   RTS thr:off   Fragment thr:off
Encryption key:off
Power Management:off
Link Quality:0  Signal level:0  Noise level:0
Rx invalid nwid:0  Rx invalid crypt:0  Rx invalid frag:0
Tx excessive retries:0  Invalid misc:0   Missed beacon:0
```

Es todo lo que necesita para realizar una sencilla configuración de Host AP. Si siente curiosidad sobre la forma de modificar Host AP para que realice funciones más complejas o sobre cómo monitorizar su estado y el de todos los clientes conectados, consulte el resto de trucos de esta sección.

TRUCO 58 Convierta Host AP en un puente de Nivel 2

Construya un sencillo puente Ethernet con Host AP y la interfaz de otra red.

Hasta el momento hemos visto cómo configurar un equipo Host AP como dispositivo de red enrutado o con NAT. Se preguntará como conectarlo directamente a su red Ethernet o a otra tarjeta inalámbrica.

La vinculación resulta muy sencilla de implementar. Necesita una copia de las utilidades de puente disponibles en `http://bridge.sourceforge.net/` así como un núcleo en el que se hayan activado los puentes Ethernet 802.1d. El procedimiento básico para configurar un puente consiste en eliminar toda la información de IP existente de los dispositivos que quiera unir y, tras ello, crear un dispositivo de puente lógico con las interfaces que quiera comunicar. Por último, debe configurar una dirección IP y rutas para el dispositivo de puente lógico, para que pueda utilizar la red desde el propio puente (así como acceder a cualquier servicio que ofrezca el puente desde el resto de la red).

Imagine que quiere comunicar una tarjeta Prism que ejecute Host AP (wlan0) con el primer dispositivo Ethernet (eth0). Pruebe con el siguiente código, preferiblemente desde la consola:

```
pebble:~# ifconfig eth0 0.0.0.0
pebble:~# ifconfig wlan0 0.0.0.0
pebble:~# brctl addbr br0
pebble:~# brctl addif br0 eth0
pebble:~# brctl addif br0 wlan0
pebble:~# ifconfig br0 10.15.6.2
pebble:~# route add default gw 10.15.6.1
```

Al crear el puente inicial, éste tarda unos instantes en asimilar el diseño de la red. Pueden pasar varios segundos hasta que el tráfico empiece a pasar por el puente, por lo que no debe preocuparse si no lo percibe inicialmente.

Si sólo tiene un puente en su red, puede desactivar Spanning Tree:

```
pebble:~# brctl stp br0 off
```

De esta forma se evita que el código del puente envíe tráfico de negociación 802.1d innecesario a puentes inexistentes. Puede ver la configuración del puente en cualquier momento por medio de brctl show:

```
pebble:~# brctl show
bridge name    bridge id            STP enabled       interfaces
br0            8000.00026f018574    no                eth0
                                                      wlan0
```

Si quiere saber qué direcciones MAC se han encontrado en las interfaces del puente, utilice brctl showmacs <interface>:

```
pebble:~# brctl showmacs br0
port no  mac addr            is local?   ageing timer
   2     00:02:6f:01:aa:ff   yes         0.00
   1     00:03:93:6c:11:99   no          135.69
   2      00:30:65:03:00:aa  no          0.08
   1     00:40:63:c0:aa:bb   no          0.16
   1     00:a0:24:ab:cd:eff  yes         0.00
```

Por regla general, los puentes son dispositivos de administración simplificada. Una vez configurado, el puente se mantiene a sí mismo, prohibiendo gran cantidad de tráfico o evitando que los intrusos accedan al mismo. No olvide consultar la documentación disponible en http://bridge.sourceforge.net/ así como los documentos que mencionamos al final del truco.

Advertencias

No todos los dispositivos de red permiten el uso de puentes. En concreto, algunas tarjetas inalámbricas (en especial las tarjetas Lucent/Orinoco/Avaya/Proxim Gold y Silver) prohíben los puentes Ethernet en su firmware. Si tiene que utilizar un puente, le recomiendo que actualice dichas tarjetas a Prism, por ejemplo a los conocidos modelos Senao/EnGenius.

Estas tarjetas no sólo permiten el uso de puentes, sino que también son más potentes y sensibles.

Recuerde también que aunque un puente sea muy sencillo de configurar, no es el dispositivo más seguro del planeta. Si le interesa controlar los paquetes que pasan por su puente (algo que debería hacer) tendrá que implementar algún tipo de cortafuegos. Pero, desafortunadamente, los comandos de filtro estándar no funcionan con puentes bajo Linux 2.4. Consulte el siguiente truco si necesita tener un mayor control de su puente.

Véase también

- The Linux Bridge STP HOWTO (`http://www.linux.org/docs/ldp/howto/BRIDGE-STP-HOWTO/`)

- The Linux Bridge and Firewall mini HOWTO (`http://www.tldp.org/HOWTO/mini/Bridge+Firewall.html`)

 TRUCO 59

Puentes con cortafuegos

Recupere el control de su puente de Nivel 2 con iptables y ebtables.

Como vimos en el truco anterior, la creación de un puente entre Ethernet y la red inalámbrica es muy sencilla. Aunque resulta muy fácil integrarlo en una red existente, no siempre es la decisión adecuada desde el punto de vista de la seguridad. En lugar de conectar dos redes entre sí en el Nivel 2, sería más indicado poder controlar el flujo de paquetes entre las dos redes. Probablemente piense que basta con utilizar `iptables` para controlar el acceso a la red, como si se tratara de cualquier otro dispositivo de red. En núcleos 2.5 de Linux experimentales, es lo que sucede. Pero cuando se utilizan puentes 802.1d en Linux 2.4, el código `netfilter` nunca ve los paquetes transmitidos por el puente. Para que el tráfico sea visible a las herramientas de cortafuegos estándar, tendrá que parchear el núcleo. Existen dos parches de Linux 2.4 que le permiten manipular su puente como cortafuegos: `ebtables` y `bridge.nf`. El primer parche implementa `ebtables`, un nuevo filtro de paquetes diseñado específicamente para puentes Ethernet. El segundo proporciona funcionalidad `netfilter` para el puente, para que pueda manipularlo por medio de `iptables`. Ambos parches se encuentran disponibles en `http://ebtables.sourceforge.net/`. Aquí también puede conseguir una copia de las utilidades `ebtables`.

Si ejecuta Linux 2.5 o posterior, está de suerte. Tanto `ebtables` como `bridgenf` se incorporan al núcleo, por lo que no tendrá que parchearlo.

Parchear el núcleo Linux 2.4

Extraiga una copia de Linux 2.4.20 y añada el parche al código fuente del núcleo por medio de lo siguiente:

```
rob@florian:/usr/local/src$ tar jvxf ~/linux-2.4.20.tar.bz2
rob@florian:/usr/local/src$ patch -p0 < ~/ebtables-v2.0.003_vs_2.4.20.diff
patching file linux-2.4.20/net/bridge/br_private.h
patching file linux-2.4.20/include/linux/if_bridge.h
patching file linux-2.4.20/net/core/dev.c
...
```

```
rob@florian:/usr/local/src$patch -p0 < ~/bridge-nf-0.0.10-against-2.4.20.diff
patching file linux-2.4.20/include/linux/netfilter.h
patching file linux-2.4.20/include/linux/netfilter_ipv4.h
patching file linux-2.4.20/include/linux/netfilter_bridge.h
...
rob@florian:/usr/local/src$
```

En este caso se asume que el código fuente del núcleo se encuentra en /usr/ local/src/ y que los parches se encuentran en el directorio principal, aunque puede guardar el código en el sitio que desee. Una vez parcheado el código fuente del núcleo, configure y genere el núcleo como de costumbre. No olvide incluir CONFIG_BRIDGE al configurarlo.

Configurar un cortafuegos

Una vez instalado el nuevo núcleo, puede manipular el cortafuegos como de costumbre por medio de iptables. También puede utilizar ebtables para realizar todo tipo de operaciones en la capa MAC. Por ejemplo, para ignorar todo el tráfico de una determinada IP que no coincida con una dirección MAC conocida, podría probar con:

```
# ebtables -A FORWARD -p IPv4 --ip-src 10.15.6.10 -s ! 00:30:65:FF:AA:BB
-j DROP
```

De esta forma se evita que otros usuarios se adueñen de direcciones IP conocidas. Aunque no soluciona los ataques de intrusión MAC, le ayuda a evitar que los usuarios interfieran con las direcciones IP de terceros. También puede utilizarlo de forma inversa para bloquear una dirección MAC a una determinada IP:

```
# ebtables -A FORWARD -p IPv4 --ip-src ! 10.15.6.10 -s 00:30:65:FF:AA:BB
-j DROP
```

De esta forma se prohíbe que el equipo con la dirección MAC especificada utilice otra dirección que no sea 10.15.6.10. Son un par de ejemplos de las prestaciones y la flexibilidad de ebtables. También puede realizar otras muchas operaciones como redireccionamiento MAC y NAT, o filtrar por tipos de protocolo (para eliminar todo el tráfico IPv6). Si necesita más información al respecto, puede visitar el sitio Web de ebtables o consultar man ebtables.

TRUCO
60

Filtrado MAC con Host AP

Filtre direcciones MAC antes de asociarlas a Host AP.

Aunque se puede realizar el filtrado MAC en el nivel del vínculo con ayuda de iptables o ebtables (consulte el truco anterior), es mucho más seguro dejar que Host IP lo haga por nosotros. De esta forma no sólo se bloquea el tráfico destinado a la red sino que también se evita que usuarios malintencionados se asocien a nuestra estación. Se excluye la posibilidad de que alguien pueda ocasionar problemas al resto de clientes inalámbricos asociados, aunque éstos no dispongan de acceso a Internet.

Al utilizar el filtrado MAC, la mayoría de la gente confecciona una lista de los dispositivos inalámbricos que quieren permitir y, tras ello, rechazan todos los demás. Para ello se utiliza el comando `iwpriv`:

```
# iwpriv wlan0 addmac 00:30:65:23:17:05
# iwpriv wlan0 addmac 00:40:96:aa:99:fd
...
# iwpriv wlan0 maccmd 1
# iwpriv wlan0 maccmd 4
```

La directiva `addmac` añade una dirección MAC a la tabla interna. Puede añadir a la tabla todas las direcciones MAC que desee, ejecutando los correspondientes comandos `addmac`. Tendrá que indicar a Host AP qué debe hacer con la tabla confeccionada.

El comando `maccmd 1` indica a Host AP que utilice la tabla como lista de permisos y que rechace la asociación del resto de direcciones MAC. Por último, el comando `maccmd 4` desactiva todos los clientes asociados y les obliga a que vuelvan a asociarse. Esta operación se realiza automáticamente en los clientes enumerados en la tabla y los demás que intenten asociarse se verán rechazados.

En ocasiones, bastará con bloquear al responsable de los problemas, en lugar de establecer una política explícita de dispositivos permitidos. Si tiene que bloquear direcciones MAC concretas y permitir el resto, utilice lo siguiente:

```
# iwpriv wlan0 addmac 00:30:65:fa:ca:de
# iwpriv wlan0 maccmd 2
# iwpriv wlan0 kickmac 00:30:65:fa:ca:de
```

Como en el caso anterior, puede utilizar `addmac` las veces que desee. El comando `maccmd 2` establece la política en "negación" y `kickmac` anula de forma inmediata la dirección MAC especificada, en caso de que esté asociada. Es mucho más aconsejable que expulsar a todo el mundo y hacer que vuelvan a asociarse sólo para bloquear al responsable de los problemas. Si desea eliminar el filtrado MAC, utilice `maccmd 0`.

Si comete un error al introducir una dirección MAC, puede utilizar el comando `delmac` como si se tratara de `addmac` para eliminar de la tabla la dirección MAC proporcionada. En caso de que tenga que vaciar por completo la tabla MAC pero conservando la directiva actual, utilice este comando:

```
# iwpriv wlan0 maccmd 3
```

Por último, puede ver la tabla MAC en ejecución por medio de /proc:

```
# cat /proc/net/hostap/wlan0/ap_control
```

El programa iwpriv manipula el controlador Host AP en ejecución pero no conserva los parámetros de un arranque a otro. Una vez satisfecho con su tabla de filtrado MAC, no olvide incluir los comandos correspondientes a una secuencia de comandos rc que tendrá que ejecutar durante el arranque.

Debe saber que incluso los clientes sin asociar pueden escuchar el tráfico de la red, por lo que el filtrado MAC apenas hace nada para evitar intrusiones. Para combatir las técnicas de escucha pasiva (como hicimos con Kismet en un truco anterior), tendrá que codificar sus datos.

Hermes AP

Active el modo BSS principal en tarjetas basadas en Hermes.

Las tarjetas inalámbricas basadas en Hermes (como las conocidas pero de nombre confuso Lucent/Orinoco/Avaya/Proxim Silver y Gold) presentan grandes dificultades de funcionamiento en modo BSS principal. Por diseño, las tarjetas no pueden proporcionar servicios BSS por sí mismas. Le parecerá sorprendente ya que se trata de las tarjetas inalámbricas incrustadas en el punto de acceso AirPort original, como sucede con los modelos RG1000, RG1100, AP1000 y muchas otras. Antes de poder utilizar estas tarjetas en modo BSS principal, es necesario cargar firmware adicional a las mismas. El firmware de terceros se carga en la memoria RAM de la tarjeta y se pierde en caso de que la tarjeta se apague. Para empeorar las cosas todavía más, el firmware es software con licencia y no se puede distribuir legalmente si no proviene del fabricante. El ingenioso proyecto Hermes AP (http://hunz.org/hermesap.html) se centra en estos dos aspectos. Se trata de un conjunto de controladores modificados, una utilidad para cargar el firmware de terceros y una sencilla secuencia de comandos que descarga el firmware del servidor FTP público de Proxim. No resulta sencillo ejecutar Hermes AP pero puede ser el software perfecto si necesita un punto de acceso Orinoco basado en host a toda costa. Para poder ejecutar Hermes AP, necesita un núcleo con compatibilidad Dev FS. De esta forma, el núcleo puede administrar el directorio /dev y crear archivos de dispositivo para todos los dispositivos físicos que admita el núcleo. Ejecute make menuconfig y seleccione Code maturity level options>Prompt for development and/or incomplete code/drivers. Vuelva al menú principal y en File systems, habilite /dev file system support y Automatically mount at boot. Al ejecutar Dev FS, es aconsejable desactivar /dev/pts file system support ya que Dev FS lo administra automáticamente por nosotros.

Antes de volver a compilar el núcleo, copie todo el código fuente del directorio `drivers/` de Hermes AP a los controladores existentes del núcleo (justo por encima de los archivos de `linux/drivers/net/wireless/`). Genere el núcleo y los módulos como de costumbre, y reinicie.

La tarjeta Orinoco aparecerá normalmente con el nuevo controlador, pero todavía no admite el modo BSS Master. En primer lugar, acceda al directorio fuente de Hermes AP. Para descargar una copia del firmware de terceros del sitio de Proxim, ejecute la secuencia de comandos `hfwget.sh` del directorio `firmware/`. Tras ello, genere la utilidad `hfwload` mediante la ejecución de `make` en el directorio `hfw/`. Esta utilidad carga el firmware de terceros a la tarjeta. Copie la utilidad y el firmware de la tarjeta en un lugar accesible (en mi caso utilizo `/usr/local/hermesap`) y ejecute un comando como el siguiente durante el arranque, antes de que aparezca la interfaz:

```
# cd /usr/local/hermesap; ./hfwload eth1 T1085800.hfw
```

La tarjeta no debe estar configurada como activa cuando cargue el firmware; si lo está, `ifconfig eth1` la desactivará. Si todo funciona correctamente, el comando `iwconfig` mostrará que `eth1` se encuentra en modo Principal. Ya puede configurar la tarjeta con ESSID, claves WEP y las opciones habituales.

Hermes AP es un software beta pero parece funcionar bastante bien. Personalmente prefiero Host AP y una buena tarjeta Senao/EnGenius a Hermes AP (ya que estas tarjetas son más potentes y sensibles, y Host AP se encuentra en fase de desarrollo activo y tiene funciones más divertidas) pero en algunos casos Hermes AP puede resultar perfecto.

TRUCO 62   Guía de cables microondas

Existen multitud de cables de alimentación de antena. ¿Cómo saber cuál es el apropiado?

No todos los cables coaxiales resultan adecuados para utilizarlos en la frecuencia 2.4 GHz. El mismo cable utilizado para la imagen y el sonido de un televisor no es válido para conectar antenas microondas. La selección del tipo de cable adecuado con la longitud correcta es tan importante como la antena elegida. Una antena con un sector de 12 db resulta inútil si se pierden 18 db en el cable que la conecta a la tarjeta inalámbrica. Aunque en todos los cables se produce cierta pérdida de señal, algunos se comportan mejor que otros en la frecuencia 2,4 GHz. LMR es un tipo de cable coaxial fabricado por Times Microwave y posiblemente sea el tipo de cable más utilizado para ampliar redes 802.11b. Utiliza una cubierta exterior trenzada y un conductor central sólido, y lo puede encontrar en diferentes tamaños.

Heliax es otro tipo de cable microondas fabricado por Andrew. Está formado por una cubierta exterior corrugada semirígida (una especie de tubo de cobre flexible) y no muestra los surcos trenzados del cable coaxial. El conductor central puede ser sólido o corrugado. Su diseño le permite soportar cargas muy superiores a las de las instalaciones 802.11b (legales), es muy caro y puede resultar difícil de utilizar. Apenas tiene pérdidas. Los números de la parte dieléctrica de espuma empiezan con LDF.

 No experimente con el dieléctrico de aire a menos que disfrute con el reto de presurizar la línea de alimentación con nitrógeno. El uso de cable dieléctrico de aire a niveles de potencia 802.11b es como matar moscas a cañonazos.

Además de los productos de Times Microwave y Andrew, Belden comercializa un tipo de cable muy conocido que funciona perfectamente en la frecuencia 2,4 GHz. Probablemente haya visto referencias a 9913; se trata de Belden 9913.

En la tabla 4.1 se enumeran las propiedades de los cables más habituales. Por lo general, cuando más grueso y mejor terminado esté el cable menor será la pérdida (y mayor el precio). Los cables con un grosor superior a media pulgada son difíciles de utilizar y tampoco hay muchos conectores para este tipo de cables. Siempre que sea posible, adquiera la longitud que necesite, con los conectores adecuados ya instalados, en lugar de cortar el cable y añadir los conectores personalmente. Casi todos los establecimientos comerciales cuentan con las herramientas y la experiencia necesarias para crear un cable adecuado. El mejor cable del mundo no le servirá de nada si el conector no se instala correctamente.

Tabla 4.1. Atenuación, tamaño y precio aproximado de cables coaxiales.

Tipo de cable	Diámetro	Pérdida en db/100' a 2.500 MHz	Precio por metro
LMR-200	0.195"	16.9	0,37
LMR-400	0.405"	6.8	0,64
LMR-600	0.509"	4.4	1,30
LMR-900	0.870"	3.0	3,70
LMR-1200	1.200"	2.3	5,50
Belden 9913	0.405"	8.2	0,97
LDF1-50	0.250"	6.1	1,66

Tipo de cable	Diámetro	Pérdida en db/100' a 2.500 MHz	Precio por metro
LDF4–50A	0.500"	3.9	3,91
LDF5–50A	0.875"	2.3	2,27
LDF6–50	1.250"	1.7	10,94
LDF7–50A	1.625"	1.4	15,76

Le aconsejamos que utilice el cable de la mejor calidad que pueda permitirse, con la menor longitud posible. Un par de dB aquí y allá realmente se nota al enfrentarse a los reducidos niveles de potencia de 802.11b. Si quiere instalar una antena en el tejado debería proteger su punto de acceso de las inclemencias del tiempo y acercarlo a la antena todo lo posible. Tras ello, instale el cable Ethernet con la longitud necesaria (hasta 100 metros).

 TRUCO 63 ## Conectores microondas

Distinga un conector microondas de otro por medio de la siguiente lista de referencia.

Ya tenemos la tarjeta inalámbrica, la antena y el cable. ¿Cómo podemos conectar estos componentes? Tendrá que utilizar conectores que funcionen correctamente en la frecuencia 2,4 GHz, ajustar el tipo de cableado que esté utilizando y conectarlos unos con otros. Prácticamente todos los conectores actuales tienen dos mitades, un macho y una hembra. Algunos modelos más exóticos (como el APC-7 que veremos más adelante) son asexuales, por lo que cualquier conector servirá. A continuación se describen los conectores más habituales que probablemente encuentre en el bestiario de las microondas.

BNC (véase la figura 4.16) es un pequeño y económico conector rápido de media vuelta (el mismo conector de 10base2 Ethernet). BNC no es muy indicado para su uso en la frecuencia 2,4 GHz pero lo mencionamos ya que, debido a la desaparición de 10base2, se suele vender al peso por pocos céntimos. No caiga en la tentación.

TNC (véase la figura 4.17) es una versión a rosca del conector BNC. Las pequeñas hendiduras reducen la pérdida de las frecuencias de microondas. Los conectores TNC funcionan perfectamente hasta 12 GHz y se suelen utilizar con cables de pequeño tamaño (y mayor pérdida).

Un conector N (véase la figura 4.18) es un conector trenzado de mayor tamaño que se incluye en muchas antenas de 2,4 GHz comerciales. Es de mayor tamaño que el conector TNC. Resulta muy indicado para cables gruesos (como LMR-400) y funciona hasta un máximo de 10 GHz. Probablemente sea el conector más utilizado en equipos compatibles con el protocolo 802.11b.

Figura 4.16. BCN es el conector "Bayonet Neill Concelman".

Figura 4.17. TNC es un BCN trenzado.

Figura 4.18. N es el conector de Neill.

El conector conocido popularmente como conector UHF es similar a una versión de rosca métrica del conector N (como puede apreciar en la figura 4.19). No se utiliza para la frecuencia 2,4 GHz pero en ocasiones se confunde con N. Según el manual ARRL Microwave, se trata de un PL-259 (compatible con la entrada SO-239). Su diseño no permite utilizarlo con frecuencias de microondas. Evítelo a toda costa.

Los conectores SMA, ilustrados en la figura 4.20, son conectores muy conocidos, pequeños y con rosca que funcionan perfectamente hasta 18 GHz. Su reducido tamaño impide utilizarlos con cables grandes y de baja pérdida sin recurrir a un adaptador.

Figura 4.19. El denominado conector "UHF".

Figura 4.20. SMA es el conector Sub-Miniature, variante A.

El SMB (véase la figura 4.21) es una versión de conector rápido del SMC.

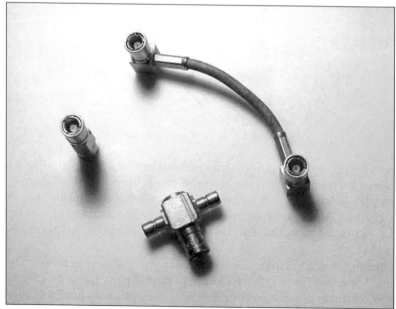

Figura 4.21. SMB es el conector Sub-Miniature, variante B.

El SMC (véase la figura 4.22) es una reducida versión del conector SMA. Su diseño permite utilizarlo hasta 10 GHz, pero sólo acepta cables de pequeño tamaño.

Figura 4.22. SMC es el conector Sub-Miniature, variante C (diminuto).

APC-7, ilustrado en la figura 4.23, es un conector sin sexo (macho-hembra) de 7 mm, que se puede utilizar hasta 18 GHz. Es un conector de grado superior fabricado por Amphenol, caro, poco habitual y con una pérdida muy baja.

Figura 4.23. APC-7 o Amphenol Precision Connector, de 7 mm.

Recuerde que cada uno de los conectores de un sistema conlleva cierta pérdida. Evite el uso de adaptadores y conectores innecesarios siempre que sea posible. Por otra parte, los cables comerciales suelen tener una mayor calidad que los que confeccione personalmente (a no ser que tenga mucha experiencia y disponga de las herramientas adecuadas). Siempre que sea posible, trate de adquirir un cable prefabricado con los correspondientes conectores ya fijados, y de la longitud que necesite. Los equipos 802.11b no tienen mucha potencia y el más mínimo esfuerzo permite aumentar el alcance y la fiabilidad. Es muy sencillo confeccionar un cable incorrecto y los cables incorrectos causan multitud de problemas.

A la hora de seleccionar cables para su equipo, seguramente encuentre conectores de genero inverso (en ocasiones denominados de polaridad inversa, o con los extremos macho y hembra intercambiados con los mismos cables), trenzado invertido (a la izquierda en lugar de a la derecha) o incluso de polaridad y trenzado invertido. Por ejemplo, el conocido WAP11 utiliza un conector RP-TNC. Asegúrese de que sabe lo que está comprando antes de hacer su pedido en línea.

TRUCO 64 Guía de antenas

¿Cómo saber qué antena es la adecuada? Descúbralo en esta guía.

La forma más eficaz de ampliar el alcance de un punto de acceso o radio cliente consiste en añadir una antena externa. En contra a la creencia popular, las antenas no le proporcionan más señal de la que reciban en un principio (para eso están los amplificadores). Dirigen la señal disponible a una determinada dirección, como cuando apuntamos con una linterna. No aumenta la luz que despide la bombilla, simplemente centra lo que vemos en un espacio más reducido. Al centrar una linterna conseguimos un haz de mayor luminosidad que cubre toda la zona deseada y, del mismo modo, las antenas más direccionales proporcionan una señal percibida más intensa en una zona más reducida. Todas las antenas son direccionales de algún modo y la medición de dicha direccionalidad se denomina ganancia. Normalmente, cuanto mayor sea la ganancia mejor será el alcance (en la dirección más apropiada para la antena).

Otra característica importante de las antenas es el fenómeno de la polarización, que describiremos más adelante.

Existe un número concreto de tipos de antena indicadas para su uso con frecuencias de microondas Cada una funciona correctamente para su propia aplicación y no existe ninguna que sirva para todas las aplicaciones. Cuando quiera adquirir una antena, fíjese en el patrón de radiación de la misma para asegurarse de que se ajusta a sus necesidades.

Planifique sus objetivos con antelación y configure su red de acuerdo a dichos objetivos. En los siguientes apartados describiremos los tipos de antenas más habituales, en orden de ganancia.

Omnidireccionales

Las antenas omnidireccionales emiten hacia afuera en direcciones horizontales prácticamente idénticas. Imagínese un enorme donut alrededor del poste central de una de estas antenas: éste es el aspecto de su patrón de radiación. Este tipo de antenas resultan muy indicadas para abarcar una zona amplia cuando se desconoce de dónde provienen los clientes. El principal inconveniente es que también reciben ruido de todas direcciones, por lo que son menos eficaces que otras antenas más direccionales.

Como puede apreciar en la figura 4.24, se trata de postes altos y de pequeño grosor (desde unos centímetros a varios metros de altura) y suelen tener un precio elevado. Cuando más altas sean, mayor número de elementos incluyen (y, habitualmente, mayor es la ganancia y el precio). Las antenas pequeñas de goma suelen incorporan varios puntos de acceso, como por ejemplo los modelos Linksys WAP11 o Cisco 350. Las antenas omnidireccionales se montan de forma vertical, como una especie de palo dirigido hacia el cielo. No es aconsejable situarse por debajo (o por encima) de este tipo de antenas. La respuesta vertical aumenta considerablemente cuando nos alejamos de la antena.

Figura 4.24. Las antenas omnidireccionales pueden ser de tamaño reducido o grandes postes montados sobre un edificio.

Sectoriales

Las antenas sectoriales adoptan diferentes formas, desde modelos omnidireccionales planos (altos, estrechos y rectangulares) hasta pequeños cuadrados y círculos planos (véase la figura 4.25). Un pariente cercano de las antenas sectoriales son las antenas de panel, que comparten las mismas propiedades. Algunas tienen sólo unos centímetros de ancho y se montan sobre una pared vertical o en un soporte. También se pueden instalar en el techo para proporcionar acceso a una habitación concreta, como por ejemplo en una sala de reuniones o en una clase. Como ocurre con las omnidireccionales, el precio suele ser proporcional a la ganancia.

Figura 4.25. Las antenas sectoriales suelen ser planas y de grosor reducido.

Imagínese una antena omnidireccional con un espejo por detrás de la misma y tendrá el patrón de radiación de una antena sectorial. Este tipo de antenas irradian mejor en una dirección, con un haz de hasta 180 grados de ancho o todo lo reducido que desee. Resultan perfectas para aplicaciones punto a multipunto, en las que varios clientes tengan que acceder a la red inalámbrica desde la misma dirección.

Yagi

Como puede comprobar en la figura 4.26, las antenas Yagi se parecen a las antiguas antenas de televisión. Algunas son muy sencillas, como un árbol de navidad plano y se dirigen a la dirección de la que provenga la comunicación. Otras se montan en estructuras de PVC de gran tamaño y longitud. Funcionan correctamente en aplicaciones punto a punto o punto a multipunto y suelen obtener una mayor ganancia que las sectoriales.

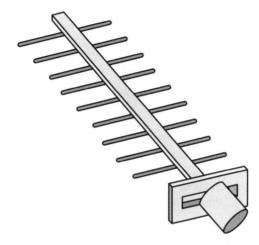

Figura 4.26. Las antenas Yagis pueden tener diferentes formas pero siempre incluyen varios elementos.

El ancho de haz oscila entre 15 y 60 grados como máximo, en función del tipo de antena. Como ocurre con las antenas direccionales, la inclusión de elementos adicionales aumenta la ganancia, la longitud de la antena y el precio de la misma.

Guía-ondas y antenas artesanales

Un diseño de antena cada vez más utilizado es el tipo guía-ondas. Las denominadas antenas artesanales son sencillas antenas que puede crear manualmente y que ofrecen una elevada ganancia sin apenas esfuerzo. Las guía-ondas parecen un conjunto de cajas o latas que únicamente cuentan con un pequeño radiador. En la figura 4.27 se reproduce un diseño ligeramente ambicioso, hecho de aluminio.

Las antenas de la lata de Pringles y la lata de café son ejemplos de sencillas antenas guía-ondas artesanales pero muy eficaces. Una guía-ondas rectangular se puede comportar como una antena omnidireccional o sectorial, en función de cómo se construya. En el siguiente capítulo analizaremos estas antenas con mayor detalle.

Figura 4.27. Una guía-ondas de 16 dBi polarizada horizontalmente que funciona como una antena omnidireccional.

Antenas parabólicas

En cierto modo, una parabólica es lo contrario a una antena omnidireccional. En lugar de abarcar una zona amplia, la parabólica se centra en un espacio reducido. Suelen tener la mayor ganancia y prácticamente la misma direccionalidad que cualquier otra antena. Resultan idóneas para enlaces punto a punto y para poco más. En la figura 4.28 se ilustra una antena de malla, aunque existen variaciones sólidas de la misma. Los tamaños oscilan entre 18 pulgadas de ancho o mucho mayores (puede encontrar parabólicas de varios metros, aunque no sean muy útiles). Una parabólica que puede enviar una señal 802.11b a más de 30 kilómetros puede tener simplemente unos centímetros de ancho. En términos económicos, probablemente sean el tipo de antena más barato. Hay gente que ha conseguido convertir antiguas parabólicas y modelos DSS en antenas de 2,4 GHz, como veremos en el siguiente capítulo. Por lo general, la diferencia entre un reflector de malla y un reflector sólido apenas tiene que ver con la ganancia, aunque debe tenerlo en cuenta a la hora de instalar la parabólica, ya que los modelos sólidos suelen recibir una mayor carga a causa del viento.

Combinar todos los elementos

A la hora de determinar el tipo de antena adecuada para una instalación concreta, suele resultar muy útil dibujar un boceto del sitio del proyecto. Indique dónde quiere instalar su equipo y de dónde cree que vendrán los clientes inalámbricos. Incluya todos los obstáculos (como por ejemplo muros con partes de metal, edificios o árboles). De esta forma podrá acotar la zona de cobertura deseada, así como determinar la ubicación óptima de sus puntos de acceso y sus antenas.

Figura 4.28. Una antena parabólica 24 dBi.

Por ejemplo, si quiere abarcar una oficina de gran tamaño con obstáculos en el centro (como el hueco de un ascensor o un aseo), colocar los puntos de acceso en los extremos opuestos de la habitación con antenas sectoriales apuntando hacia dentro tiene más sentido que instalar un solo punto de acceso con una antena omnidireccional en el centro. Para largas distancias, resulta más lógico evitar un árbol o un edificio por medio de un salto adicional que intentarlo con parabólicas de alta ganancia. Si conoce con antelación el patrón de radiación y la ganancia de sus antenas podrá centrar sus esfuerzos en determinar la dirección que desee utilizar y diseñar la red más eficaz posible.

 TRUCO 65 ## Gráfico de referencia de prestaciones cliente
Una guía rápida sobre qué es qué en el mundo de los equipos inalámbricos.

En poco más de un año, Wi-Fi ha pasado de ser un mercado minoritario a convertirse en un producto de masas. Como resultado, existe una sorprendente variedad de equipos inalámbricos disponible. Aunque las diferentes descripciones le saturarán con las últimas novedades, la mayoría de los trucos inalámbricos requieren únicamente la respuesta a una serie de preguntas clave: cuánto cuesta, cuánta potencia ofrece, qué sensibilidad tiene la tarjeta y con qué equipo adicional se puede comunicar.

Desafortunadamente, la respuesta a la primera pregunta cambia tan rápidamente que cuando este libro llegue a sus manos, todos los datos que le mostramos serán irrelevantes. Aunque la aparición de nuevo hardware en el mercado es continua, las especificaciones del hardware existente permanecen relativamente inalterables. En la tabla 4.2 se recogen los datos más importantes de las tarjetas inalámbricas más conocidas.

Por motivos de brevedad, en la columna **Sensibilidad recibida** se utiliza la siguiente convención: los números son los niveles de potencia necesarios (en dBm) para recibir datos a 11 Mbps, 5.5 Mbps, 2 Mbps y 1 Mbps respectivamente. Recuerde que se trata de valores negativos, por lo que -94 es mucho más sensible que -87 (nada menos que 7 dB). Un asterisco indica que no se dispone de un valor para dicha velocidad.

Tabla 4.2. Matriz de características de los clientes inalámbricos más habituales.

Nombre	Interfaz	Potencia	Sensibilidad recibida	Conector de antena	Placa
3Com AirConnect	PCMCIA	30mW	-81 / -84 / -85 / -87	Dual MMCX	Prism 2.5
Addtron AWP-100	PCMCIA	20mW	-76 / * / * / -80	Ninguno	Prism
Cisco 340 (AIR-LMC340)	PCMCIA	30mW	-83/-87/-88/-90	Dual MMCX	Aironet
Cisco 350 (AIR-LMC350)	PCMCIA	100mW	-85/-89/-91/-94	Dual MMCX	Aironet
D-Link DWL-520	PCI	30mW	-80/-83/-86/-89	Inverso SMA	Prism
D-Link DWL-650	PCMCIA	30mW	-84/-87/*/-90	Ninguno	Prism 2
D-Link DWL-650+ (22Mb propietarios)	CardBus	30mW	¿Sin publicar?	Ninguno	TI
EnGenius/Senao /NetGate (2511 Plus EXT2)	PCMCIA	200mW	-89/-91/-93/-95	Dual MMCX	Prism 2.5

Nombre	Interfaz	Potencia	Sensibilidad recibida	Conector de antena	Placa
EnGenius/Senao/ NetGate (2011CD)	PCMCIA	100mW	-87/-89/-91/-93	Dual MMCX	Prism 2.5
Linksys WPC11	PCMCIA	25mW	-76/*/*/-80	Ninguno	Prism 2
Linksys WMP11	PCI	30mW	-82/*/*/*	Inverso SMA	Prism 2
NetGear MA101	USB	20mW	-84/-87/-89/-91	Ninguno	No disponible
NetGear MA401	PCMCIA	30mW	*/*/*/*	Ninguno	Prism 2
Orinoco (Silver o Gold)	PCMCIA	30mW	-82/-87/-91/-94	Lucent	Hermes
ZcomMax (XI-325H)	PCMCIA	100mW	-92/*/*/-85	MMCX	Prism 2.5

Algunas tarjetas cliente utilizan ligeras variaciones bajo el mismo nombre de marca. Por ejemplo, la serie Cisco Aironet puede incorporar conectores de antena externos. Las unidades con los números de modelo AIR-PCM tienen conectores de antena permanentes, mientras que los modelos AIR-LMC tienen conectores externos sin antena interna. Del mismo modo, algunos fabricantes ofrecen tarjetas con diferente potencia de transmisión pero con el mismo nombre, aunque con números de modelo distintos. No olvide comprobar el número del modelo antes de adquirirlo.

SeattleWireless le ofrece un gráfico interactivo de prestaciones de hardware en `http://seattlewireless.net/index.cgi/HardwareComparison`. Suele estar actualizado con los nuevos equipos que aparecen en el mercado y puede resultar muy útil, ya que muchos fabricantes ocultan los detalles técnicos de sus productos en la parte trasera del manual (en caso de que los publiquen). Si su hardware no aparece en la lista, puede añadirlo personalmente a la misma y evitar que otros usuarios tengan que buscar las verdaderas especificaciones.

TRUCO 66 Adaptadores pigtail

Utilice un cable de alimentación corto para conectar su dispositivo inalámbrico a una antena.

Mientras que algunos equipamientos inalámbricos no disponen de un conector de antena externo, otros muchos incorporan un minúsculo puerto no estándar para poder conectar una antena externa. La mayoría de las antenas utilizan un conector de microondas estándar (véase un truco anterior). Por lo general, para conectar ambos componentes, se necesita un cable de longitud reducida con cada uno de estos conectores. Este conector se suele denominar adaptador pigtail, como se ilustra en la figura 4.29.

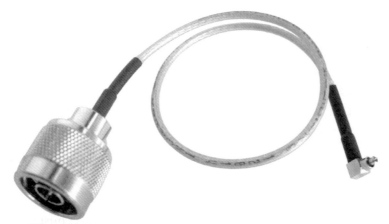

Figura 4.29. Un adaptador Lucent con un extremo N macho.

Puede encontrar este tipo de adaptadores en muchas partes. Su precio suele oscilar entre 10 y 20 euros, en función de la longitud y del tipo de cable, y de los conectores que necesite en cada extremo. Asegúrese de que sabe el tipo de conector necesario tanto para la tarjeta como para la antena. La mayoría de los fabricantes de equipos 802.1 también le pueden vender un adaptador de este tipo, pero a un precio mucho mayor (de 80 a 100 euros e incluso más, por prácticamente el mismo tipo de cable).

Estos adaptadores tienen poca pérdida si los comparamos con cables de mayor longitud (como el modelo LMR400) y suelen utilizar un cable como LMR100 o LMR195. Conviene que el adaptador utilizado sea lo más corto posible y emplear cables más extensos y de menor pérdida para conectar la antena. Compruebe el tipo de conector, así como si los extremos son macho o hembra. El uso de adaptadores y conversores de género puede resultar útil en determinadas circunstancias pero si se utilizan en exceso, aumenta innecesariamente la pérdida del sistema.

El extremo correspondiente a la tarjeta cliente de un adaptador pigtail suele ser directo o de ángulo recto. Ambos conectores tienen la misma pérdida, pero la elección dependerá del diseño físico de su equipo. Por lo general, es preferible utilizar un conector de ángulo recto, pero en función de cómo tenga que disponer el cable, puede que un conector directo le resulte más útil. Recuerde que el extremo más pequeño de estos adaptadores es muy frágil y que puede romperse si se tira del mismo o se introduce con fuerza en el conector. Tenga cuidado al instalar o sacar estos adaptadores y, siempre que sea posible, ate el cable para reducir la presión del mismo sobre el conector. Habitualmente se utilizan sujeciones de nylon para aferrar el cable a la propia tarjeta, al chasis o a cualquier otra parte estática.

Una vez determinado correctamente el tipo de adaptador pigtail que necesita para su aplicación, puede consultar la lista de proveedores que describimos a continuación.

TRUCO 67 Proveedores de hardware 802.11

Dónde encontrar componentes y piezas.

Por lo general, los canales de consumo habituales resultan perfectos para adquirir tarjetas inalámbricas, puntos de acceso y enrutadores. Sin embargo, las antenas externas, los adaptadores, los conectores y el cable suelen ser difíciles de encontrar. En la búsqueda de equipamiento para redes de larga distancia, los usuarios se ven obligados a recurrir a fabricantes de componentes de propósito general que tienen una evidente experiencia en el mundo de los equipos microondas pero apenas conocen los dispositivos 802.11.

A continuación le ofrecemos una relación de ciertos proveedores estadounidenses de equipos relacionados con 802.111. Entre estos fabricantes encontrará prácticamente todo lo que necesite para redes de larga distancia, desde antenas a cables de alimentación pasando por cubiertas para exteriores y protecciones climáticas. Muchos de ellos le pueden ofrecer cables de la longitud deseada con el tipo de conectores que necesite, por un precio razonable. Disponen de una amplia variedad de equipos específicos para 802.11 así como componentes más generales. Los fabricantes enumerados aparecen únicamente por motivos de referencia y la editorial no recibe ningún tipo de compensación por mencionarlos.

- Aeralix, Peabody, MA (`http://www.aerialix.com`)
- Antenna Systems and Supplies, Schaumburg, IL (`http://www.antennasystems.com`)
- Down East Microwave, Frenchtown, NJ (`http://www.downeastmicrowave.com`)
- ElectroComm, Denver, CO (`http://www.ecommwireless.com`)
- FAB Corp, Tampa Bay, FL (`http://www.fab-corp.com`)
- HD Communications, Ronkonkoma, NY (`http://www.hdcom.com`)
- Hyperlink Tech, Boca Raton, FL (`http://www.hyperlinktech.com`)

- NetGate, Spokane, WA (`http://www.netgate.com`)

- NetNimble, Sacramento, CA (`http://www.netnimble.net`)

- Pasadena Networks, Pasadena, CA (`http://www.pasadena.net`)

- Superpass, Waterloo, Ontario, Canadá (`http://www.superpass.com`)

- The RF Connection, Gaithersburg, MD (`http://www.therfc.com`)

Con la cada vez mayor competencia en el mercado de los equipos 802.11, a lo que se unen los confusos entresijos de las especificaciones sobre redes inalámbricas, la mayoría de los fabricantes ha asumido la importancia de los servicios de atención al cliente. Un buen fabricante le ofrecerá abundante información en línea sobre sus productos y estará más que dispuesto a resolver las dudas relacionadas con su aplicación en concreto.

TRUCO 68 Alimentación artesanal por medio de Ethernet

Consiga alimentar su punto de acceso sin necesidad de utilizar un cable de alimentación diferente con ayuda de los pares libres de CAT5.

En la actualidad, existen diferentes fabricantes de puntos de acceso (Lucent, Symbol y D-Link por mencionar unos cuantos) que ofrecen complementos PoE (alimentación por Ethernet) para sus puntos de acceso. Un módulo PoE inyecta voltaje CC a los cables sin utilizar de un cable Ethernet estándar (los pares 7-8 y 4-5).

La idea consiste en proporcionar la potencia del punto de acceso y los requisitos de conectividad de UTP Ethernet a través de un mismo cable Ethernet. Esto resulta especialmente indicado para zonas en las que no se dispone de acceso a la alimentación eléctrica, como por ejemplo en un tejado. Permite colocar el punto de acceso más cerca de la antena, con lo que se reduce la pérdida de señal en el cableado de la antena.

La señal de Ethernet se desplaza correctamente por el cable CAT5; una señal a 2,4 GHz no se desplaza de la misma forma por el cableado de antena. Al mismo tiempo, los cables Ethernet son mucho más baratos que los de antena, como sucede con el LMR400. En el siguiente truco aprenderemos a construir un sencillo par de módulo PoE.

No realice el siguiente ejercicio si no tiene ciertos conocimientos de electrónica. 12 v no le van a matar pero pueden dañar gravemente su punto de acceso y el resto de su equipo. Si algo va mal, no me eche las culpas. En mi caso, simplemente quería conseguir módulos PoE baratos y contarle cómo lo conseguí.

Paso a paso

1. Suelde los cables al conector de alimentación macho CC. Suelde un par (dos cables enlazados entre sí) a la conexión interna. Serán los cables de alimentación positivos. Suelde el otro par a la conexión externa. En este conector de alimentación macho CC hay tres conectores. Uno corresponde a la parte central, otro a la superficie externa y otro al interior del enchufe. No tiene que soldar nada a la parte interna. En la figura 4.30 se ilustra el aspecto final del conector.

Figura 4.30. El enchufe de alimentación completado.

2. Practique un orificio en la caja e introduzca el conector CC en su interior, como se indica en la figura 4.31.

3. Conecte los cables en la entrada de dos puertos como se indica a continuación (en este ejemplo se trata del estándar Intel Symbol, Orinoco, no el estándar de cableado Cisco):

C. entrada	C. salida	C. alimentación CC
Pin 1 <->	Pin 1	
Pin 2 <->	Pin 2	
Pin 3 <->	Pin 3	
	Pin 4 <->	Cable CC positivo 1 > Conector central
	Pin 5 <->	Cable CC positivo 2 > Conector central

C. entrada	C. salida	C. alimentación CC
Pin 6 <->	Pin 6	
	Pin 7 <->	Cable CC negativo 1 > Conector exterior
	Pin 8 <->	Cable CC negativo 2 > Conector exterior

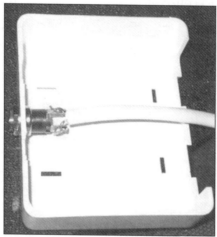

Figura 4.31. El conector CC montado en el cajetín.

4. Conecte los cables a la entrada de puerto de la caja como se indica a continuación:

C. salida	C. entrada	C. alimentación CC
Pin 1 <->	Pin 1	
Pin 2 <->	Pin 2	
Pin 3 <->	Pin 3	
	Pin 4 <->	Cable CC positivo 1 > Conector central
	Pin 5 <->	Cable CC positivo 2 > Conector central
Pin 6 <->	Pin 6	
	Pin 7 <->	Cable CC negativo 1 > Conector exterior
	Pin 8 <->	Cable CC negativo 2 > Conector exterior

5. Enchúfelo y pruébelo. Los módulos completados se reproducen en la figura 4.32.

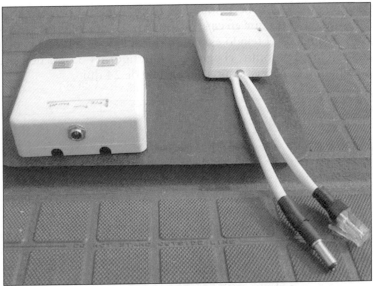

Figura 4.32. Los módulos PoE completados.

La resistencia CC de CAT5 es de aproximadamente 3 ohmios por 100 pies de conductor, por lo que un cable de 250 pies tiene al menos 3 ohmios de resistencia. Por lo general, los puntos de acceso tienen menos de 0,8 amperios, por lo que necesitará más de 6V en el punto de acceso. De hecho, los puntos de acceso suelen utilizar reguladores lineales para reducir el voltaje a 5V en el interior, por lo que mientras le proporcionemos algo mejor que 6V en los terminales es muy probable que funcionen. En la dirección `www.gweep.net/~sfoskett/tech/poecalc.html` encontrará un calculador en línea para calcular la caída de voltaje para un cable CAT5 de una longitud concreta. Puede utilizarlo para determinar cuánta potencia necesita en el cable para alimentar su punto de acceso.

Terry Schmidt

 TRUCO 69 ## Montajes en tejados sencillos pero eficaces

Instale equipos inalámbricos en su tejado sin tener que perforarlo con hardware montado.

Si tiene pensado crear una conexión inalámbrica de larga distancia, es muy probable que tenga que situar las antenas a la mayor altura posible. Para muchos usuarios, la instalación de una torre dedicada es imposible (por motivos estéticos o por normativas municipales) por lo que la siguiente opción lógica es colocar los equipos en el tejado.

En teoría, el equipo se debe instalar de forma que no perfore el tejado del edificio, con lo que se evita que en caso de lluvia haya que realizar costosas reparaciones en el mismo. Si el tejado es plano, puede que le interese construir una pequeña base en la que montar el equipo. En la figura 4.33 puede ver una base de madera en la que se ha instalado una antena de 24 dBi.

Figura 4.33. Una sencilla placa de conglomerado, elevada con unos soportes y sujetada por medio de ladrillos.

La estructura está formada por una placa de conglomerado de apenas 2 metros cuadrados con secciones de 2 x 4 sujetas con tornillos a la misma. De esta forma se eleva ligeramente el conglomerado por encima del tejado para que el agua de la lluvia no se acumule. La placa se sujeta por medio de ladrillos y se le ha añadido un trípode de aluminio (que puede encontrar en cualquier ferretería). La figura 4.34 muestra la estructura experimental con mayor detalle.

Figura 4.34. Este buzón de goma lleva un año en funcionamiento y parece resistir.

En esta instalación, el precio era una de las principales preocupaciones. El propietario necesitaba una estructura para acomodar su Stylistic 1000 y lo más barato que encontramos fue un buzón de goma (que puede encontrar en cualquier ferretería a un precio ridículo). Si está cerrado, es prácticamente impermeable pero el nuestro tenía un acabado negro mate por lo que absorbería la luz solar y calentaría los componentes electrónicos del interior. Para solucionarlo, recubrimos el buzón con un quitasol de coches que mantiene sorprendentemente fresco el interior, incluso en días de mucho calor. El modelo Stylistic no necesita ventilación por lo que un contenedor al vacío resultaba perfecto. Los cables se introdujeron a través de un orificio practicado en un lateral del buzón que, tras ello, se selló con silicona.

Este tipo de montura para hardware puede parecerle ridícula, pero no se puede argumentar lo que ha durado el invento: ¡ya lleva un año! Evidentemente, nos encontramos al norte de California, donde los inviernos son muy suaves y los veranos no demasiado calurosos. Pero este nodo ni siquiera se ejecuta en una tarjeta Compact Flash sino que utiliza un disco duro PCMCIA de hace ocho años (que ya estaba instalado en la placa Stylistic cuando la adquirimos en una tienda de segunda mano). En un principio lo instalamos para ver cuánto duraba y los resultados nos sorprendieron gratamente. El único inconveniente ha sido actualizar la tarjeta inalámbrica.

El otro extremo de la conexión no se encontraba en un tejado plano. Afortunadamente, en la parte elevada del tejado se recibía una abundante señal, lo que nos permitió utilizar una antena DSS reciclada, que puede ver en la figura 4.35.

Figura 4.35. Con una antena DSS reciclada y un fragmento de tubería conseguimos instalar la antena.

Por medio de un trozo de tubería, pudimos ampliar la montura de la antena DSS para acomodar otra antena de 24 dBi. La caja metálica situada por debajo del alero es una caja de 10 euros en la que se ha instalado una Orinoco RG-1100. Al sujetarlo directamente a la parte de madera evitamos tener que perforar la cubierta del tejado. Los dos cables blancos que van hasta la caja son los cables Ethernet y de alimentación de la RG-1100. El propietario tenía abundante cantidad de cable Ethernet, por lo que decidió separar el cable de datos del de alimentación, en lugar de recurrir a una solución PoE. Posteriormente se ataron los cables y se ocultaron bajo los aleros, resultando prácticamente invisibles desde el suelo.

Otra posibilidad para evitar el uso de conglomerado consiste en crear una base de listones de madera, como se aprecia en la figura 4.36. Se pueden sujetar por medio de bolsas de arena y el poste con ayuda de un trípode, en caso de que sea necesario. Resulta más sencillo subir estos materiales a un tejado que una plancha de conglomerado y no sufren una carga del viento especial. Si se pregunta sobre el cable de alimentación de antena que se aprecia en la imagen, se trata de Heliax. La antena omnidireccional y la antena Yagi terminan en una caja de metal (sujetada por medio de tornillos a uno de los listones) en la que hay una placa Soekris net4511 (que describimos en un truco anterior). Recibe un cable Ethernet y uno de alimentación por medio de un cable CAT5 para exteriores, que pasa al edificio por medio de una claraboya. La antena Yagi de 12 dBi permite establecer la conexión con otro punto de la ciudad situado a unos dos kilómetros, y la antena omnidireccional de 9 dBi ofrece servicios locales.

Las estructuras de tejado no tienen por que ser elaboradas. Las antenas para equipos a 2,4 GHz suelen ser pequeñas y con una carga de viento reducida, lo que permite utilizarlas sin una estructura excesiva.

Siempre que trabaje en un tejado, tómese su tiempo, llame a un amigo y trabaje solamente bajo óptimas condiciones climáticas y abundante luz solar. La construcción de su propio nodo en el tejado puede ser muy divertido pero recuerde que los tejados son peligrosos, independientemente de cuántas veces se haya subido a ellos.

Figura 4.36. Un simple diseño de la estructura de una antena, usando dos listones de madera y un trípode de aluminio.

## CAPÍTULO 5

Antenas artesanales
Trucos 70 a 79

El precio del hardware para redes inalámbricas ha descendido considerablemente en los últimos tiempos. Los adaptadores inalámbricos se incluyen de forma estándar en muchos ordenadores y los puntos de acceso son muy habituales. Incluso el precio de las antenas y componentes relacionados se ha reducido ya que la elevada demanda y la feroz competencia han conducido al sector a un mercado con un volumen cada vez mayor y unos márgenes cada vez más bajos.

Sin embargo, esta situación no ha impedido que los usuarios sigan experimentando para descubrir que con poco se puede construir una red operativa. Existe algo casi mágico sobre las redes inalámbricas. Aparte de las historias sobre detección de redes inalámbricas, piense que en muchas ciudades del mundo existen docenas de redes invisibles en cualquier calle.

Mientras toma un café en cualquier bar, puede que no se dé cuenta de la cantidad de gente que utiliza el mismo entorno para comunicarse con otros usuarios de todo el mundo. Creo que es el aspecto misterioso e intangible de las comunicaciones globales invisibles lo que lleva a la gente a embarcarse en sus propios proyectos de creación de antenas. La reconfortante sensación de crear algo útil a partir de la nada tiene mucho más valor que invertir unos euros en un componente de red.

A la hora de comparar los diseños de antenas conviene tener en cuenta una serie de factores. La primera propiedad de una antena a la que se hace referencia es la ganancia. La ganancia de una antena es la medición de cómo irradia en una dirección seleccionada, radiación medida en decibelios. Se trata realmente de la comparación del rendimiento de la antena con un invento imaginario denominado radiador isotrópico (la i de dBi). Imagine una pequeña luz infinita suspendida en el vacío del espacio. Emite luz en todas las direcciones por igual y, por definición, no tiene ganancia en ninguna dirección concreta. Ahora, cojamos dicha luz y coloquémosla en una linterna. Sin aumentar el brillo de la bombilla, podemos girar la cabeza de la linterna para dirigir el haz luminoso a una determinada dirección. Al dirigir la energía en una dirección concreta, la luz abarca una zona más reducida y, al mismo tiempo, parece ser más intensa en la zona que abarca. Cuanto mayor sea la ganancia, más reducido e intenso parece el haz. Por otra parte, la ganancia de la antena es recíproca, lo que quiere decir que funciona tanto para transmitir como para recibir. Al añadir una antena a cualquier extremo de un enlace inalámbrico aumenta el rendimiento de ambos extremos del mismo.

Otra importante propiedad que debe tener en cuenta al diseñar o adquirir una antena es que debe sintonizarse en la frecuencia en que queramos utilizarla. Una antena que coincida con la tarjeta a la que está conectada tiene una Relación de ondas estacionarias (SWR) baja. La SWR de una antena se mide por medio de un medidor SWR o reflectómetro. Indica la cantidad de energía que sale de la antena en comparación a la cantidad de energía que se refleja en la tarjeta desde la propia antena.

A niveles legales de potencia 802.11, una antena mal conectada con un valor SWR elevado ofrece un pobre rendimiento. A niveles de potencia superiores, una SWR incorrecta puede dañar la tarjeta o el amplificador. Como veremos en los diseños de antena de este capítulo, la antena se sintoniza en función de una serie de factores, incluyendo el tamaño de diferentes componentes activos y su distancia relativa con respecto a componentes reflectantes.

Una propiedad de las antenas que se suele pasar por alto es su relación en dB de la potencia emitida en el ángulo de 180º con respecto a 0º (relación F/B). Esta medida indica cuánta energía se emite en la dirección esperada (en el centro del haz más intenso) en comparación con la cantidad de energía emitida en la dirección opuesta. Una relación F/B baja indica que se pierde más energía en la dirección opuesta, lo que puede provocar interferencias no deseadas con dispositivos cercanos. Este aspecto resulta especialmente importante si utiliza dos o más antenas próximas entre sí, dirigidas a direcciones diferentes. Un valor F/B mayor reduce la posibilidad de interferencia de las antenas próximas.

Por último, una propiedad de gran relevancia es la polarización de las antenas. Se refiere a la orientación de los componentes eléctricos y magnéticos de la onda de radio cuando salen de la antena. En un truco posterior analizaremos este aspecto con mayor detalle. Anteriormente incluimos una comparación entre los diferentes tipos de antena y sus aplicaciones habituales.

En los siguientes trucos veremos diferentes diseños de antena económicos y muy eficaces que pueden resultarle útiles para sus propios proyectos de red inalámbrica.

Reflector parabólico cilíndrico de plato grande

TRUCO 70

Este sencillo diseño ofrece una elevada ganancia sin necesidad de utilizar adaptadores ni modificar el punto de acceso.

Necesitaba un reflector parabólico para eliminar la cobertura fuera de mi propiedad. Por medio de este diseño se puede reducir la señal de una zona al tiempo que se mejora la de otras áreas. Diseñé este reflector para instarlo en estructuras de exteriores con puntos de acceso WAP-11, pero se ha hecho muy popular en redes LAN de interior así como en conexiones punto a punto. El diseño ofrece un elevado rendimiento y es muy sencillo de construir (basta con unas tijeras, cinta, cartón, papel de aluminio y 20 minutos de tiempo). En la figura 5.1 puede ver un ejemplo.

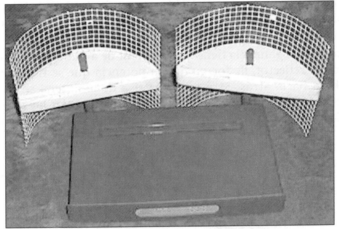

Figura 5.1. Añada un reflector sin modificar su punto de acceso.

Esta antena es tan sencilla de construir, sintonizar e instalar, y funciona tan bien que sería descabellado no probarla antes de comprar una antena comercial, a no ser que quiera comprobar si la antena adquirida tiene la ganancia suficiente como para establecer la conexión deseada.

Las principales ventajas que ofrece con respecto a otras antenas son las siguientes:

- No se necesitan adaptadores pigtail.

- No es necesario modificar el punto de acceso (y anular la garantía).

- No hay problemas de SWR.

- No hay que comprar componentes.

- Es una construcción muy sencilla.

- Hay escasas probabilidades de error.

- Tiene un rendimiento similar o incluso superior al de la antena de la lata de Pringles (que veremos más adelante).

- Presenta una relación F/B superior.

- Aumenta la privacidad de las redes LAN inalámbricas.

- Reduce las interferencias.

Por medio de este diseño puede realizar conexiones de hasta un kilómetro con tan sólo instalar dos WAP-11 en cada uno de los extremos de la conexión con una línea de visión limpia. La versión de 6 pulgadas de la antena proporciona entre 10 y 12 dBi de ganancia. Con un WAP11, esto equivale aproximadamente a 27-33 dBi de EIRP (Potencia efectiva isotrópica radiada), con lo que se obtiene una potencia aparente de 500 mw a 2 vatios en la dirección favorable.

Evidentemente, la ganancia tiene que provenir de alguna parte. Proviene de la parte trasera del reflector, de forma que la potencia que se transmite en dicha dirección rebota hacia atrás. Esta característica de la antena se puede utilizar para mejorar la privacidad de la red, una de las razones por las que me decidí a diseñarla. El resto es poca cosa. El patrón de radiación aproximado de un reflector de nueve pulgadas se ilustra en la figura 5.2.

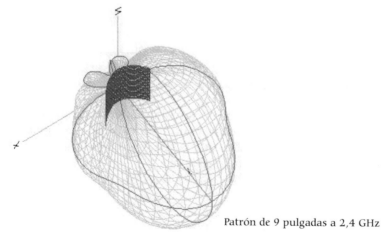

Patrón de 9 pulgadas a 2,4 GHz

Figura 5.2. Patrón de radiación aproximado de un reflector de nueve pulgadas.

Para construir este reflector, puede utilizar la plantilla de ejemplo que se incluye en el apéndice o descargar la plantilla original del mismo de la dirección http://www.freeantennas.com/projects/template/parabolic.pdf. Se puede aumentar la escala del dibujo en una fotocopiadora para crear un plato del tamaño adecuado. En el sitio Web también se incluyen cálculos de ganancia para platos de diferentes tamaños, así como gráficos que ilustran el ancho del haz y los valores de ganancia y frecuencia. Este reflector es de frecuencia independiente, lo que significa que puede utilizarse con cualquier equipo inalámbrico y en cualquier banda.

Sobre el diagrama hay dibujado un cuadrado, para evitar que la escala que utilice afecte a la proporción de aspecto de la plantilla. Es decir, si después de aumentar o reducir la plantilla el cuadrado sigue siendo un cuadrado, la plantilla será correcta.

La longitud focal varía proporcionalmente con el tamaño del plato de antena, de forma que el punto focal también se incluye en los dibujos. La ubicación del punto de alimentación (punto focal) es la parte más importante de una antena parabólica. Por medio de pequeños ajustes de aproximadamente ¼ de pulgada puede mover ligeramente el punto focal. Si el dipolo no se encuentra en el punto focal, perderá ganancia. Los reflectores parabólicos también pierden ganancia si los reflectores terminados varían demasiado con respecto a la curva correcta.

El reflector se ha diseñado para alimentarlo por medio de un dipolo, razón por lo que no es circular. Un dipolo es largo y cilíndrico, mientras que un punto circular de una antena parabólica es circular. El punto focal de este diseño es un cilindro. Muchos puntos de acceso (como el WAP-11) utilizan uno o varios dipolos como antena. Este reflector tiene la forma óptima para este tipo de antenas. Algunas unidades, como la WET-11 no utilizan dipolos como antena. Puede descargar una plantilla modificada para el modelo WET-11 de la dirección que le proporcionaremos más adelante.

El reflector debe construirse con algún material cuadrado para adaptarlo a la forma de curva. Si tiene que reducir la altura por motivos de espacio, una antena más corta puede valerle pero perderá 3 dB por cada mitad de la altura del reflector. También es aconsejable utilizar un dipolo alineado en el centro del reflector.

La relación F/B mide cómo una antena direccional rechaza las interferencias que provengan de otras direcciones que no sean la deseada. La relación F/B con esta antena depende del tamaño de la malla que utilice para confeccionarla. Las mallas más finas ofrecen una ganancia ligeramente superior pero una relación F/B mucho mejor. El modelo confirma que la relación F/B es superior a 25 dB si utiliza una malla de ¼ de pulgada o más reducida. Según mis cálculos de ganancia, este reflector debe tener una eficacia del 55 por ciento. Si utiliza una lámina sólida de aluminio o de cobre como reflector, puede que la ganancia sea ligeramente superior. El patrón de radiación es más reducido en el plano vertical que en el horizontal. Hay gente que ha construido eficaces reflectores con latas de patatas Pringles, latas de aluminio, papel de aluminio o material de revestimiento de tejados. Cualquier superficie o lámina metálica plana, como papel de aluminio pegado a un cartón, puede funcionar. En menos de media hora puede crear uno con una caja de zapatos y un rollo de papel de aluminio.

El artículo original en el que se basa este truco lo puede encontrar en `http://www.freeantennas.com/projects/template/index.html`.

Michael Erskine

TRUCO 71 La antena omnidireccional Araña

Posiblemente la antena omnidireccional más pequeña y sencilla del mundo.

Se trata de uno de los diseños de antena más sencillos y de menor tamaño. Lo he visto para la frecuencia 2,4 GHz. No es mucho mayor que un conector N estándar, ya que básicamente se trata de uno de estos conectores. Se ha denominado Araña ya que parece una pequeña araña que sube por la antena (véase la figura 5.3). Técnicamente es una antena de toma de tierra pero, para que nos entendamos, funciona como una antena omnidireccional de 3 dB con polarización vertical.

Figura 5.3. Una antena omnidireccional Araña.

Su construcción es muy sencilla si tiene un buen soldador y algunas herramientas básicas. Necesitará un conector N estándar y un par de metros de cable de cobre 12-2 (cable eléctrico convencional). También necesitará un torno para sujetar las piezas mientras las suelda, así como unas pinzas de punta fina, una buena soldadura y una botella de mezcla.

En primer lugar, corte cinco fragmentos del cable de cobre, de unos tres centímetros de longitud cada uno. Enderece los fragmentos todo lo que pueda. Con ayuda de las pinzas, doble 180 grados uno de los extremos de cuatro de los fragmentos de cable. Seguidamente, añada estaño a los extremos curvados y a uno de los extremos del fragmento restante. De esta forma el proceso de soldadura será mucho más sencillo.

Si no sabe cómo aplicar estaño, puede que necesite la ayuda de alguien con conocimientos de soldadura. El estaño se aplica a un extremo del cable antes de soldarlo definitivamente al proyecto. De esta forma la soldadura es más sencilla y se mejora la unión entre las superficies metálicas.

Tras ello, suelde el fragmento de cable recto a la parte dorada del conector N. No utilice demasiada soldadura, justo lo suficiente para cubrir la parte sin desbordarla. Debe soldar los cuatro cables directamente al chasis del conector N. Necesitará una temperatura elevada y la ayuda de la mezcla líquida para afianzar la soldadura y fundirla con el cuerpo del conector. En mi caso, resultó más sencillo sujetar el fragmento recto de cable que la parte trenzada del conector N. De esta forma evitamos que el calor se disipe al torno mientras suelda las piezas.

Tómese su tiempo y no utilice demasiada soldadura en los cuatro cables curvados. Cuando termine, deje que se enfríe durante unos minutos, ya que el chasis se habrá calentado.

Tras ello, recorte todos los cables hasta que su longitud no supere los 20 mm por encima del borde del revestimiento. Recorte el cable central para que no exceda en más de 20 mm el extremo final de la pieza dorada. Doble los cuatro radios conectados al revestimiento con un ligero ángulo. El montaje físico de la antena omnidireccional es muy sencillo si utiliza un cable de alimentación grueso, como el LMR 400. Instale la antena con el cable central dirigido hacia arriba.

La antena omnidireccional Araña no le ofrece una ganancia espectacular (aproximadamente de unos 3 dB, según mis pruebas) pero funciona bastante bien para lo que es. Es evidente que puede utilizar antenas de mayor ganancia (como veremos más adelante) pero suelen ser más complicadas y de mayor tamaño. En muchas aplicaciones no se puede superar el tamaño y el precio de esta diminuta antena.

TRUCO 72 Guía-ondas con una lata de Pringles

Cómo crear la famosa antena de la lata de Pringles.

En la Portland Summit de junio de 2001, Andrew Clapp presentó un novedoso diseño de antena Yagi (`http://www.aeonic.com/~clapp/wireless/`). Utilizaba un tornillo, un tubo metálico, tuercas y un tubo de PVC para construir una especie de escopeta Yagi de 18 o 36 pulgadas de longitud. Aunque la antena ofrecía una ganancia de entre 12 y 15 dBi (algo impresionante para un diseño tan simple), resultaba demasiado larga. Cuando volvimos de Portland, algunos integrantes de nuestro grupo local nos dimos cuenta de que, con mucho cuidado, se podría introducir una longitud de onda completa dentro de una lata de patatas Pringles (véase la figura 5.4). Tendría una ganancia global reducida pero también conseguiríamos una antena mucho más compacta.

Figura 5.4. La antena creada con la lata de Pringles acabada.

Para realizar este truco tan conocido necesitará aproximadamente una hora. En la tabla 5.1 se enumeran los componentes necesarios para empezar.

Tabla 5.1. Lista de componentes para una guía-ondas de lata de Pringles.

Componente	Precio
Cable de 5 5/8 pulgadas de longitud, 1/8" OD	1,00 €
Dos tuercas	0,10 €
Cinco arandelas de 1 pulgada, 1/8" ID	0,10 €

Componente	Precio
Tubo de aluminio de 6 pulgadas, 1/4" ID	0,75 €
Un conector para el adaptador pigtail (hemos utilizado un conector N hembra)	3,00 €
Un fragmento de ½ pulgada de cable de cobre sólido (hemos utilizado un cable de tierra eléctrico convencional)	Insignificante
Una lata de patatas Pringles (de cualquier sabor y, si lo prefiere, onduladas)	1,50 €
Un disco de plástico de 3 pulgadas de diámetro (como por ejemplo la tapa de otra lata de Pringles)	Insignificante
Total:	6,45 €

Evidentemente, si compra las piezas al por mayor le saldrán más baratas. Probablemente no encuentre fragmentos de 6 pulgadas de todos los cables; adquiera la cantidad estándar (1 o 2 metros) y paquetes de tuercas y arandelas. De esta forma tendrá piezas suficientes para construir dos antenas, todo por unos 10 euros. También necesitará las siguientes herramientas:

- Regla
- Tijeras
- Cortatubos (o una sierra o una radial)
- Una cuchilla profesional (o una sierra, para cortar los cables)
- Una herramienta afilada para perforar el plástico (como una lezna o un punzón)
- Pistola para pegar en caliente (a menos que el conector se sujete mediante tornillos)
- Hierro de soldar

Construcción del colector frontal

Marque y corte cuatro fragmentos de tubo, de 1.2 pulgadas (1 15/64 pulgadas). ¿Cómo se obtiene este valor? En primer lugar, calcule la longitud de onda de la parte inferior del rango de frecuencia que estamos utilizando (2,412 GHz o Canal 1). Será la longitud máxima del tubo:

```
W = 3.0 * 10^8 * (1 / 2.412) * 10^-9
W = (3.0 / 2.412) * 10^-1
W = 0.124 metros
W = 4.88 pulgadas
```

Cortaremos el tubo a un cuarto de la longitud de onda, de forma que:

```
1/4 W = 4.88 / 4
1/4 W = 1.22"
```

Tras ello, determinamos al alcance mínimo que utilizaremos (en Estados Unidos, 2,462 GHz o Canal 11):

```
W = 3.0 * 10^8 * (1 / 2.462) * 10^-9
W = (3.0 / 2.462) * 10^-1
W = 0.122 metros
W = 4.80 pulgadas
1/4 W = 1.20"
```

Se preguntará cuál es la diferencia entre el tubo de mayor longitud y el de menor. Pues aproximadamente 0,02 pulgadas o menos de 1/32 pulgadas, el tamaño de la hoja del cortatubos que estamos utilizando. Si se decide por 1,2 pulgadas se acercará lo suficiente. Corte el cable exactamente a 5 5/8 pulgadas. Las arandelas que utilizaremos tienen un grosor de 1/16 pulgadas, por lo que con un cable de este tamaño habrá espacio suficiente para el tubo, las arandelas y las tuercas. Realice un orificio en la parte central de la tapa de la lata de Pringles de tamaño suficiente para poder introducir el cable. Puede que sea el momento de comerse las patatas. Corte un disco de plástico de 3 pulgadas para ajustarlo en el interior de la lata. Puede utilizar otra tapa igual a la que debe recortar los bordes. Practique otro orificio en el centro de la tapa e introduzca uno de los tubos. Tras ello, monte el tubo. Puede utilizar la sierra o un taladro para recortar los extremos del mismo, en caso de que tenga dificultades para enroscar las tuercas. El tubo es una especie de sandwich que se introduce en el cable de la siguiente forma:

```
Tuerca Tapa Arandela Tubo Arandela Tubo Arandela Tubo con plástico
Arandela Tubo Arandela Tuerca
```

La figura 5.4 reproduce el ensamblado del colector. Apriete las tuercas pero no demasiado (la primera vez doblé el tubo; el aluminio se dobla con mucha facilidad). Simplemente apriételas hasta que encajen. Ya tenemos el colector frontal.

Preparación de la lata

Ya debería haberse comido las patatas (o, al menos, haberlas sacado de la lata). Limpie la lata y mida 3 3/8 pulgadas desde el fondo de la misma. Practique un orificio para poder introducir el conector. Mediante el procedimiento de prueba y error, el conector N se puede introducir directamente entre las palabras "Sodio" y "Proteínas" de una lata de Pringles, variedad Sal y vinagre.

Construcción de los elementos

Enderece el cable de cobre y suéldelo al conector. En el interior de la lata el cable debe ubicarse por debajo de la parte central (aproximadamente a 1 1/16 pulgadas). Si aumenta esta distancia perderá decibelios, por lo que debe realizar el corte en el centro de la lata.

Como teníamos prisa, utilizamos cola caliente para pegar el conector de la primera antena. Si tiene un conector con tuercas y arandelas, y no se atreve a realizar el agujero, utilícelo (no resulta tan sucio como utilizar la cola). Simplemente recuerde que se trata de cartón. Si no presta atención puede perforar las paredes de la lata.

Tras ello, introduzca el conector y cierre la tapa. El extremo interior del tubo no debe estar en contacto con el elemento de cobre, sino por delante del mismo. Si entran en contacto, probablemente el cable tenga una longitud excesiva.

¿Cómo se puede determinar la ganancia sin recurrir a avanzados equipos de análisis de radio? Por medio del software Link Test que incorporan las tarjetas Orinoco, puede ver los valores de señal y de ruido (en dB) de la señal recibida, así como probar la recepción de la misma. Como vivo a menos de un kilómetro y medio de las oficinas de mi editorial, teníamos un excelente banco de pruebas controlado para realizar los experimentos. Apuntamos a la antena omnidireccional del tejado y utilizamos el punto de acceso de la editorial para probar la conexión.

Para probar el rendimiento de la antena, empezamos con antenas comerciales de ganancia conocida para tomar los valores. Tras ello, conectamos las antenas de prueba y comparamos los resultados. Disponíamos de lo siguiente:

- Dos antenas sectoriales de panel de 180 grados y 10 dBi.

- Una antena sectorial de panel de 120 grados y 11 dBi.

- Una antena parabólica de 24 dBi.

- La antena de la lata de Pringles.

En la tabla 5.2 se recogen los valores de señal recibida y ruido de cada antena, aproximadamente en la misma posición física. Los resultados de la señal del punto de acceso eran prácticamente idénticos. Aunque sólo estábamos a 1,5 km de distancia, percibimos cierto efecto de desvanecimiento térmico; al llegar la noche, la ganancia era de 3 dB. (El día había sido especialmente caluroso; no recuerdo la humedad relativa pero el ambiente era seco.)

Tabla 5.2. Valores de señal y ruido percibidos.

Antena	Señal	Ruido
10dBi A	–83db	–92db
10dBi B	–83db	–92db
11dBi	–82db	–95db
24dBi	–67db	–102db
Lata de Pringles	–81db	–98db

Las antenas Yagi y las parabólicas son mucho más direccionales que las sectoriales y las omnidireccionales. Esto se reflejaba en los valores recibidos, ya que el nivel de ruido percibido era mucho menor que en las antenas más direccionales. Esto puede resultar muy útil en conexiones de larga distancia, ya que no sólo aumenta la señal percibida sino que también se reduce el ruido. Las antenas más direccionales también eliminan parte del ruido provocado por otros usuarios que traten de compartir el mismo espectro que nosotros. Sea un buen vecino y utilice las antenas más direccionales que encuentre (el ruido es negativo para todos).

Parece que la lata se amplía aproximadamente 45 grados en los laterales. No apunte la lata directamente a la dirección deseada, sino a la izquierda o a la derecha de dicho punto. También descubrimos que al elevar la antena los resultados mejoraban. Al apuntar la antena, manténgala por detrás del conector y muévala suavemente de izquierda a derecha mientras ejecuta el programa Link Test. Cuando reciba la máxima señal, eleve ligeramente el extremo de la lata para ver si se produce alguna variación. Realice movimientos lentos y cambie sólo una variable por vez.

Recuerde que la lata está polarizada, por lo que debe coincidir con la fase de la antena con la que quiera comunicarse (por ejemplo, si apunta a una antena omnidireccional, asegúrese de que el elemento se encuentra en la parte inferior o superior de la lata, o no podrá verla). Puede consultar la información anterior sobre polarización de antenas para ver cómo aprovechar las ventajas de este efecto.

En una de nuestras reuniones, uno de los miembros del grupo trajo un medidor de pérdida de retorno, de forma que pudimos medir la cantidad de señal que se devolvía. Los resultados no fueron tan buenos como esperábamos pero demostraron que la antena se podía utilizar, sobre todo en frecuencias bajas. Es muy probable que el grosor de las arandelas aumentara en exceso la longitud del elemento frontal. De la antena no sale potencia suficiente como para provocar daños debido a una elevada pérdida de retorno pero pone de manifiesto que la antena no está correctamente sintonizada.

Si necesita una antena más sencilla y de mayor ganancia, consulte el siguiente truco. El artículo original en el que se basa este truco lo puede encontrar en línea en `http://www.oreillynet.com/cs/weblog/view/wlg/448`.

TRUCO 73 — Guía-ondas de lata de barquillos

Construya una antena más sencilla y con mayor ganancia en una lata.

Desde que se publicó el experimento anterior, he recibido una gran cantidad de correos de usuarios que lo han probado personalmente. Mientras que algunos disfrutaron con tan sólo crear una antena reciclada a partir de un envase, otros me comentaron que no era un mal diseño pero que habían encontrado soluciones mejores. Uno de estos usuarios fue Gregory Rehm. Con mi diseño de la lata de Pringles y otro de una lata de café en el que estaba trabajando, creó los suyos propios (incluyendo uno de una lata de estofado de carne). En su sitio Web encontrará documentación sobre sus experimentos y análisis (`http://www.turnpoint.net/wireless/has.html`). Resulta muy entretenido (y en caso de que no pueda esperar, le diré que su lata de estofado gana con diferencia).

Vistos los resultados, resulta mucho más sencillo construir una antena guía-ondas en una lata metálica que preocuparse por cortar tubos, cables y añadir arandelas.

En la dirección `http://www.turnpoint.net/wireless/cantennahowto.html` encontrará un magnífico manual práctico con fotografías, diagramas y fórmulas. Otra solución con un diámetro adecuado para la frecuencia 2,4 GHz es una lata de barquillos (véase la figura 5.5). Se puede conseguir una antena mucho más sencilla, robusta y eficaz que con la lata de Pringles y, lo mejor de todo, nos podemos comer los barquillos.

En concreto, debe buscar una lata de 3 ½ pulgadas de diámetro. Confeccione un conector N con un radiador interno de 1,2 pulgadas (como el utilizado en el ejemplo anterior) y sujételo a la lata a aproximadamente 1,9 pulgadas desde la cara posterior.

Ya está. Ha conseguido una guía-ondas instantánea sin necesidad de cortar ni un fragmento de tubo.

Véase también

- The ARRL Antenna Book (`http://www.amazon.com/exec/obidos/tg/detail/-/0872598047/`)

- The ARRL Microwave Experimenter's Guide (`http://www.amazon.com/exec/obidos/tg/detail/-/0872593126/`)

Figura 5.5. La antena de lata de barquillos.

 TRUCO 74 ## Plato Primestar con alimentación guía-ondas

Utilice una antena guía-ondas en una lata junto con una antena parabólica reciclada.

Recientemente, Primestar fue adquirido por Direct TV, que se está desprendiendo de todos los equipos Primestar. Esto significa que las antenas parabólicas van a desaparecer y que están disponibles para otros usos diferentes al que comentaremos aquí.

Resulta muy sencillo convertir un plato Primestar en una antena altamente direccional para la conocida red inalámbrica IEEE 802.11. La antena resultante tiene una ganancia de aproximadamente 22 dB y se alimenta por medio de un cable coaxial de 50 ohmios. Se suele utilizar un cable LMR4000 o 9913 de baja pérdida si la fuente de alimentación se encuentra a varios metros de la antena. (En un truco anterior encontrará una detallada guía sobre cables.)

En la figura 5.6 se reproduce el plato Primestar en funcionamiento.

Para construir nuestra propia antena, necesitaremos los siguientes elementos y un par de horas:

- Un plato Primestar (puede utilizar otro cualquiera, pero si es de mayor tamaño que el Primestar, la ganancia será mayor).

Figura 5.6. Plato Primestar en el tejado.

- Una lata de refrescos (de 4 pulgadas de diámetro y al menos 8 pulgadas de altura).

- Un conector N con montura de chasis.

Una vez decidido el punto en el que quiere instalar la antena, quite el aparato que se encuentra en la parte de alimentación de la antena. Guarde el hardware de montaje. Con ayuda de un abrelatas, corte uno de los extremos de la lata, bébase el refresco y límpiela. Suelde un cuarto de cable (1,15 pulgadas) al conductor central del conector N.

Por medio de un taladro o con la herramienta que considere adecuada, monte el conector N a 1,2 pulgadas del extremo cerrado de la lata. Es aconsejable practicar un orificio en el punto inferior de la lata para evitar que se acumule el agua. Después de utilizar uno de estos artefactos en mi tejado durante unos meses, he aprendido que no está de más poner una tapa de plástico en el extremo abierto de la lata para que el interior no se oxide. En mi caso, el interior se ha oxidado y he perdido un par de dB en la intensidad de la señal. Puede que ambos factores estén relacionados.

Instale la lata de forma que la apertura reciba el enfoque del plato. En mi instalación (véase la figura 5.7) no lo conseguí correctamente pero sólo se perdieron uno o dos dB. Como la señal sigue siendo de 25 dB, no es una pérdida tan relevante. La solución más rápida consiste en instalar la lata lo más lejos posible de la montura, practicando dos orificios en la misma y sujetándola con tornillos. Un método más perfeccionado sería encontrar el punto de alimentación óptimo (situado un poco más atrás) y utilizar un tubo de PVC para alargar la montura de forma que la alimentación se encuentre en la posición perfecta. En algunas instalaciones, todos los decibelios cuentan, por lo que debe tenerlo en cuenta.

Figura 5.7. Interior de la lata.

Consideraciones adicionales

Esta antena es muy direccional. Conviene alinearla con gran precisión o se perderá parte de la señal. También debe instalarse de forma segura, para que no gire con el viento.

Se trata de una antena de alimentación desplazada, lo que significa que el rotor polar (la lata de refrescos) no está dirigido en la dirección de la señal entrante, para no estorbar al plato. De esta forma, su direccionamiento resulta un tanto complicado, ya que parece estar dirigida hacia abajo cuando en realidad apunta hacia el horizonte (como se aprecia en la figura 5.6). Puede utilizar la escala del plato para determinar la altura a la que debe situarlo. El plato no es tan direccional de abajo a arriba como lo es lateralmente. Es una ventaja, ya que sin necesidad de girarla de arriba a abajo, una montura estándar sólo se puede elevar unos grados sobre el horizonte. Al no girarla, se sacrifican decibelios, sobre todo por que la he montado sobre un tubo de ventilación y no quiero que sufra una carga del viento tan elevada. Como he mencionado anteriormente, tampoco necesito tanta señal.

IEEE 802.11a

Como si este truco no fuera lo suficientemente completo, la antena se puede adaptar para utilizarla con equipos 802.11a a 5.8 GHz. Basta con aumentar las dimensiones de la lata de alimentación y de la antena a 2,4 / 5 = 48 % de las dimensiones que acabamos de mencionar. Recuerde que la longitud de onda se reduce al aumentar la frecuencia, por lo que las antenas de ganancia equivalente a mayores frecuencias son de hecho más pequeñas.

El artículo original en que se basa este truco se encuentra disponible en `http://www.wwc.edu/~frohro/Airport/Primestar/Primestar.html`.

Rob Frohne

TRUCO 75 — Alimentador Biquad para un plato Primestar

Construya una antena de mayor ganancia a partir de un plato Primestar reciclado.

Los platos Primestar son reflectores parabólicos de alta ganancia y precio reducido con alimentación desplazada. Tienen un rendimiento lateral superior al de una antena de malla de cable, lo que reduce las posibilidades de interferencia de la conexión. Además, el espacio entre la ranura de alimentación y la barra de montaje del alimentador es mínimo, aproximadamente de 55 mm, menos de media longitud de onda a 2,4 GHz. La imposibilidad de ajustar correctamente la apertura del plato o de minimizar la radiación en la barra de montaje genera una pobre ganancia y/o lóbulos laterales significativos. En la figura 5.8 puede comprobar que el alimentador se ha polarizado verticalmente. Para que sea horizontal, basta con girarlo 90 grados. Perderá unos 3 dB de ganancia cuando utilice el modo horizontal, ya que el patrón de radiación del biquad es más indicado para la forma oblonga del plato cuando está polarizado verticalmente.

Construcción del biquad

Utilicé tarjetas de circuitos impresos para el reflector 110 x 110 mm. Pero también puede utilizar láminas de cobre o bronce. Puede emplear aluminio si no es necesario soldar el cable coaxial rígido al punto de alimentación.

Figura 5.8. Alimentador biquad montado en el plato.

Los "labios" del reflector tienen una altura de 30 mm y permiten reducir el acoplamiento en la barra de montaje. Solamente tendrá que utilizarlos en el borde del eje principal del reflector. Permiten reducir la radiación de los lóbulos traseros del biquad en casi 6 dB. La mejor SWR se obtiene cuando el bucle biquad se encuentra a 15 mm por encima del suelo, aunque se puede variar si ajusta esta distancia.

Con un tubo de cobre de 3/4 de pulgada puede sujetarlo a la montura del plato Primestar. El cable coaxial de 0,141 de diámetro se suelda al suelo para sujetar físicamente la estructura. Si el biquad se construye con cuidado, no existirá radiación en el eje del cable coaxial, no se inducirá corriente al conductor externo del cable coaxial y no se necesitará un transformador Balun.

Para construir el elemento, utilice un fragmento de cable de cobre de 1,2 mm, de 244 mm de largo. Dóblelo a la mitad y, tras ello, doble cada uno de los extremos por la mitad (para añadir los puntos de soldadura). Seguidamente, doble los cuatro ángulos rectos restantes para que los elementos laterales sean rectangulares y se cree un hueco de 1,5 mm para soldarlo al alimentador. La anchura de los dos elementos será de aproximadamente 30,5 mm desde el centro de un cable al otro. En la figura 5.9 puede ver el alimentador terminado.

Puede utilizar un cable coaxial estándar para realizar la conexión si no dispone de cable rígido, pero tendrá que determinar cómo sujetar físicamente el bucle. La mejor SWR se obtiene cuando el bucle se encuentra a 15 mm del suelo y cuando el reflector se instala a 10 mm por delante de la sujeción del alimentador.

Figura 5.9. El alimentador completado.

Eso es todo. Ya tenemos un plato con 27 a 31 dBi de ganancia y una radiación en los lóbulos laterales de <40 dB. El ancho del haz es de aproximadamente 4 grados. En la figura 5.10 se reproduce un modelo del patrón de radiación del Biquad.

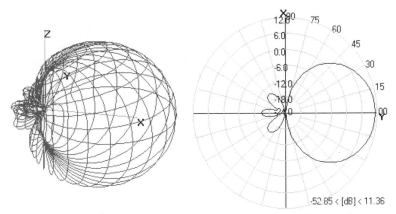

Figura 5.10. Patrón de radiación aproximado del Biquad.

Antena Biquad para radios móviles PCS

¿Necesita una mayor cobertura para su teléfono móvil? Puede crear un Biquad para 1900 MHz de la misma forma que en el ejemplo anterior, aunque para ello debe utilizar un cable de 304 mm de longitud, y doblarlo en 8 brazos de 39,5 y 39,5 mm de largo. El plano de tierra debe tener un tamaño superior, un cuadrado de aproximadamente 160 mm. Si su teléfono móvil no cuenta con una conexión de de entrada RF coaxial, puede utilizar un solo quad para dirigir la señal a la antena existente. No es la solución perfecta pero funciona correctamente en la práctica. Suelde un alambre a cualquiera de los extremos de alto voltaje (a 39 mm del alimentador) de un bucle de 152 mm, y conéctelo a la antena que esté utilizando. Ya puede conectar su teléfono por medio de varios metros de cable coaxial a la antena del tejado para utilizarlo en cualquier zona.

El artículo original en el que se basa este truco se encuentra disponible en la dirección http://www.trevormarshall.com/biquad.htm.

Trevor Marshall

TRUCO 76 Antena omnidireccional de fragmentos de cable

Construya una antena omnidireccional de alta ganancia por medio de fragmentos de cable de alimentación.

La mayoría de los diseños que se encuentran en la Web para antenas omnidireccionales de 2,4 GHz implican el uso de tubos de bronce y cable LMR-400, elementos de los que no dispongo en este momento. Pero encontré un diseño coaxial para 444 MHz que se basaba en la misma idea. El único cable que podía conseguir era un modelo RG-213 de Maplin (http://www.maplin.co.uk). Podía intentarlo si escalaba el diseño a 444 MHz hasta 2,4 GHz y utilizaba el cable RG-213. Para obtener 6 dB de la antena, necesitaba 8 sectores, con una sección de onda de ¼ en la parte superior y un cable con un conector N en la parte inferior. Necesitará entre dos y tres horas en construir una antena con este diseño pero no se preocupe si le lleva más tiempo. En la figura 5.11 puede ver la antena completada.

Figura 5.11. La antena omnidireccional completada.

Cada uno de los sectores de la antena debe tener ½ longitud de onda, multiplicado por el factor de velocidad del cable. El factor de velocidad de un cable RG-213 es 0,66. Si decide utilizar un cable diferente (como LMR-400), necesitará el factor de velocidad del mismo (que puede ser diferente) y calcular de nuevo las dimensiones:

```
                       V * C      0.66 * 299792458
1/2 longitud de onda = ------  =  ----------------  = 0.0405 m  = 40.5 mm
                       2 * F       2 * 2441000000

   V = Factor de velocidad de RG213 = 0.66
   C = Velocidad de la luz = 299792458
   F = Frecuencia de la señal = 2441000000 (punto medio 2,4 GHz)
```

El elemento ¼ de onda no se ajusta por medio del factor `Velocidad`, ya que se encuentra al descubierto, por lo que funciona con una longitud de 31 mm, con lo que la longitud total de la antena y el cable de extensión será de 355 mm.

En cualquier tienda de electrónica podrá encontrar todos los componentes necesarios para construir esta antena. Son los siguientes:

- 1 metro de cable RG-213U. Suficiente hasta para dos antenas. Compre la cantidad de cable de extensión que necesite.

- 1 conector N. En función de dónde quiera conectar la antena tendrá que utilizar conectores macho o hembra, en línea o no. Recuerde que los conectores en línea deben admitir cable RG-213 de 10 mm de diámetro.

- Conducto PVC de 20 mm. Debe tener un diámetro interno de 20 mm y un diámetro externo de 22 mm.

- Abrazaderas para tubos de 22 mm (en función de cómo quiera montar la antena). Si utiliza estas abrazaderas le resultará más sencillo.

También necesitará estas herramientas:

- Regla milimétrica

- Una sierra para metales

- Una cuchilla

- Alicates

- Hierro de soldar estándar (no necesitará uno profesional) y soldador

- Tacos de madera para utilizar como plantilla durante la soldadura

- Un torno para sujetar el cable mientras lo corta

Cortar los fragmentos

Después de muchas pruebas, descubrí que la forma más sencilla de cortar los cables era con una sierra para metales. El acabado es mucho más preciso que con el cortador de cables.

Cada sector es un pequeño fragmento de cable RG-213, y el contenido central sobresale en cada extremo. Para construir la antena no es importante la longitud exacta de cada fragmento de cable RG-213, lo que importa es la longitud global de cada sector. Si corta el cable a 37 mm y sobresalen 6 mm del filamento interno tendrá espacio suficiente para soldar los segmentos entre sí. Si deja 1 mm para el ancho de la sierra al cortar los sectores, necesitará 37 + 6 + 6 + 1 = 50 mm de cable para cada sector. Si corta 8 sectores y añade ¼ de sección de onda, el total asciende a 420 mm de cable para la antena y el cable de extensión.

La forma más indicada de cortar cada sector consiste en practicar los cortes en el punto en el que estarán los extremos de cada sector, antes de realizar el corte del mismo. En la figura 5.12 se ilustran las tres secciones superiores de la antena y la sección de onda de ¼, indicando el orden en el que deben realizarse los cortes.

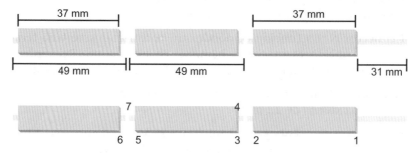

Figura 5.12. Longitud de los segmentos.

Para realizar los cortes, conviene marcar primero las incisiones en el cable. Cuando corte el cable, verá que tiende a deformarse y doblarse, por lo que debe utilizar la sierra en la cubierta exterior, sin atravesarla, para indicar por dónde irá el corte final. En mi caso utilizo la sierra para metales para indicar la marca de corte de cada sección.

La primera marca se practica a 31 mm del extremo del cable, que se corresponde a la sección de un ¼ de onda de la parte superior. Una vez realizada la marca, puede cortar el cable. Puede que al principio necesite cierta práctica pero podrá liberarlo al atravesar la cubierta y llegar al aislamiento central. Si deja la cantidad suficiente de cubierta a ambos lados del corte podrá conservar la protección central.

Con ayuda de los alicates, doble 31 mm de la cubierta y de la protección en el extremo del cable. De esta forma podrá acceder al aislante central. Utilice la cuchilla para cortar el aislante, con cuidado para no dañar el filamento. Doble el aislamiento para quitarlo (véase la figura 5.13). Verá el filamento trenzado a través del aislante. Haga la siguiente marca 37 mm más abajo (a 68 mm desde el extremo del cable), que se corresponde al corte del otro extremo de la sección cubierta del sector superior. La siguiente marca está 13 mm después (esta sección está formada por 6 mm de núcleo de cada sector más 1 mm del corte entre sectores; 81 mm desde el extremo) y es la parte superior de la sección cubierta del segundo sector. La siguiente marca aparece de nuevo 37 mm más abajo, tras ello a 13 mm, a 37 mm y así sucesivamente, hasta que haya marcado todas las secciones cubiertas.

Figura 5.13. El conductor central queda al descubierto.

Empiece a realizar los cortes, únicamente a través de la cubierta y la protección hasta llegar al aislante central. Primero haga el corte a 37 mm y, tras ello, practique el siguiente corte 13 mm más abajo. Puede que al realizar este corte se desprenda parte de la protección, ya que la cubierta de 13 mm no puede sujetar la protección lo suficiente, pero no se preocupe.

Ya puede cortar el sector superior del cable. Corte el cable por el punto central de los dos cortes que acaba de realizar, es decir, a 43,5 mm del extremo final de la cubierta o a 74.5 mm con respecto al extremo del cable. En la figura 5.12 puede consultar la posición 4. Con mucho cuidado, corte el cable con la sierra. Quite la cubierta y la protección de cada extremo.

Recorte el aislante como en el paso anterior, sin cortar el cable central. Continúe practicando cortes a 37 mm de la cubierta y a 13 mm más abajo (a 50 mm desde el extremo de la cubierta). Tras ello, corte el cable por el punto situado entre los dos cortes. Ya tenemos otro sector. Necesitamos ocho en total. Realice los mismos cortes para el octavo sector que será la parte superior del cable de extensión. Una vez conseguidos los ocho sectores, tendrá que comprobar que en ninguno de ellos la protección está en contacto con el cable central.

Tras ello, tendrá que realizar un corte en V con la cuchilla en cada extremo de los sectores para dejar al descubierto la protección, punto al que se soldará el núcleo central del siguiente sector, como se indica en la figura 5.14.

Figura 5.14. Corte en V.

Asegúrese de que los cortes en V de cada sector están alineados; en caso contrario, cuando soldemos la antena, todos los elementos quedarán retorcidos. Una vez terminados los ocho sectores, llega la hora de unirlos.

Crear una plantilla

Si no dispone de ninguna herramienta para sujetar los sectores, puede utilizar tacos de madera para sujetarlos mientras los suelda. Las abrazaderas que aparecen en la parte derecha de la figura 5.15 no deben tener más de 30 mm de longitud. La base de la plantilla debe extenderse hacia la derecha para poder acomodar la longitud total de la antena, ya que ésta no es lo suficientemente rígida para sostenerse por sí misma. No apriete demasiado las abrazaderas, ya que tendrá que sacar el cable después de soldarlo.

Figura 5.15. Una plantilla para sujetar el cable mientras lo soldamos.

Cuando esté listo para soldar los sectores, compruebe que el espacio entre cada uno es el correcto. La longitud total de cada sector debe ser de 40,5 mm. Mida desde un extremo de la protección del sector hasta el mismo extremo del siguiente sector, y sepárelos o acérquelos hasta que la distancia entre los mismos sea de 40,5 mm.

Trate de hacerlo con la mayor precisión ya que, en caso contrario, puede afectar a la dirección en que transmita la antena. Debe dejar un espacio de 3 mm entre las cubiertas de cada sector. En la figura 5.16 se muestran los detalles de un sector soldado.

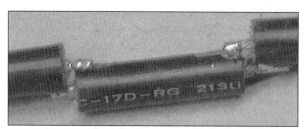

Figura 5.16. Sección soldada de un cable.

Una vez soldados los dos sectores entre sí, levántelos, gírelos y desplácelos por la abrazadera para pasar al siguiente. De esta forma conseguiremos una antena recta. Al soldar, no olvide calentar tanto la protección y el núcleo para que la soldadura se fije con mayor sujeción.

Una vez completado, pruebe el cable con una pila y una bombilla o un multímetro. El centro del cable de extensión debe formar un circuito con la sección de ¼ de onda, y desde la protección del cable de extensión hasta la de la sección superior. Compruebe que no haya conexiones cruzadas para lo cual debe asegurarse de que no hay un circuito entre el centro del cable de conexión y la protección del sector superior, ni entre la sección de ¼ de onda y la protección del cable de extensión.

Tras ello, añada el conector N al extremo del cable de extensión. El tipo de conector que utilice dependerá de a qué quiera conectar el cable. En mi caso utilizo conectores en línea, pero puede emplear el tipo que desee. Introduzca la antena en el conducto. Debería encajar con facilidad. Busque el tapón de una botella de plástico y colóquelo en el extremo superior de la antena.

Ya tenemos una antena. La sujeción de la antena al conducto debe realizarse cuando ya haya pensado dónde instalarla. Puede realizar ranuras de 5 cm en la parte inferior del conducto y utilizar una abrazadera de metal para sujetar el cable de extensión, taladrar un orificio en el conducto y utilizar una brida para atar el cable de extensión, o pegar el tapón de una botella con un conector a la parte inferior del conducto, o pegar el cable de extensión. Lo que quiera.

Descargo de responsabilidades

Me gustaría mencionar que en ningún caso garantizo que este diseño resulte adecuado para todas las situaciones y no me hago responsable de la aplicación que se haga del mismo o de ninguna antena basada en este diseño. Si quiere construir una antena utilizando este diseño, asegúrese de que no incumple las normativas locales que se apliquen en su caso y que es compatible con el hardware al que la conecte. En caso de duda, adquiera una antena comercial.

El artículo original en el que se basa este truco lo puede encontrar en la dirección `http://wireless.gumph.org/articles/homemadeomni.html`.

 TRUCO 77 · Guía-ondas ranuradas

Construya una antena omnidireccional o unidireccional de alta ganancia polarizada horizontalmente. Y con un llamativo aspecto.

Al contrario de lo que sucede con las antenas de banda ancha como la Biquad que describimos anteriormente, las guía-ondas ranuradas son antenas resonantes y tienen un alcance de frecuencia operativo relativamente reducido. Los diseños descritos en este truco ofrecen un ancho de banda adecuado para cualquier WLAN, pero se han diseñado con especial atención y deben construirse con la misma atención.

El principal atractivo de un diseño ranurado es su simplicidad. Una vez construida la primera, resulta muy sencilla crear muchas más. La ganancia apenas varía en el espectro 802.11, aunque se reduce ligeramente en los extremos. En la figura 5.17 se reproduce un modelo direccional de 8 elementos.

Figura 5.17. Guía-ondas ranurada de 8 elementos.

Cómo funciona una antena guía-ondas

Una guía-ondas es una línea de transmisión de pérdida baja. Nos permite propagar señales a una serie de antenas más pequeñas (ranuras). La señal se transmite a la guía-ondas por medio de un sencillo cable coaxial; al desplazarse por la guía, atraviesa las ranuras. Cada una de estas ranuras emite una cierta cantidad de energía. Las ranuras están dispuestas en forma de matriz lineal y el total de todas las señales irradiadas se combina para ofrecer una significativa ganancia sobre un pequeño intervalo de ángulos próximos al horizonte. Es decir, la antena guía-ondas transmite prácticamente toda su energía al horizonte, al punto exacto que determinemos. Su excepcional colocación en el plano elevado ofrece una ganancia de alta potencia. Además, al contrario de lo que sucede con las antenas lineales verticales, las guía-ondas ranuradas transmiten su energía mediante polarización horizontal, el tipo más indicado para realizar transmisiones a larga distancia.

Antenas guía-ondas unidireccionales

Describiremos dos diseños unidireccionales. La primera tiene ocho ranuras y una longitud de 30 pulgadas. La segunda tiene 16 ranuras y tiene unos 5 metros de largo. De sencilla construcción, la antena de ocho ranuras constituye un magnífico punto de partida para cualquier principiante. En mi caso, utilicé herramientas manuales para construir el prototipo de ocho ranuras.

El diseño de 16 ranuras puede emitir en un ancho de haz mayor, ya que se incluyen alas adicionales a ambos lados de la guía, niveladas con respecto a la superficie frontal (ranurada). Pueden ser de aluminio extendido o planas, y deben superar en 9,6 pulgadas los laterales de la guía. Actúan como toma de tierra para las ranuras. No cambie esta dimensión: se trata de dos longitudes de onda eléctricas.

Antenas guía-ondas ranuradas omnidireccionales

La guía-ondas ranurada resulta mucho más útil cuando se utiliza de forma omnidireccional. Es la forma más sencilla de conseguir una ganancia de 15 dBi reales sobre 360 grados de ancho de haz.

La polarización horizontal en una red de área amplia puede duplicar el número de usuarios que se conectan entre sí sin provocar interferencias. Al utilizar antenas Biquad o Patch polarizadas horizontalmente (siempre que se haya probado el rendimiento entre polarizaciones) en el lado cliente, tienen 20 dB más que la misma antena colinear vertical. Por el contrario, las antenas receptoras polarizadas verticalmente prefieren una colinear de polarización vertical a una guía-ondas similar. La transmisión en un canal adyacente (por ejemplo, los canales 5 o 7) que normalmente no se permitía debido a las interferencias, ahora es posible. De esta forma, una serie de clientes de polarización horizontal pueden comunicarse con una estación central horizontal en los mismos canales o canales adyacentes que otros clientes utilicen con polarización vertical.

Para que una antena unidireccional emita en los 360 grados del azimut se practica un segundo conjunto de ranuras en la cara posterior de la guía-ondas. Al mirar de frente la superficie de la guía-ondas, se puede ver a través de ambas ranuras.

Desafortunadamente, a menos que se utilice un elevado número de ranuras, la antena se convierte en un radiador bidireccional, y no en un dispositivo omnidireccional. Esta antena se inventó en 1940 y como las tecnologías de simulación y medición son ahora más precisas, es evidente que los diseños utilizados en el pasado distaban mucho de ser óptimos. El defecto más habitual es una ligera variación del patrón de radiación en los extremos del rango de frecuencia. Esto sucede cuando la longitud de onda de la señal que se desplaza por la guía difiere del espaciado entre ranuras.

En mi caso, utilizo 32 ranuras para obtener una ganancia de 15 dBi, emitidos de forma omnidireccional y uniforme. Con esta cantidad de ranuras resulta más sencillo disipar la energía de la guía-ondas. Como ocurre con los modelos unidireccionales de 16 ranuras, se necesitan dos conjuntos de alas (una en cada superficie de la ranura) para obtener una radiación de energía completa en los 360 grados.

La curva de ganancia frente a frecuencia alcanza el nivel máximo a 2440 y se transmite correctamente por los 14 canales.

Antenas guía-ondas ranuradas altamente direccionales

En ocasiones conviene utilizar una antena altamente direccional. Por ejemplo, al establecer un enlace punto a punto entre dos edificios, no es aconsejable disponer de un ángulo de cobertura demasiado amplio. Cualquier interferencia de otros dispositivos 802.11b (o de hornos microondas) presentes en la zona de radiación afectará a la integridad de la conexión.

La antena idónea en este tipo de situaciones es una parabólica, como por ejemplo Primestar. Por medio de mi alimentador Biquad se pueden rechazar interferencias externas al cono principal de 5 grados de la parabólica de 30 dB o más.

No obstante, si una antena guía-ondas de 16 ranuras se coloca en posición horizontal, paralela al suelo, radiará polarización vertical. La capacidad de dirección de la antena en este plano es extremadamente positiva. Por esta razón, si no puede conseguir una parabólica, pruebe con estas guía-ondas ranuradas, paralelas al suelo. Funcionan realmente bien.

Detalles para construir la antena unidireccional de ocho ranuras

La extrusión base de todas mis guía-ondas ranuradas es un tubo rectangular de aluminio de 4" x 2" O.D. con paredes de 1/8 pulgadas de grosor. Las dimensiones internas son 95,4 mm x 44,6 m. Estos valores son esenciales y sólo pueden oscilar +/- 1 mm si la frecuencia central de la antena va a ser +/- 1 canal. Puede cortar los fragmentos de los extremos de una barra de aluminio plana de 5/16 x 1 3/4 pulgadas.

Las antenas guía-ondas son bastantes precisas en lo que se refiere a las dimensiones necesarias para construirlas, y la forma más sencilla de construirla es utilizar una fresadora. He calculado estos diseños para que le resulten más sencillos de copiar; con una diferencia de 1 mm funcionarán perfectamente pero preste especial atención a las dimensiones. En mi caso, utilicé una plantilla, una cortadora manual profesional, una broca multiperfil de 1/4 de pulgada y cantidad de agua para las ranuras. Todo funcionó correctamente (aunque resultó un poco tedioso). En serio, un milímetro más o menos no va a estropear la antena.

Acoplar la señal a la guía-ondas

Como mencionamos anteriormente, vamos a propagar la señal WLAN por una guía-ondas y la utilizaremos para activar una serie de radiadores elementales, las ranuras. Lo primero que debe hacer es acoplar la señal a la antena. Para ello necesita un conector N.

Utilice un fragmento de base de cobre o de bronce de 20 x 40 mm y déle forma de cono. Puede utilizar la figura 5.18 como plantilla.

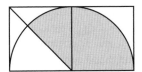

Fragmento de 20 mm x 4 mm

Figura 5.18. Plantilla para el cono de alimentación.

Suéldelo al conductor interno del conector N. Debe tener una longitud de 20 mm y un diámetro máximo de 15 mm. Al soldarlo al conector N, debe sobresalir exactamente del centro de la guía-ondas, sin superarlo. El cono de alimentación completado se reproduce en la figura 5.19.

Figura 5.19. El cono de alimentación completado.

Es necesario modificar para RF ambos extremos de la guía-ondas. La forma más sencilla de hacerlo consiste en cortar fragmentos de 3,75 pulgadas de una barra de aluminio de 5/16 x 1,75 pulgadas. Le recomiendo que construya correctamente los enchufes de los extremos, aunque no se necesite un contacto eléctrico perfecto.

Recuerde que los tornillos no deben perforar la guía-ondas más de 1/8 de pulgadas, en especial los que sujetan el conector N. En caso contrario, el rendimiento se verá afectado.

Antena omnidireccional de 8+8 ranuras

La longitud total de aire en el interior de la guía-ondas omnidireccional de 8+8 ranuras, de extremo a extremo, es de 765 mm. Instale el conector N en el centro de la parte más ancha: a 27,5 mm de uno de los extremos (la base) del espacio de aire de la antena y desplácelo 10 mm con respecto a la línea central frontal, en la misma dirección que el desplazamiento de la primera ranura. La longitud de onda de la radiación transmitida por la guía-ondas es superior a la longitud de onda exterior (en este diseño, es de 161 mm).

La primera ranura se ha centrado 1,0 longitud de onda con respecto a la base, como máximo en el campo H de la guía-ondas. La longitud es de 161 mm con respecto a la base del espacio de aire. El componente H es el encargado de inducir la energía a las ranuras y de que éstas realicen la transmisión. Cada ranura tiene una longitud de 59 mm y se extiende hacia afuera desde la línea central con un ancho de 17 mm. La guía-ondas activa los bordes de la ranura, en función de su posición sobre la superficie de la guía. Si se monta en forma de horquilla sobre el centro exacto, cada borde de la ranura se activará en antifase (es decir, las ondas se cancelan entre sí) y no habrá radiación alguna. Al desplazar los bordes de las ranuras, cuanto mayor sea el desplazamiento, mayor será la energía disipada en cada ranura. La longitud eléctrica de cada ranura debe ser de 59 mm. Evite que el canto de las ranuras sea excesivo en los extremos (máximo 2 mm de radio). Le recomiendo que remate el corte con una broca multiperfil de 1/8 pulgadas. Puede utilizar la broca de 1/8 en una fresadora para cortar la totalidad del contorno rectangular. Recuerde que aunque las ranuras se hayan dispuesto de forma vertical, irradian polarización horizontal.

Para la antena omnidireccional de 8+8 ranuras, las ranuras de la 2 a la 8 están centradas a una distancia de 241, 322, 403, 483, 564, 644 y 724 mm con respecto a la base del espacio de aire, dispuestas a lo largo de la línea central. No importa la dirección en la que corte la primera, pero debe alternarlas. La placa final debe formar un espacio de 765 mm. Si mira de frente a la guía, podrá ver a través de las ranuras delanteras y traseras.

Antena unidireccional de ocho ranuras

La longitud total de aire dentro de la antena unidireccional de ocho ranuras, de extremo a extremo, es de 760 mm. Instale el conector N en el centro de la parte más ancha, a 25 mm de la base del hueco de la guía. La longitud de onda de la radiación transmitida por la guía-ondas es, en este diseño, de 160 mm. La primera ranura se ha centrado 1,0 longitud de onda con respecto a la base, como máximo en el campo H de la guía-ondas. La longitud es de 160 mm con respecto a la base del espacio de aire. Cada ranura tiene una longitud de 20 mm. La guía-ondas activa los bordes de la ranura, en función de su posición sobre la superficie de la guía. Si se monta en forma de horquilla sobre el centro exacto, cada borde de la ranura se activará en antifase y no habrá radiación alguna. Al desplazar los bordes de las ranuras, cuanto mayor sea el desplazamiento mayor será la energía disipada en cada ranura. La longitud eléctrica de cada ranura debe ser de 59 mm. Evite que el canto de las ranuras sea excesivo en los extremos. Recuerde que aunque las ranuras se hayan dispuesto de forma vertical, irradian polarización horizontal. Las ranuras de la 2 a la 8 están centradas a una distancia de 240, 320, 400, 480, 560, 640 y 720 mm con respecto a la base del espacio de aire, dispuestas a lo largo de la línea central. No importa la dirección en la que corte la primera, pero debe alternarlas. La placa final debe formar un espacio de 760 mm.

Detalles para la construcción de un diseño de 16 y de 16+16 ranuras

La longitud de onda correcta para estos diseños es de 161 mm. La ganancia de una antena unidireccional de 16 ranuras es de 15 a 17 dBi, comprobado mediante pruebas, por la totalidad de la banda. La de 16 ranuras ofrece una ganancia ligeramente superior a la del modelo 2419G Mesh Parabolic de Hyperlink Technologies, que debería ser de 19,1 dBi.

El ancho de ranura para el modelo de 16 ranuras es de 15 mm y de 12 mm para la de 32 ranuras; en caso contrario, las dimensiones básicas son las mismas.

El artículo original sobre el que se basa este truco lo puede encontrar en la dirección http://www.trevormarshall.com/waveguides.htm.

Trevor Marshall.

El repetidor pasivo

Utilice un dispositivo pasivo que no necesita potencia para traspasar obstáculos.

Todo el mundo que conocemos recibe señales de 7, 14, 21 kilómetros por salto o incluso superiores. Solamente necesitamos desplazarnos 5 km pero hay una colina en el camino; lo que nos fastidia no es la distancia, sino el obstáculo. Podríamos instalar una estación repetidora en la colina pero no llega corriente hasta allí y no podemos costearnos un sistema de energía solar para que nos deje en la estacada los días nublados. Lo que necesitamos es un repetidor pasivo.

Imagine que la colina se encuentra justo en el medio. Para asegurarnos de que obtenemos una señal suficiente, compramos dos platos parabólicos de 24 dBi, los instalamos en un poste de varios metros y establecemos conexiones a través de rutas despejadas a las estaciones finales. Ambos extremos también cuentan con platos de 24 dBi. Emocionado con la idea de conseguir alta velocidad en su casa por primera vez, al encender su equipo comprueba que no recibe señal. ¿Qué ha salido mal?

Analicemos el funcionamiento que debe tener nuestro sistema. Si no tuviéramos un obstáculo en el medio, las antenas finales garantizarían una señal de gran intensidad a lo largo de los cinco kilómetros del trazado. Desde el punto de origen, la señal sólo recorre la mitad del trazado, por lo que sabemos que la señal en el kilómetro 2,5 es cuatro veces superior de lo que sería en el kilómetro 5 (debido a la ley del cuadrado inverso que veremos más adelante). Por ello, pensamos que la señal del cable debe iniciarse desde la segunda antena y transmitirse hasta la casa, ya que sólo tiene que recorrer un salto de 2,5 km.

Pues bien, el sistema funciona como pensábamos que lo haría. Simplemente no vemos la señal porque es demasiado débil. En primer lugar, debemos determinar la cantidad de señal que percibiríamos si no hubiera obstáculos en el trazado.

A 2,4 GHz, la atenuación del trazado libre (pérdida) se puede calcular de esta forma:

```
Pérdida (en dB) = 104.2 + 20 log d
```

donde d se expresa en millas, kilómetros o metros, como prefiera. Con una calculadora científica, podemos obtener la pérdida del trazado de 5 kilómetros mediante este cálculo:

```
104.2 [más clave (+)] 20 [veces la clave (x)] [clave de registro] 5
[equivale a la clave (=)]
```

El resultado será 116,24. Si lo desea, puede consultar la tabla de búsqueda que incluimos en un capítulo posterior, en la que se proporciona la pérdida aproximada para una distancia dada. Se preguntará qué cantidad de señal existe en el trazado de cinco kilómetros sin obstáculos. Imaginemos que tenemos antenas de 24 dBi en cada extremo y que las radios se encuentran junto a las mismas. Asumamos una pérdida de 3 dB para los adaptadores, la atenuación del conector y la línea de transmisión (coaxial). Utilizaremos decibelios ya que son más sencillos para calcular la ganancia y la pérdida total del trazado. Basta con añadir el dB de cada elemento del trazado para obtener la suma total del trazado.

```
Coaxial  +    Antena     +    Pérdida del espacio libre    +
Antena   +    Coaxial
-3 +        24     +    -116  +    24    +     -3    =    -74
```

Parece que obtendremos 74 dB menos en el conector de nuestro receptor de los que pusimos en el trasmisor. Es aproximadamente 25 millones de veces menos, pero por lo menos nuestros receptores pueden detectar señales débiles. Tras ello, instalamos el repetidor pasivo sobre la colina, y acoplamos los cables de la antena entre sí con el correspondiente conector acoplador. Para calcular la señal, sabemos que la distancia es la mitad, por lo que veremos una señal de 6 dB más en el trazado de 2,5 kilómetros, -68 dB. (Realice los cálculos y compruébelo personalmente.)

El cálculo es muy sencillo porque tenemos antenas por todas partes. Al conectar las dos antenas en la colina, sumamos la pérdida de conector a conector de la mitad del trazado y obtenemos -136 dB menos en el recibidor de los que pusimos en el transmisor, una vez instalado el repetidor.

Si utilizamos un transmisor de 200 mW (23 dBm) en el trazado de 5 km sin obstáculos, obtenemos -51 dB del recibidor. Una señal abundante, como esperábamos. Pero con el repetidor pasivo en el medio del trazado obstaculizado sólo conseguimos -113 dB y, siento decirlo, un ancho de banda nulo. Incluso el ruido térmico de la antena superaría la escasa señal que ofrece nuestro repetidor pasivo. De hecho, si la colina estuviera a 500 pies, es muy probable que la difracción en la cima nos proporcionara una pérdida de trazado 35 o 45 dB peor que la pérdida del espacio libre. La señal del repetidor pasivo es 200 veces menor que la que se recibe en la colina.

Se preguntará si esto significa que los repetidores pasivos no funcionan. Aunque no tiene buena pinta, veamos otro ejemplo. Sigamos con una distancia de 5 km pero imaginemos que vivimos a varios metros de la colina. El obstáculo sigue ahí y no podemos obtener una señal directa, pero realicemos los cálculos correspondientes a un repetidor pasivo para esta montaña.

No será necesario volver a calcular el trazado de 5 km menos unos metros, ya que es prácticamente idéntico al trazado completo o -74 dB. El segundo salto se encuentra a ahora a 1/10 de kilómetro y nos proporciona -84 dB. Si sumamos los componentes de este salto, obtenemos -3 + 24 + -74 + 24 + -3 = -42 dB. Al acoplar las dos antenas en el repetidor pasivo, sumamos los dos trazados y obtenemos -74 + -42 = 116 dB. Nuestro transmisor de 23 dBm recibe ahora -93 dBm en el extremo receptor. No es una señal excesiva pero nos permitirá realizar conexiones de 1 Mb/s a través del repetidor pasivo. Evidentemente, se podría instalar la radio en la cumbre y utilizar un cable de la misma distancia, una alternativa razonable. En este caso, el repetidor pasivo funciona de forma mínima.

Sin embargo, hay casos en los que no se puede recurrir a un cable. Imagine que vive en la ciudad y que enfrente tiene un edificio de varios metros de altura. Puede conseguir el permiso para instalar antenas en el tejado de dicho edificio, pero no llega corriente. No puede atravesar la calle con un cable ni puede construir una torre que supere en altura al edificio. En este caso tenemos un trazado de 100 pies desde el repetidor pasivo hasta nuestro domicilio (casi 0,2 millas). La pérdida de espacio libre de este trazado es de -70 dB y la de conector a conector es de -28 dB. Suponiendo que la estación de origen se encuentra a 4 millas, la pérdida total entre conectores será de 102 dB. Nuestro transmisor de +23 dBm ofrece una respetable señal de -79 dBm al receptor. Podemos conseguir una velocidad de 11 Mb/s con un margen de pérdida de 8 dB.

Por esta razón, en determinadas circunstancias, un repetidor pasivo puede proporcionar resultados interesantes. Su funcionamiento mejora cuando la longitud de los dos trazados es muy diferente. Los peores resultados se producen cuando el obstáculo se encuentra entres los dos trazados. En este caso, tendrá que utilizar un repetidor activo para poder enviar la señal.

Ron Wickersham

TRUCO 79 Determinar la ganancia de una antena

Determine la ganancia aproximada de su antena artesanal, sin necesidad de un analizador de espectro.

Después de construir cualquiera de las antenas que hemos descrito en este capítulo o tras diseñar un modelo propio, con toda seguridad se preguntará cuánta ganancia proporciona su antena. Aunque para realizar una evaluación completa debería utilizar un analizador de espectro y efectuarla en condiciones de laboratorio, no mucha gente tiene acceso a dichos recursos para probar sus proyectos de antena. Afortunadamente, las pruebas de ganancia informales resultan sencillas de realizar, si se utilizan las herramientas indicadas y se tiene paciencia.

A continuación le ofrecemos un método para estimar la ganancia. Aunque los resultados no sean tan precisos como los obtenidos en un laboratorio, le permiten hacerse una idea aproximada del rendimiento de su equipo, a un precio reducido. Necesitará lo siguiente:

- Dos tarjetas inalámbricas del mismo fabricante y con el mismo firmware, así como conectores de antena externos (tarjetas Lucent/Orinoco/Proxim o tarjetas Prism II como los modelos Senao/EnGenius)

- Dos ordenadores portátiles

- La antena que quiera probar

- Dos antenas de ganancia conocida (preferiblemente de baja ganancia y direccionales, como por ejemplo antenas sectoriales)

- Dos trípodes, monturas y adaptadores para las antenas

- Una superficie plana y al aire libre, sin obstáculos

- Un cuaderno

- Un amigo y una forma para comunicarse con él (como un teléfono móvil o una radio FRS)

Conecte una antena a una de las tarjetas y, con ayuda de un programa como NetStumbler, realice un sencillo sondeo del sitio. Camine por la zona y busque un canal sin utilizar (o poco transitado). Una vez determinado el canal, salga de NetStumbler y vuelva al otro portátil. Con los dos portátiles cercanos entre sí, configure una red entre pares en dicho canal. No se preocupe de la configuración IP, basta con que establezca el mismo ESSID y canal en ambos equipos. Si utiliza una tarjeta Prism II, puede que prefiere utilizar uno de los portátiles en modo Host AP.

Si utiliza una tarjeta Orinoco en un equipo bajo Windows, abra la utilidad de monitorización del sitio en el controlador cliente en ambos equipos. Si utiliza Linux, le recomiendo que use Wavemon en ambos equipos. En caso contrario, abra la herramienta de monitorización cliente que incorpore su tarjeta. Por mi experiencia, las herramientas Orinoco Site Monitor y Wavemon de Linux son las más indicadas para analizar la intensidad de la señal en tiempo real, ya que se actualizan con gran rapidez y mantienen un historial. No utilice un escáner de red como NetStumbler ya que ofrece resultados confusos al realizar sencillas pruebas de intensidad de señal. Compruebe que ambos portátiles pueden monitorizarse entre sí sin problemas. Resulta mucho más sencillo depurar problemas de configuración ahora que cuando se encuentre a mayor distancia y sin la ayuda de su amigo.

Cuando haya comprobado que todo funciona correctamente, ya puede pasar a la acción. Instale los trípodes y las monturas a unos 300 pies. Asegúrese de que los trípodes tienen una altura de al menos 5 pies, de forma que sobrepasen la zona Fresnel 0.6. Esta zona es la forma de la onda cuando sale de la antena, que aumenta en dirección circular cuando se desplaza. En la dirección `http://www.ydi.com/deployinfo/ad-fresnel-zone.php` encontrará un diagrama muy ilustrativo. Con las antenas de ganancia conocida en ambos lados, conecte su portátil para ver qué tipo de señal percibe. Su amigo debe mantener inmóvil este equipo mientras que, por su parte, gira la antena hasta que consiga la mayor ganancia posible entre los dos puntos. Tras ello, bloquee el lado en el que se encuentre y deje que su amigo gire su parte hasta que consiga la mayor ganancia. Tómese su tiempo y mantenga una comunicación constante con su ayudante hasta que se consiga la mejor posición posible para ambas antenas. Asegúrese de no tocar la antena antes de anotar los valores.

Una vez satisfecho con la alineación de las antenas, anote la señal y el ruido recibidos en ambos lados. Descanse durante unos minutos y compruebe si la señal fluctúa. Si lo hace, puede que en la banda haya ruido inesperado, por lo que puede probar con un canal diferente.

Cuando esté satisfecho con el enlace, ya puede probar la nueva antena. Sin mover el extremo opuesto, sustituya la antena por la que quiera probar. En teoría, debería utilizar el mismo adaptador y la misma línea de alimentación para eliminar la posibilidad de variaciones en el cableado. Mientras observa el medidor de intensidad de la señal, gire lentamente la antena hasta conseguir la máxima ganancia posible. Como en el caso anterior, deje descansar el equipo unos minutos. Cuando el enlace parezca estable, anote la señal y el ruido percibidos en ambos lados.

La diferencia entre ambas lecturas, más la ganancia de la antena cambiada, será la ganancia aproximada de su antena artesanal. Por ejemplo, imagine que en primer lugar midió una señal de -56 dBm con una antena sectorial de 10 dBi. Tras cambiarla por una guía-ondas circular, la intensidad de la señal salta a -50 dBm. La diferencia entre las lecturas (6 dBm) más la ganancia de la antena conocida (10 dBi) equivale a la ganancia aproximada de la guía-ondas, aproximadamente 16 dBi.

También puede calcular la diferencia entre los valores de ruido para hacerse una idea aproximada de cómo rechaza la antena el ruido en el trazado. Con ruido, es mejor una señal baja. Recuerde que se trata de valores negativos, por lo que un valor de ruido de -100 dBm es mejor que -90 dBm. Del mismo modo, como queremos mayor señal, un valor de -50 dBm es mucho mejor que -56 dBm.

Un aspecto fundamental que no hemos medido es la frecuencia SWR. Permite saber la cantidad de señal que se refleja en la tarjeta desde la antena e indica si la antena está bien sintonizada a la frecuencia en la que transmite la radio. Desafortunadamente, no conozco ningún método para determinar la SWR de tarjetas de baja potencia a 2,4 GHz sin recurrir a costosos equipos. Pero como estas radios sólo ofrecen unos milivatios, es poco probable que resulten dañadas debido a la incorrecta sintonización de la antena. Simplemente tendrán un peor funcionamiento.

Una vez alineadas las antenas, puede probar todos los diseños artesanales que desee. Simplemente mantenga fijo el otro extremo y realice los pasos uno a uno. Anote todo lo que observe y reduzca al mínimo el número de variables. Aunque este método no sea tan preciso como el uso de un analizador de espectro, es una forma muy económica de hacerse una idea aproximada de cómo funciona el diseño de nuestra antena.

## Capítulo 6

Enlaces de larga distancia

Trucos 80 a 85

El alcance medio de un equipo 802.11b estándar es de 300 a 1500 pies. Evidentemente, este valor es el que viene impreso en el lateral de la caja y el número seleccionado se encuentra en alguna parte entre las restricciones técnicas reales y los planes del departamento de ventas, por lo que debe darle la importancia que verdaderamente tiene. Lo que el lateral de la caja no dice es que el alcance no es algo que el producto incorpora sino algo idéntico para todos los dispositivos inalámbricos: potencialmente infinito pero limitado por la potencia del transmisor, la ganancia de la antena, una línea de visión limpia y el ruido relativo del entorno. Aunque el alcance previsto pueda ser de unos cientos de metros, los aficionados a las redes inalámbricas han demostrado que se puede utilizar la familia de dispositivos 802.11 para crear enlaces de datos fiables de 15 kilómetros o más. Los trucos descritos en este capítulo descubren los detalles que debe tener en cuenta, así como las técnicas que puede utilizar para materializar sus proyectos de larga distancia.

TRUCO 80 · Establecer la línea de visión

Utilice los siguientes métodos para determinar de forma rápida si se puede establecer una conexión inalámbrica de larga distancia.

Las redes inalámbricas operan a frecuencias de microondas y, como tales, funcionan mejor cuando la antena del cliente puede ver la antena del punto de acceso, con tan sólo el aire entre ambas. En distancias cortas (algunos cientos de metros), las redes inalámbricas pueden tolerar la presencia de determinados obstáculos. Pero al tratar de aumentar la señal, resulta fundamental disponer de una línea de visión limpia. Se preguntará cómo saber si un determinado punto tiene una línea de visión limpia con otro punto situado a varios kilómetros de distancia. La respuesta más corta es que, sin necesidad de comprobarlo, no se puede saber. Si el extremo más alejado se encuentra a más de tres kilómetros, resulta muy difícil de saber, incluso con un potente telescopio. Pero si utilizamos las técnicas descritas a continuación, podemos hacernos una idea aproximada, al menos dentro de las posibilidades reales.

Utilizar un GPS para registrar latitudes, longitudes y altitudes

Cuando se visite un sitio previsto para un posible nodo, conviene utilizar un GPS preciso. No sólo puede registrar con precisión la latitud y la longitud de un sitio, sino también la altitud del mismo. Tras recopilar los puntos, puede utilizarlos en un programa topográfico y representarlos. Por ejemplo, el paquete Topo! de National Geographic (`http://maps.nationalgeographic.com/topo/`) le permite marcar un mapa topográfico y analizar puntos y rutas arbitrarias. Puede trazar rutas entre dos puntos cualquiera para determinar la disposición del terreno entre los mismos. De esta forma se consigue una sencilla referencia visual para una determinada conexión, como se aprecia en la sección transversal de Topo! de la figura 6.1.

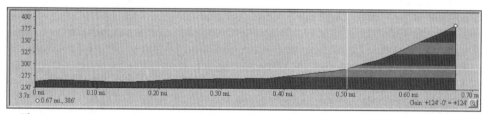

Figura 6.1. Una sección transversal de la disposición del terreno entre dos puntos.

Recuerde que aunque el programa Topo! haya consultado datos geográficos, no ofrece información sobre árboles o edificios. Puede hacerse una idea de la congestión general de una determinada zona pero no lo sabrá con seguridad hasta que pruebe el enlace. Si utiliza una vista cenital junto con la sección transversal, no sólo puede descartar los valores negativos (véase la figura 6.2) sino también buscar posibles soluciones.

Por medio de la vista cenital, resulta muy divertido localizar puntos de repetición clave. Descubra dónde se encuentran los mejores sitios y trate de contactar con los usuarios de dichos puntos. Es muy habitual que la gente se ofrezca a trabajar con grupos locales para proporcionar acceso gratuito (sobre todo si no tienen más que electricidad y pueden conseguir acceso de alta velocidad).

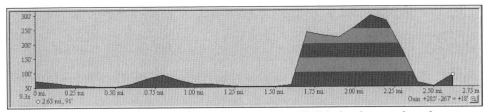

Figura 6.2. Una pesadilla de larga distancia sin posibilidades de un enlace decente.

Representar los puntos en un mapa 3D

DeLorme le ofrece dos paquetes de software (Topo USA y 3-D Topo-Quads, que puede encontrar en `http://www.delorme.com/`), que le permiten crear representaciones tridimensionales de una región topológica, junto con marcadores y etiquetas de datos (véase la figura 6.3). Aunque es una función muy sugerente y de gran atractivo en representaciones, tiene un valor práctico limitado si obviamos que ayuda a visualizar el terreno circundante.

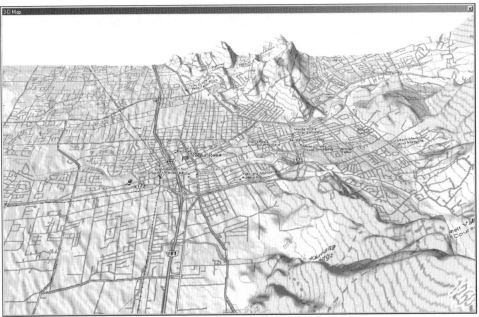

Figura 6.3. El programa TopoUSA de DeLorme le ofrece una representación 3D de cualquier región topográfica, junto con puntos de datos.

Por lo general, cuantos más puntos de datos recopile más impresionante será la presentación visual.

Una vez representados los puntos en el mapa, puede determinar qué sitios merece la pena desarrollar. Si no puede obtener una línea de visión directa a un punto concreto, observe la geografía circundante y compruebe si puede encontrar otra solución. En caso contrario, tendrá que buscar otra alternativa. Los mapas topográficos de software facilitan considerablemente la búsqueda de enlaces.

Recuerde que estas herramientas también le muestran la disposición del terreno pero no le proporcionan datos sobre los elementos del mismo, como por ejemplo árboles o edificios. Estas herramientas no son perfectas pero le permiten hacerse una idea de con qué tiene que trabajar a la hora de crear una red inalámbrica de larga distancia.

TRUCO 81 — Calcular el presupuesto de un enlace

Determine si un enlace de larga distancia es factible antes de adquirir el equipamiento necesario.

¿Hasta dónde puede llegar? Es una buena pregunta. Depende de todo tipo de factores, como la salida y la sensibilidad de la tarjeta, la calidad del cable, los conectores y la antena, los obstáculos y el ruido, e incluso las inclemencias climáticas (en enlaces de larga distancia). Aunque resulta prácticamente imposible tener todas estas variables en cuenta, puede realizarse una estimación aproximada antes de comprar el hardware. A continuación se describe una sencilla técnica para realizar dicha estimación, lo que denominamos el presupuesto del enlace.

En primer lugar, determine la pérdida de la señal entre los dos sitios. Es lo que se denomina pérdida del trazado. Una fórmula muy habitual de estimar la pérdida del trazado a 2,4 GHz es la siguiente:

```
L = 20 log(d) + 20 log(f) + 36.6
```

donde L es la pérdida en dB, d la distancia y f la frecuencia en megahercios.

Así pues, imagine que quiere establecer un enlace de 5 km entre dos puntos, utilizando para ello el canal 6 (2.437 GHz):

```
L = 20 log(5) + 20 log(2437) + 36.6
L = (20 * 0.69) + (20 * 3.38) + 36.6
L = 13.8 + 67.6 + 36.6
L = 118
```

A cinco kilómetros, sin obstáculos en el camino, se pierden 118 dB de señal entre los dos puntos. Nuestro enlace debe tolerar esta pérdida (junto a una cantidad adicional en caso de inclemencias climáticas y ruidos varios) o no será fiable.

Si no quiere molestarse en calcular la pérdida de trazado, puede utilizar la tabla 6.1 para hacerse una idea aproximada. Los valores de esta tabla se calcularon con la fórmula anterior y se redondearon.

Tabla 6.1. Pérdida de espacio libre aproximada a 2,412 GHz.

Distancia (en millas)	Pérdida (en dB) a 2,412 GHz (Canal 1)
0.5	98
1	104
2	110
3	114
4	116
5	118
7	121
10	124
15	128
20	130
25	132
30	134

Una vez calculada la pérdida de espacio libre del trazado, sume todas las ganancias (radios, antenas y amplificadores) y reste las pérdidas (longitud de cable, conectores, pararrayos y otras varias). Supongamos que está utilizando tarjetas Orinoco Silver (15 dBm) sin amplificadores, con una antena sectorial de 12 dBi en un lado y una antena Yagi de 15 dBi en el otro. Imagino que utilizará 1 metro de cable LMR 400 y un pararrayos en cada lado, lo que produce una pérdida de 0,25 dB en cada conector y de 1 dB en cada adaptador.

Como todas las unidades se expresan en dB, podemos realizar sumas y restas sencillas:

```
Sitio A:
Radio - Adaptador - Pararrayos - Conector - Cable - Conector + Antena
 15   -    1      -   1.25     -   .25    -  .22  -   .25    +  12  = 24.03
Más Sitio B:
 15   -    1      -   1.25     -   .25    -  .22  -   .25    +  15  = 27.03
Total: 51.06 de ganancia
```

Tras ello, reste la pérdida del trazado del total anterior:

```
51.06  - 118 = -66.94
```

Hemos conseguido el nivel de señal recibida en cada extremo del enlace: -66,94 dBm. ¿Es suficiente para establecer la comunicación? Consulte las especificaciones de sensibilidad del receptor correspondientes a la tarjeta Orinoco Silver para ver cuánta señal necesita. Puede buscar en la documentación de la tarjeta inalámbrica o en el gráfico de referencia que incluimos en un truco anterior.

Al consultar la tabla, vemos que la tarjeta Orinoco Silver tiene una sensibilidad de -82 dBm a 11 Mbps. Como proporcionamos una señal de -66,94 dBm, tenemos un factor de 15,06 dB (82 -66,94 = 15,06). En teoría, con esto suele funcionar a 11 Mbps (en condiciones climáticas favorables) y no debería haber problema para sincronizar a 5,5 Mbps. Las tarjetas percibirán automáticamente cuándo el enlace no es posible y se resincronizarán a la mayor velocidad posible.

Por lo general, un margen de error de 20 decibelios suele bastar para solventar las condiciones climáticas adversas. Si se utilizan tarjetas más potentes (como la Cisco 350 a 20 dBm o la EnGenius/Senao a 23 dBm), tarjetas más sensibles (como las dos anteriores) o antenas de mayor ganancia, se puede aumentar esta conexión hasta 11 Mbps. El uso de tarjetas de mayor ganancia junto a antenas de alta ganancia permite ampliar el alcance por encima de los 30 kilómetros, pero consulte los límites FCC relativos a potencia y ganancia.

Existen herramientas en línea como Wireless Network Link Analysis de Green Bay Professional Packet Radio que le pueden ofrecer una estimación aproximada de lo que necesita para establecer un enlace. Puede consultar los excelentes recursos que ofrecen en `http://www.gbonline.com/~multiplx/wireless/page09.html`.

TRUCO 82 Alineación de antenas a larga distancia

Mediante un trabajo metódico y una correcta comunicación, puede conectar enlaces inalámbricos separados por varios kilómetros.

Cuanto más lejos se encuentren sus puntos, más complicado resulta dirigir las antenas. En distancias de hasta 7 kilómetros, no es tan complicado, siempre que disponga de la suficiente ganancia para superar la pérdida de trazado, algo que ya debería haber calculado. A distancias mayores, puede que le resulte difícil apuntar las antenas entre sí. A continuación le ofrecemos una serie de técnicas que le pueden ayudar a dirigir sus antenas en la dirección correcta:

- Utilice teléfonos móviles o radios FRS/GMRS para mantener la comunicación entre dos puntos mientras dirige sus antenas. Suele resultar muy útil contar con la colaboración de dos personas en cada extremo (una para manipular la antena y otra para labores de coordinación con el otro extremo). Las radios suelen funcionan mejor en zonas en las que la cobertura de los móviles no es continua.

- Configure todos los parámetros de red con antelación, para que no haya variables al llegar al sitio remoto. Compruebe todos los equipos, haga ping en los mismos e, incluso, transfiera algún archivo para asegurarse de que el equipamiento funciona en alcances limitados. No querrá lamentarse posteriormente si tiene problemas para que el enlace funcione.

- Utilice una herramienta con Wavemon o Kismet, o un cliente incorporado para analizar los valores de intensidad de señal y de ruido en tiempo real. Este tipo de herramientas es el más indicado y funcionan como un analizador de espectro real.

- Trabaje en cada extremo del enlace de forma independiente, cambiando una variable por vez, hasta que reciba la señal de máxima intensidad y el menor ruido posible en cada uno de los extremos.

- Si dispone de una antena omnidireccional o sectorial (y su presupuesto se lo permite), utilícela en un extremo del enlace. Cuando encuentre el otro extremo del enlace, sustitúyalo por su antena y sintonícela. Por lo general, cuando mayor ganancia tenga la antena, menor será el ancho del haz y, por lo tanto, más difícil será dirigirla.

- Gire la antena lentamente y no se preocupe si excede la mejor señal percibida. La mayoría de las antenas tiene lóbulos laterales que parecen falsos positivos. Siga moviendo la antena hasta que encuentre el lóbulo principal. Lo reconocerá porque destaca significativamente del resto.

- En ocasiones, sobre todo con antenas parabólicas desplazadas y antenas Yagi, la antena parece estar dirigida demasiado por debajo o demasiado a la derecha o la izquierda del otro extremo del enlace. Es normal. No debe preocuparse del aspecto que presente, sino buscar la mejor señal posible.

- No toque la antena mientras anote los correspondientes valores. Si coloca la mano en la antena, interferirá con el patrón de radiación y reducirá rápidamente la señal. Anote los valores sin tocar el equipo con las manos.

- No olvide comparar la polarización vertical y horizontal. Pruebe las antenas en ambas posiciones y utilice la que muestre el menor ruido.

- Una vez establecido el enlace, conviene utilizar WEP para que otros no traten de conectarse al mismo. Si quiere proporcionar acceso inalámbrico en cualquiera de los dos puntos finales, configure otra puerta de enlace preferiblemente con servicios de almacenamiento en caché (como DNS caché y un proxy Web transparente como Squid). De esta forma se reduce el tráfico que se desplaza por en enlace, se reducen las colisiones de la red y se aumenta la eficacia de la conexión.

Puede tardar un día completo en alinear correctamente antenas a larga distancia, pero también puede resultar divertido, si se rodea de la gente adecuada. Simplemente, tómese su tiempo, piense en lo que está haciendo y no olvide celebrarlo cuando termine.

TRUCO 83 Frenar para acelerar

En un enlace defectuoso, una comunicación lenta puede acelerar la transferencia de datos.

La velocidad a la que una radio puede comunicarse con otra depende de la cantidad de señal disponible. Para mantener las comunicaciones cuando la señal disponible se desvanece, los dispositivos deben transmitir los datos a menor velocidad. Por lo general, los dispositivos inalámbricos procesan por sí mismos la señal disponible y seleccionan de forma automática la velocidad más rápida posible para establecer la comunicación. Pero en zonas con una señal de mínima calidad, puede que los paquetes se pierdan mientras los dispositivos negocian continuamente la velocidad del enlace.

Por ejemplo, imagine que dispone de un enlace punto a punto de larga distancia formado por tarjetas Orinoco. La señal recibida en cada extremo varía entre -83 y -80 dBm. El umbral de una tarjeta Orinoco para cambiar de 11 Mbps a 5,5 Mbps es -82 dBm, por lo que las tarjetas dedican parte de su tiempo a negociar la velocidad óptima. El funcionamiento sobre un nivel de señal límite como éste puede provocar retransmisiones excesivas que pueden afectar seriamente al rendimiento.

Si no puede conseguir más ganancia para la antena o cambiar la ubicación del equipo para obtener la señal suficiente para los enlaces, puede obligar a la tarjeta a que se sincronice a velocidades inferiores. Esto implicará un menor número de intentos y resulta mucho más rápido que un enlace continuamente cambiante. Cada controlador cuenta con su propio método de determinar la velocidad del enlace. En Linux, puede establecer la velocidad por medio de `iwconfig`:

```
pebble~# iwconfig eth0 rate 2M
```

De esta forma, la tarjeta siempre se sincroniza a 2 Mbps, aunque haya otras velocidades disponibles. También puede establecer una determinada velocidad como techo y permitir que la tarjeta escale automáticamente a velocidades inferiores pero nunca mayores a dicho valor. Por ejemplo, puede utilizar lo siguiente en el ejemplo anterior:

```
pebble~# iwconfig eth0 rate 5.5M auto
```

La directiva `auto` indica al controlador que permita velocidades de hasta 5,5 Mbps y que se ejecute más lentamente si es necesario pero que no trate de sincronizarse a mayor velocidad. Para restablecer la escala automática de la tarjeta, basta con especificar `auto` sin valores:

```
pebble~# iwconfig eth0 rate auto
```

Por lo general, las tarjetas tienen mayor alcance a 1 Mbps que a 11 Mbps. Hay una diferencia de 12 dB entre las velocidades de 1 Mbps y 11 Mbps de la tarjeta Orinoco; cuatro veces la distancia posible con tan sólo reducir la velocidad de datos. En un enlace marginal, suele ser aconsejable sacrificar la velocidad para mejorar la eficacia. Si tiene que aumentar imperiosamente la velocidad, busque la forma de conseguir una mayor señal entre los dos puntos.

TRUCO 84 · Aprovechar las ventajas de la polarización de antenas

Utilice polarización electromagnética para evitar el ruido de otras antenas en el mismo espectro.

Una propiedad muy importante de las ondas electromagnéticas que debe tener en cuenta es la polarización. Una onda electromagnética se compone de dos campos simultáneos e inseparables: el eléctrico y el magnético. Estos dos campos son perpendiculares entre sí y también lo son con respecto a la dirección de propagación de las ondas.

Las antenas deben orientarse de forma que coincidan con la polarización de la energía que reciben, o sólo recibirán parte de la misma. Por lo general, se puede afirmar que las antenas en las que coincida la polarización se verán correctamente entre sí, mientras que las antenas con polarización opuesta no se podrán ver.

Las antenas horizontal y verticalmente polarizadas suelen ser habituales, aunque también puede encontrar otras más raras con polarización circular (en el sentido de las agujas del reloj o en el sentido contrario). La polarización de la antena de cada extremo del enlace debe coincidir o la comunicación entre las tarjetas será difícil. Las antenas omnidireccionales y sectoriales suelen estar polarizadas verticalmente, aunque existen variaciones de polarización horizontal (en un truco anterior encontrará instrucciones para construir su propia antena omnidireccional con polarización horizontal). Las antenas Yagis y parabólicas se pueden instalar horizontal o verticalmente, en función de la aplicación.

En un enlace punto a punto de larga distancia, conviene probar ambos tipos de polarizaciones para comprobar en cuál se produce el menor ruido. Basta con probar el enlace de una forma, girar ambos platos 90 grados y volver a probar. Puede saber la polarización de la mayoría de las antenas por medio de la posición de su elemento controlado (la parte conectada al conductor central del alimentador de la antena). La polarización de un plato se indica mediante la posición del elemento frontal, no por el reflector trasero, de forma que un plato ovalado que apunte hacia arriba y hacia abajo probablemente esté montado en polarización horizontal, por lo que no se podrá comunicar correctamente con una antena omnidireccional verticalmente polarizada. Las antenas sectoriales y otros modelos sellados suelen indicar su polarización en la parte posterior de la antena.

Puede aprovechar las ventajas de la polarización para utilizar varias tarjetas en un mismo enlace punto a punto. Por ejemplo, puede ejecutar dos enlaces paralelos en el mismo canal, uno con polarización vertical y otro con polarización horizontal. Si se separan unos metros, puede hacer funcionar dos platos en el mismo canal sin que interfieran excesivamente entre sí y proporcionar el doble de ancho de banda en el mismo canal.

TRUCO 85 Reproduzca el entorno inalámbrico con mapas NoCat

Gestione varios nodos inalámbricos con este proyecto de mapas de código abierto.

Además de las herramientas comerciales como Topo! y el software de mapas de DeLorme (consulte un truco anterior), existen diferentes soluciones disponibles que recurren a datos GIS públicos. Aunque la cantidad disponible de estos datos es ingente, la mayoría de las herramientas utilizadas para consultar y ver dicha información es realmente sencilla.

El proyecto NoCat Map combina dos potentes programas GIS para construir una sofisticada base de datos de nodos de sencillo manejo. Se basa en MapServ (`http://mapserver.gis.umn.edu/`) y Grass (`http://mapserver.gis.umn.edu/`) y lo puede encontrar en `http://maps.nocat.net/`. Los mapas NoCat integran los datos y las funciones de representación de MapServ y Grass con una sencilla base de datos de nodos, y tratan de proporcionar información útil a partir de los resultados que generan. Los usuarios pueden añadir datos de sus propios equipos, incluyendo valores de altitud, latitud, longitud e información de contacto. Si no conoce con antelación estos datos, puede realizar una estimación aproximada basándose en la dirección de correo electrónico del usuario.

Tras ello, estos datos se pueden consultar y comparar con otros nodos de la base de datos para localizar posibles enlaces punto a punto. De esta forma puede seleccionar un nodo de la base de datos y ver los posibles enlaces en una sencilla tabla, que reproducimos en la figura 6.4.

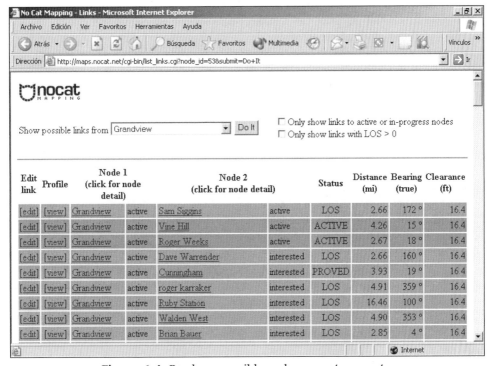

Figura 6.4. Puede ver posibles enlaces punto a punto.

Como se conoce la posición de cada nodo, la distancia y las prestaciones se calculan con mucha facilidad. Al consultar los datos GIS correspondientes a la altura del terreno entre dos nodos, también se puede estimar el desmonte mínimo. Si hace clic en el enlace View Profile, podrá ver la representación gráfica de esta información.

En la figura 6.5 se muestra el perfil de un posible enlace entre dos puntos. Al igual que ocurre con otras herramientas basadas en datos GIS, muestra la elevación del terreno sin indicar los obstáculos (edificios, árboles, etc.). Puede bastar para hacerse una idea aproximada y resulta especialmente útil para descartar posibles ubicaciones.

NoCat Maps se encuentra en proceso de desarrollo y, en la actualidad, sólo admite datos para la zona de Sonoma County, California. Si embargo, el código fuente está disponible de forma gratuita, así como los conjuntos de datos para prácticamente todas las localidades de los Estados Unidos. Si busca un método económico para gestionar una elevada cantidad de enlaces punto a punto en exteriores, este software puede ser justo lo que busca.

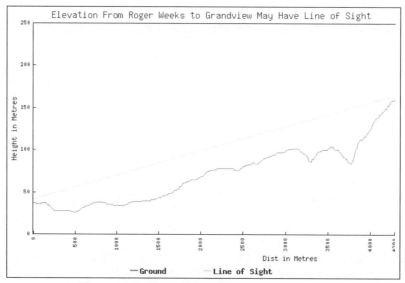

Figura 6.5. Un posible enlace punto a punto.

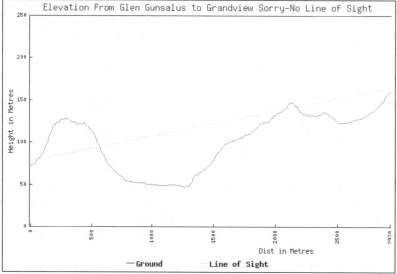

Figura 6.6. No es el enlace que nos interesa. Continuamos la búsqueda.

## CAPÍTULO 7

Seguridad inalámbrica

Trucos 86 a 100

En el mundo de las redes inalámbricas, no existe nada parecido a la seguridad física. Se puede conseguir bloquear la infraestructura física de una red de una empresa o edificio, pero las ondas de radio atraviesan paredes, transportando los datos de la red.

No se engañe pensando que un punto de acceso de baja potencia no puede llegar más allá de su plaza de aparcamiento. Recuerde que aunque no pueda ver su red con un portátil desde el exterior del edificio, cualquiera que tenga una antena lo suficientemente potente puede detectar el tráfico de su red desde más de un kilómetro. Personalmente, he visto cómo una simple parabólica de 24 dBi detectaba cientos de redes inalámbricas desde la colina Queen Anne en Seattle. Se trataba de redes con SSID como Linksys o predeterminado que, con toda seguridad, se correspondían a puntos de acceso estándar sin antenas externas. No hubiera podido establecer un enlace fiable con los mismos, pero podría haberme conectado de forma pasiva a su tráfico desde varios kilómetros con total tranquilidad.

Como no puede recubrir todo su edificio con una pantalla metálica para convertirlo en una autentica jaula de Faraday, debe esperar que sus puntos de acceso tengan fugas que superarán con creces los límites de su vecindario.

En este capítulo analizaremos métodos útiles para controlar el acceso a su red inalámbrica. Un mecanismo de control puede ser algo tan sencillo como una clave WEP o tan complejo como un portal Web cautivo con un servidor RADIUS. También veremos diversas formas para proteger nuestros datos cuando utilicemos otras redes inalámbricas, aunque éstas sean completamente públicas y abiertas.

Sacar el máximo partido a WEP

Aunque no sea la respuesta a todas las necesidades de seguridad inalámbrica, WEP puede resultar muy eficaz si se utiliza adecuadamente.

La especificación 802.11b ofrece una forma de encriptación denominada Cifrado equivalente cableado (WEP). Funciona en la capa MAC (Control de acceso al medio), que forma parte del nivel Enlaces de datos del modelo OSI. Al utilizar WEP, sólo los clientes que conocen la clave secreta se pueden asociar a un punto de acceso o a un grupo punto a punto. Los que no dispongan de la clave pueden ver el tráfico de la red, pero todas las tramas estarán cifradas. La especificación utiliza un algoritmo PRNG RC4 de 40 bits de clave compartida de RSA Data Security. Prácticamente todas las tarjetas que utilizan 802.11b admiten este estándar de cifrado. Aunque el cifrado de hardware parece una buena idea, la implementación en 802.11b dista mucho de ser perfecta. Por un lado, el cifrado proporcionado se produce en el nivel de enlaces, no en el de aplicaciones. Esto significa que las comunicaciones se protegen hasta la puerta de enlace, pero no después de ésta. Cuando llegan al cable, los paquetes están desprotegidos. Peor todavía, cualquier usuario legítimo que disponga de la clave puede leer nuestros paquetes con total impunidad, ya que la clave se comparte entre todos los clientes. Pruébelo personalmente. En una red que utilice WEP, ejecute un husmeador de paquetes como tcpdump o Ethereal en su portátil y observe cómo pasan los paquetes de sus vecinos.

WEP de 40 bits frente a 64 bits frente a 104 bits frente a 128 bits

¿Por qué los diferentes fabricantes de tarjetas utilizan longitudes de clave tan diferentes? La especificación 802.11b original definía un clave de 40 bits especificada por el usuario. Esta clave se combina con una vector de inicialización (IV) de 24 bits, un número aleatorio que forma parte del algoritmo WEP. Al combinarlos, se generan 64 bits de clave, aunque, de hecho, el IV se envía sin proteger. Del mismo modo, WEP de 104 bits se utiliza con el IV para generar una clave de 128 bits. Por esta razón las claves definidas por el usuario tienen una longitud de 5 caracteres (5 caracteres x 8 bits por carácter = 40 bits) o de 13 (13 caracteres x 8 bits por carácter = 104 bits). El usuario no define el IV; es parte del algoritmo WEP (y se suele implementar como 24 bits aleatorios). Evidentemente, un mayor número de bits parecen más seguros para el usuario, por lo que algunos fabricantes optan por enumerar el número mayor como longitud de clave. Desafortunadamente para WEP, un mayor número de bits no significa que la seguridad sea mayor.

Muchos fabricantes han implementado sus propias extensiones propietarias de WEP, incluyendo claves de 104 bits y la administración de claves dinámicas. Desafortunadamente, como no están definidas por el estándar 802.11b, no se puede garantizar que las tarjetas de diferentes fabricantes que utilicen dichas extensiones sean compatibles entre sí.

Para añadir más leña al fuego de WEP, un equipo de criptógrafos de la University of California en Berkely (en las referencias incluidas al final del capítulo encontrará algunos de los integrantes) han descubierto puntos débiles en la implementación de WEP, con lo que el número de bits de la clave de cifrado resulta irrelevante. Con todos estos problemas se preguntará por qué los fabricantes siguen utilizando WEP y por qué se utiliza para proteger una red.

WEP no se diseñó como el dispositivo de seguridad definitivo (ningún dispositivo puede jactarse de serlo). Las siglas dejan bien claro su propósito: protección equivalente cableada. Es decir, el objetivo de WEP es proporcionar una protección que no será superior a la que obtenemos al conectar físicamente nuestra red Ethernet. Recuerde que en un entorno Ethernet cableado el protocolo no ofrece ningún tipo de encriptación.

WEP constituye una forma sencilla, habitualmente eficaz y compatible de detener el acceso no autorizado. A la hora de elegir entre un punto de acceso abierto con todas las opciones predeterminadas y una red en la que se ejecute WEP de 40 bits, el usuario medio que ejecute NetStumbler siempre optará por investigar la red abierta. Aunque no sea totalmente seguro ante posibles ataques, una clave WEP bien escogida resulta demasiado dolorosa para cualquier intruso. Para obtener el máximo rendimiento de WEP, tenga en cuenta las siguientes directrices:

- **Utilice una clave que no sea obvia:** Los ataques de diccionario contra claves WEP se ejecutan con mayor rapidez y facilidad que una sesión completa de AirSnort. Asegúrese de que su clave no está formada por una sola palabra, aunque la complique con l33t h4x0r sP33k. Créame, los piratas de la red saben cómo descifrarla mejor que nosotros. Añada un par de símbolos o, mejor todavía, utilice una clave hexadecimal con caracteres no imprimibles.

- **Utilice la clave más extensa que su hardware pueda admitir:** Si todo su hardware de red inalámbrica admite WEP de 104 bits, utilícelo. No obstante, recuerde que muchos dispositivos no admiten WEP de 104 bits y aquéllos que lo hacen puede que no sean compatibles entre sí.

- **Cambie regularmente las claves:** Los ataques de clave WEP actuales se basan en un ataque de diccionario o en la recopilación de grandes cantidades de datos para deducir la clave. Cuantas más veces cambie la clave utilizada, más dificultades tendrá el intruso para descifrarla. Desafortunadamente, puede que esto no sea posible en una red con un elevado número de usuarios, ya que nos podemos encontrar con el problema clásico de distribución de claves.

- **Utilice WEP junto a otras medidas de seguridad:** Si dispone de una red que utilice hardware del mismo fabricante, puede aprovechar las ventajas de las extensiones propietarias para incrementar las prestaciones de WEP. Por ejemplo, los equipos Cisco admiten la rotación rápida de claves WEP y la creación de claves dinámicas con 802.1x. Si todos sus clientes pueden aprovecharse de estas extensiones, no dude en utilizarlas. Desafortunadamente, como veremos en el siguiente truco, el uso de otras opciones estándar como redes cerradas y filtros MAC apenas mejora la seguridad de la red.

- **Considere a WEP como una barrera, no una garantía:** Recuerde que es muy improbable que sólo con WEP mantenga alejados a los atacantes de la red. A la hora de establecer una política de seguridad, tenga en cuenta las amenazas más probables y valórelas con respecto a las ventajas y restricciones de su implementación. El tipo de amenaza que puede recibir una red inalámbrica de marcado telefónico situada en una casa en el medio del bosque es muy diferente al que puede sufrir un punto de acceso de una LAN interna de un bufete de abogados en el centro de la ciudad. Sopese los riesgos y los beneficios de su red inalámbrica, y configúrela de acuerdo a los mismos.

- **Plantéese no utilizar WEP:** Este capítulo está repleto de implementaciones prácticas que superan el concepto de seguridad WEP presentando en su lugar una encriptación en el nivel de aplicaciones mucho más completa. Puede optar por ignorar WEP y decantarse por una autenticación y encriptación más completas.

Véase también

- Your 802.11 Wireless Network has No Clothes (http://www.cs.umd.edu/~waa/wireless.pdf) de Arbaugh, Shankar y Wan, University of Maryland, 30 de marzo de 2001.

- Weaknesses in the Key Scheduling Algorithm of RC4 (http://www.crypto.com/papers/others/rc4_ksaproc.ps) de Fluhrer, Mantin y Shamir, 25 de julio de 2001.

- Using the Fluhrer, Mantin, and Shamir Attack to Break WEP (http://www.cs.rice.edu/~astubble/wep/) AT&T Labs Technical Report de Stubblefield, Ioannidis y Rubin, 21 de agosto de 2001.

- Security of the WEP algorithm (`http://www.isaac.cs.berkeley.edu/ isaac/wep-faq.html`) de Borisov, Goldberg y Wagner, UC Berkeley, 1 de abril de 2001.

TRUCO 87 — Destierre el mito de la seguridad inalámbrica

Descubra por sí mismo la verdadera seguridad de su red inalámbrica estándar.

A pesar de algunos artículos en línea favorables, y de innumerables y alarmistas noticias desacreditando la actuación de descubridores de redes por contribuir a la decadencia moral del país, sorprendentemente existe gente que sigue instalando equipos inalámbricos con todos los valores predeterminados activados. En la actualidad existe una ingente cantidad de puntos de acceso que anuncian, sin darse cuenta, un SSID predeterminado, que se conectan directamente a una red Ethernet y que no utilizan ningún tipo de cifrado (o una clave WEP con el valor de fábrica y, por consiguiente, de fácil deducción).

Pero incluso si se toman todas las precauciones estándar, no sabemos cuánta seguridad ofrecen realmente los puntos de acceso inalámbricos. Después de oír todo tipo de estimaciones y suposiciones de gente que en teoría debería tener una opinión de mayor fundamento, he decidido comprobar personalmente qué hace falta para burlar la seguridad de mi propia red 802.11b estándar.

Entorno de las pruebas

Como mi red inalámbrica de producción es realmente un nodo abierto en SeattleWireless, decidí crear una red de prácticas temporal formada por lo siguiente:

- Una tarjeta AirPort Graphite.

- Un ordenador iMac con una tarjeta AirPort y OS X.

- Un ordenador iBook con una tarjeta AirPort con la distribución Debian de Linux.

Para que la prueba fuera lo más compleja posible, decidí crear una red cerrada (que no difunde el SSID), habilitar WEP e implementar el filtro de direcciones MAC. La tarjeta AirPort se configuró con el SSID **stealthy** y con la clave **WEP t8$Gc**. Añadí un filtro de direcciones MAC que sólo permitía conectar al iMac la tarjeta AirPort y también establecí la tarjeta en el canal 1 (el único canal sin utilizar en la zona). En la tarjeta AirPort, se conectó Ethernet a la red local doméstica y se configuró para que utilizara NAT.

Después de restablecer la tarjeta AirPort, comprobé que no podía detectar el SSID `stealthy` desde el iMac ni desde el iBook. Tras ello, me conecté a AirPort con el iMac, y especifiqué de forma explícita el nombre de la red y la clave WEP. Obtuve la licencia DHCP 10.0.1.2 y comprobé que podía navegar por la red. Para asegurarme de que el filtro MAC funcionaba correctamente, comprobé también que no podía asociarme a la tarjeta AirPort desde el iBook, ni siquiera utilizando la clave WEP y el SSID correctos. Tras ello, hice ping en la tarjeta desde el iMac para generar una gran cantidad de tráfico inalámbrico:

```
rob@imac:~$ sudo ping -f 10.0.1.1
```

Estaba todo listo para probar esta configuración con el iBook.

Paso 1. Detectar la red

Evidentemente, el primer paso consiste en detectar la presencia de la red. Para ello, se puede utilizar Kismet. En la figura 7.1 apreciará que la red `stealthy` se ha detectado de forma inmediata.

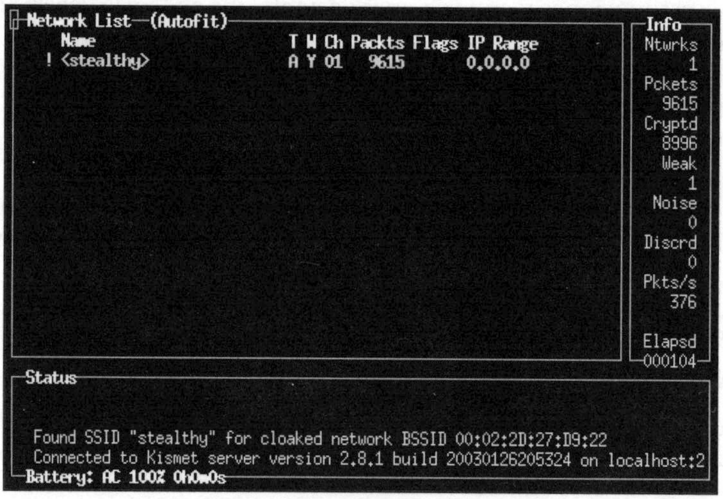

Figura 7.1. La red stealthy detectada.

La red se detecta inmediatamente (siempre que haya alguien utilizándola) independientemente de que la haya denominado `stealthy` o algo tan original y complicado como `kpX284W_m`. La complicación del SSID de una red no hace nada para mejorar la seguridad inalámbrica de la misma, difunda contadores o no. Inicié Kismet a las 18:23, momento en el que empezó a registrar todas las tramas

802.11 que encontraba. Como ya conocía el canal y el SSID de la red de destino, podía pasar al siguiente paso.

Paso 2. Buscar una dirección MAC válida

Conozco dos formas de encontrar direcciones MAC válidas para una red concreta. Se puede asociar al punto de acceso y ejecutar un husmeador de red de capa IP como Ethereal o tcpdump. Es, evidentemente, la forma más complicada, sobre todo si ya cuenta con Kismet. La forma más sencilla consiste en seleccionar la red que nos interesa (pulse **S-S** para ordenar por SSID y desplácese por la lista en caso de que sea necesario). Obtendrá una lista de direcciones MAC correspondientes a clientes que estén utilizando la red y, presuntamente, se encuentren en la tabla MAC permitida. Los clientes inalámbricos envían su dirección MAC al descubierto, independientemente de si el punto de acceso requiere WEP o no.

Para realizar estos pasos bastaron unos pocos segundos (de hecho, tardé más en ejecutar la utilidad de captura de pantallas que en ejecutar los ataques). Ahora viene la parte complicada: descifrar la clave WEP.

Paso 3: Descifrar la clave WEP

Se puede conseguir que AirPort descifre un flujo 802.11 en tiempo real. A través de estas pruebas, descubrí que resulta bastante inestable utilizar Debian en un iBook. En lugar de arriesgarme a sufrir un colapso durante la prueba, decidí ejecutarla sobre el volcado `pcap` que Kismet crea de forma automática. Abrí el archivo de volcado y comprobé su progreso cada diez minutos.

Como puede comprobar en la figura 7.2, AirSnort encontró satisfactoriamente la clave WEP (t8$Gc) después de tan sólo 3,4 millones de paquetes.

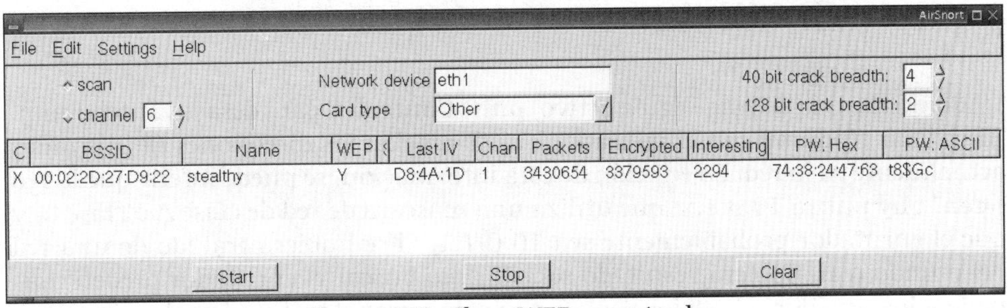

Figura 7.2. Clave WEP encontrada.

Detuve Kismet y anoté la hora. Eran las 19:50. Había pasado una hora y 27 minutos, y Kismet sólo había acumulado 490.796.602 bytes (menos de 490 MB, bastante menos que un CD ISO). Creo que tuve un poco de suerte, ya que conozco mucha gente que ha tenido que registrar varios gigabytes de datos antes de que AirSnort adivinara la clave.

Una vez obtenido el SSID correcto, una dirección MAC válida y la clave WEP, podía intentar acceder a la red inalámbrica. Habrá comprobado que hasta el momento iBook no ha transmitido información alguna, lo que hace prácticamente imposible la detección de este ataque.

Paso 4: Iniciar sesión

Después de apagar Kismet y tras desactivar el modo de monitorización de la tarjeta inalámbrica, configuré iBook para que utilizara los parámetros de red adecuados:

```
root@ibook:~# ifconfig eth1 hw ether 00:30:65:1E:81:9B
root@ibook:~# iwconfig eth1 key 's:t8$Gc'
root@ibook:~# iwconfig eth1 essid stealthy
```

Sin embargo, no sabía qué información de dirección IP tenía que utilizar. Hasta el momento, no me había fijado en el tráfico de la capa IP. Kismet no podía revelar el rango IP, ya que no disponía de la clave WEP.

En este momento podía iniciar Ethereal y analizar el volcado pcap capturado, pero resultaba mucho más fácil ver los datos de red en tiempo real por medio de tcpdump de esta forma:

```
root@ibook:~# tcpdump -n -i eth1
19:52:08.995104 10.0.1.2 > 10.0.1.1: icmp: echo request
19:52:08.996412 10.0.1.1 > 10.0.1.2: icmp: echo reply
19:52:08.997961 10.0.1.2 > 10.0.1.1: icmp: echo request
19:52:08.999220 10.0.1.1 > 10.0.1.2: icmp: echo reply
19:52:09.000581 10.0.1.2 > 10.0.1.1: icmp: echo request
19:52:09.003162 10.0.1.1 > 10.0.1.2: icmp: echo reply
^C
```

Como el envío de ping seguía activo, pulsé **Control-C** para desactivar tcpdump. Al utilizar tcpdump con el indicador -n, se revelan las direcciones IP utilizadas actualmente en la red. En función de esta información, se puede inferir que la red stealthy utiliza 10.0.1.x, que utiliza una máscara de red de clase A o clase C, y que el enrutador probablemente sea 10.0.1.1. Si se hubiera tratado de una red del mundo real, hubiera resultado sencillísimo buscar el enrutador predeterminado y los servidores DNS locales con tan sólo mirar el tráfico de red en Ethereal.

En lugar de quedarme con la dirección IP utilizada por el iMac (10.0.1.2), opté por seleccionar una dirección diferente. Si funcionaba, tanto el iMac como el iBook podrían coexistir en la red sin demasiadas interferencias.

```
root@ibook:~# ifconfig eth1 10.0.1.3 netmask 255.255.255.0 broadcast
10.0.1.255
root@ibook:~# route add default gw 10.0.1.1
root@ibook:~# ping -c2 yahoo.com
PING yahoo.com (66.218.71.198): 56 data bytes
64 bytes from 66.218.71.198: icmp_seq=0 ttl=242 time=32.5 ms
64 bytes from 66.218.71.198: icmp_seq=1 ttl=242 time=33.2 ms

--- yahoo.com ping statistics ---
2 packets transmitted, 2 packets received, 0% packet loss
round-trip min/avg/max = 32.5/32.8/33.2 ms
```

Como puede comprobar, puede hacer ping a www.yahoo.com (y disponer de acceso total a la red desde ese punto). Con el SSID correcto, la clave WEP y una dirección MAC válida, la tarjeta AirPort no podía distinguirme del iMac y, por ello, no podía hacer nada para detenerme. Aunque AirPort no pueda saber la diferencia, programas como arpwatch pueden detectar muchos tipos de trampas, pero sólo si se ha configurado AirPort como puente. Como en esta configuración se ha establecido como NAT (como ocurre de forma predeterminada en muchos puntos de acceso), las direcciones MAC compartidas entre clientes pasan completamente desapercibidas al resto de la red.

Conclusión

Espero que con este pequeño experimento se haya hecho una idea de a lo que se enfrenta al depender de las medidas de seguridad que incorporan los dispositivos 802.11b. Por medio de hardware barato y de herramientas gratuitas, una red Wi-Fi convencional se puede invadir en hora y media (aunque probablemente lleve más tiempo, en función del tránsito de la red y de la suerte que tenga).

¿Qué significa esto para la seguridad inalámbrica? ¿Tenemos que quejarnos a los administradores de sistemas y tirar todo el equipo a la basura? Claro que no. Este ejercicio se ha presentado para advertirle de que si le preocupa la seguridad de su red, debe utilizar métodos completos de autenticación y encriptación de nivel de aplicaciones. En el resto del capítulo le ofreceremos detalladas descripciones sobre otras herramientas gratuitas que puede utilizar para proteger su red y sus usuarios inalámbricos de este tipo de ataques.

Descifrar WEP con AirSnort: la forma sencilla

Utilice un ataque de diccionario para probar la seguridad de su clave WEP.

Aunque se anuncie públicamente por su capacidad para descifrar una clave WEP en tiempo real mediante ataques a los puntos débiles de la implementación,

AirSnort necesita recopilar una gran cantidad de datos antes de que dichos ataques sean satisfactorios. También cuenta con una desconocida utilidad que realiza ataques de diccionario en una muestra relativamente reducida del tráfico de la red.

Por medio de la utilidad decrypt puede intentar descifrar un flujo WEP desde una lista de posibles candidatos de una relación de palabras. Este ataque se puede realizar en cuestión de minutos, en lugar de necesitar varias horas para recopilar muestras de tráfico de red para interpolar una clave WEP.

Para utilizar esta utilidad, primero necesita un volcado de paquetes de una utilidad que pueda capturar tramas 802.11 (como Kismet por ejemplo). También necesita una lista de posibles candidatos, básicamente palabras de 5 o 13 caracteres de longitud (para claves WEP de 40 y 104 bits respectivamente). Puede iniciar la utilidad de este modo:

```
# decrypt -f /usr/dict/words -m 00:02:2D:27:D9:22 -e encrypted.dump -d
out.dump
Found key: Hex - 61:6c:6f:68:61, ASCII - "aloha"
```

También tendrá que especificar el BSSID de la red que quiera descifrar. En este caso, el BSSID coincide con la dirección MAC del punto de acceso, pero se puede establecer en cualquier valor. Puede obtener este campo del panel Info de Kismet cuando capture los datos.

Si el resultado es satisfactorio, la utilidad muestra la clave WEP, descifra todo el flujo (especificado por el indicador -e) y lo guarda en el archivo que hayamos indicado (especificado por el indicador -d).

Este archivo se puede importar a cualquier herramienta de análisis de paquetes como tcpdump o Ethereal.

Evidentemente, este ataque sólo será satisfactorio si la clave WEP aparece en la lista de palabras que se prueban. Los ladrones de contraseñas de Unix han desarrollado utilidades que no sólo prueban con las palabras del diccionario sino que también prueban con variaciones habituales de las mismas (u otras menos conocidas) hasta que encuentran una coincidencia. El uso de dichas herramientas se deja como ejercicio a las posibles mentes enfermas que las encuentren de alguna utilidad.

Repetimos que el objetivo de este truco no es que invada las redes de otros usuarios, sino poner de manifiesto la importancia de una encriptación sólida y la correcta configuración de la red. Es descabellado esperar que WEP solucione todas nuestras necesidades de seguridad cuando existen herramientas como AirSnort que evidencian sus debilidades internas.

Puede descargar AirSnort en la dirección http://airsnort.shmoo.com/. También se incluye gran cantidad de información sobre monitorización pasiva, implementaciones WEP y seguridad inalámbrica en general.

Portal cautivo NoCatAuth

Proporcione control de acceso criptográficamente protegido utilizando sólo un navegador Web.

NoCatAuth es una implementación de código abierto de un portal cautivo. El concepto de portal cautivo es muy sencillo. Cuando un usuario situado detrás de un portal cautivo intenta navegar a una página Web, se ve redirigido a una página con una solicitud de inicio de sesión y también de información sobre la red inalámbrica a la que está conectado. Si la puerta de enlace consulta con una autoridad central para determinar la identidad del usuario inalámbrico conectado, cuando lo consigue, relaja las reglas de su cortafuegos según corresponda. Hasta que el usuario no inicie sesión no se permite tráfico de red a través de la puerta de enlace.

En lugar de depender de las opciones de seguridad incorporadas en 802.11b, la red se configura sin WEP y actúa como red abierta. El punto de acceso también se encuentra en modo de puente y se conecta mediante un cable cruzado a una tarjeta Ethernet en un enrutador Linux. El enrutador se encarga de emitir licencias DHCP, de gestionar el ancho de banda y de permitir el acceso a otras bandas.

Escrito en Perl y C, NoCatAuth se encarga del trabajo sucio de implementar el propio portal. Presenta al usuario una solicitud de inicio de sesión, consulta una base de datos MySQL (o cualquier otra fuente de autenticación) para buscar las credenciales del usuario y notifica el estado de éste a la puerta de enlace inalámbrica. En el lado de la puerta de enlace, el software administra las conexiones locales, determina el ancho de banda y las reglas del cortafuegos, y anula inicios de sesión antiguos tras un intervalo de tiempo especificado por el usuario. El software se encuentra disponible de forma gratuita y se presenta bajo GPL.

Vamos a diseñar el sistema para que la confianza se preserve en todo momento: las puertas de enlace y los usuarios finales sólo confiarán en el sistema de autenticación, protegido por un certificado SSL registrado. No se conceden contraseñas a la puerta de enlace inalámbrica (con lo que se protege a los usuarios de propietarios de nodos malintencionados) y las reglas de la puerta de enlace sólo se pueden modificar a través de un mensaje firmado criptográficamente por el sistema de autenticación (con lo que se protege la puerta de entrada de usuario o sitios que quieran invadir el sistema de autenticación).

Ofrecemos tres posibles clases de usuario inalámbrico: Public, Co-op y Owner:

- *Clase Public*: Este tipo de usuario no sabe nada de la red inalámbrica local y únicamente busca acceso a Internet. A esta clase se le concede un reducido ancho de banda y a los usuarios se les limitan, mediante reglas de cortafuegos, los servicios a los que pueden acceder. Al usuario de clase

Public se le permite saber más sobre quién proporciona el servicio inalámbrico y cómo puede ponerse en contacto con el grupo local (y, en última instancia, conseguir más acceso). No tienen inicios de sesión personales pero deben autenticarse ignorando manualmente el proceso de inicio de sesión.

- *Clase Co-op*: Esta clase está formada por usuarios con información de inicio de sesión preestablecida. Las reglas de pertenencia las determinan los grupos de la comunidad local y se configuran en la base de datos central del sistema de autenticación. Esta clase suele conceder un mayor ancho de banda y acceso a puertos, ya que los usuarios son responsables de sus propias acciones.

- *Clase Owner*: Similar a la clase anterior, a excepción de que se reserva para el propietario de un nodo dado y a todos a los que éste conceda acceso. Esta clase reemplaza el tráfico de todas las clases restantes y puede utilizar gratuitamente todos los recursos de la red.

El proceso de conexión habitual se ilustra en la figura 7.3.

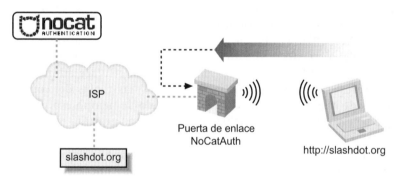

Figura 7.3. El tráfico Web del usuario se captura en la puerta de enlace.

Un usuario móvil se asocia al punto de acceso e inmediatamente se emite una licencia DHCP. De forma predeterminada, se deniega todo el acceso más allá del servicio de autenticación. Cuando el usuario trata de navegar por la Web, se le redirige de forma inmediata al servicio de puerta de enlace, desde donde se le vuelve a dirigir a la página de inicio de sesión del sistema de autenticación (después de adjuntar un ticket aleatorio e información adicional a la línea del URL). Este proceso es totalmente transparente al usuario, como se ilustra en la figura 7.4. Tras ello, se ofrecen tres opciones al usuario: iniciar sesión con la información de inicio de sesión predeterminada, hacer clic en un enlace para saber más sobre la pertenencia o hacer clic en un botón para omitir el inicio de sesión.

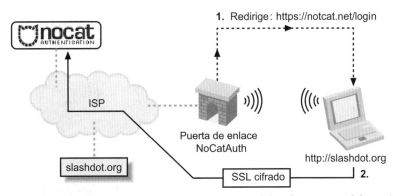

Figura 7.4. El usuario es redirigido a una página codificada con SSL del servidor de autenticación.

Después de que el usuario haya iniciado sesión correctamente o haya optado por saltarse el proceso, el sistema de autenticación crea un mensaje saliente, lo firma con PGP y lo envía de vuelta a la puerta de enlace inalámbrica, como se reproduce en la figura 7.5. La puerta de enlace dispone de una copia de la clave PGP pública del servicio de autenticación y puede verificar la autenticidad del mensaje. Como parte de los datos incluidos en la respuesta se corresponden al ticket aleatorio emitido originalmente por la puerta de enlace al cliente, resulta muy complicado engañar a la puerta de enlace con un ataque de respuesta. La firma digital evita que otros equipos se disfracen de servicio de autenticación y envíen mensajes falsos a la puerta de enlace inalámbrica.

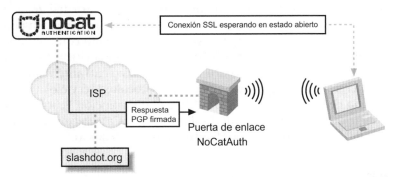

Figura 7.5. El usuario presenta sus credenciales al servicio de autenticación que, a su vez, se lo notifica a la puerta de enlace.

Si todo ha salido bien, la puerta de enlace inalámbrica modifica las reglas del cortafuegos para conceder un mayor acceso y redirige al usuario al sitio al que quería acceder en primera instancia (véase figura 7.6).

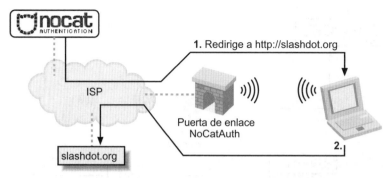

Figura 7.6. El usuario es redirigido al sitio original, en el que puede moverse como desee.

Para mantener abierta la conexión, se abre una pequeña ventana en el lado del cliente (a través de JavaScript) que actualiza la página de inicio de sesión cada varios minutos. Cuando se pierde la pista del usuario o éste apaga el navegador, la conexión se restablece y se solicita otro inicio de sesión manual. Los requisitos en el lado de la puerta de enlace son mínimos (el sistema se ha diseñado para ejecutarse bajo Linux 2.4, en un equipo 486 con 16 Mb de RAM). El servicio de autenticación se ha diseñado para ser administrado por un grupo que mantiene su base de datos de usuarios de la forma que considera oportuno. Se puede configurar para que proporcione acceso exclusivo para miembros, de forma que en lugar de utilizar un mecanismo basado en clases, a los usuarios se les concede acceso total o se les deniega de forma completa. El sistema NoCatAuth se encuentra en proceso continuo de desarrollo y dispone de una amplia variedad de nuevas opciones. El modo pasivo permite utilizarlo sin la fase de conexión (para permitir la instalación detrás de un cortafuegos NAT). También cuenta con métodos de autenticación adicionales como PAM, RADIUS, TACACS+ e incluso IMAP. Las puertas de enlace se pueden configurar para variar el tráfico entrante y saliente a una velocidad concreta, así como filtrar puertos, protocolos, servicios y todo lo demás que pueda detectar `iptables`. Si utiliza la distribución Pebble (descrita en un truco anterior), incorpora la puerta de enlace NoCat preconfigurada. Puede conseguir la última versión de NoCatAuth en `http://nocat.net/`.

TRUCO 90 NoCatSplash y Cheshire

Si necesita una sencilla pantalla de bienvenida para sus usuarios inalámbricos, pruebe uno de estos portales cautivos.

Algunos usuarios consideran que Perl es un requisito demasiado pesado para su hardware de puerta de enlace, lo que imposibilita el uso de NoCatAuth. Si únicamente busca una página de tipo "Haga clic aquí para continuar" (sin el mecanismo de autenticación completo), puede que le interese NoCatSplash. Se trata de un puerto de NoCathAuth reescrito en C. Sus requisitos no son excesivos aunque sólo admite funcionalidad de portal de modo abierto. La versión actual funciona en Linux y se prevé que en el futuro lo haga en BSD y otros sistemas.

Para instalar NoCatSplash, descargue el árbol CSV actual o consiga el archivo que puede encontrar en `http://nocat.net/download/NoCatSplash/`. Descomprima el archivo, desplácese hasta `CatSplash-nightly/` instálelo con:

```
rob@florian:~/NoCatSplash-nightly$ ./configure; make; make install
```

De esta forma se instala `splashd` en `/usr/local/sbin/`, se incluye el archivo de configuración `nocat.conf` en `/usr/local/etc/`. Modifique el archivo `nocat.conf` como desee y configure las opciones ExternalDevice, InternalDevice, LocalNetwork y DNSAddr para ajustarlas al diseño de su red. Consulte los comentarios del archivo de configuración si necesita detalles adicionales.

Inicie el portal mediante la ejecución de `splashd` como raíz:

```
root@florian:~# /usr/local/sbin/splashd &
```

NoCatSplash utiliza las mismas secuencias de comandos de cortafuegos que NoCatAuth para realizar la manipulación del cortafuegos. Instala tres secuencias de comandos en `/usr/local/libexec/nocat/`, lo que facilita la personalización de las reglas del cortafuegos en caso de que sea necesario. Con `splashd` en ejecución, todos los usuarios cuyo tráfico se genere en InternalDevice se capturan y se les muestra la página de bienvenida definida en `nocat.conf`. Los archivos `html` predeterminados correspondientes a la página de bienvenida se almacenan en `/usr/local/share/nocat/htdocs/`, pero puede cambiar dicha ubicación si configura DocumentRoot en `nocat.conf`.

Otra alternativa posible a NoCatAuth es Cheshire, un portal cautivo escrito completamente como secuencia de comandos de shell. Lo puede encontrar en `http://nocat.net/download/cheshire/`. El objetivo de Cheshire es proporcionar el portal cautivo más reducido posible, indicado para utilizarlo en pequeñas instalaciones de Linux. Sin funciones de red destacables propias, Cheshire requiere aplicaciones de ayuda para realizar el trabajo sucio de la red. En concreto, necesita la utilidad `getpeername` de NetPipes (`http://freshmeat.net/projects/netpipes/`) y la utilidad `faucet` del mismo paquete, aunque puede utilizar la utilidad `inetd` del sistema si la tiene instalada.

Aparte de esto, basta con utilizar herramientas estándar del sistema como sed, awk y cron. Cheshire funciona correctamente bajo el ligero intérprete de comandos. Si quiere añadir gráficos a la página de bienvenida y su puerta de enlace tiene una CPU lenta, probablemente le interese utilizar un servidor Web real en lugar del propio Cheshire. khttpd (el servidor http del núcleo disponible en Linux 2.4) resulta muy indicado para esta labor y su tamaño es muy reducido. Para instalar Cheshire, extraiga el archivo a `/usr/local/cheshire/`. Modifique el archivo `cheshire.conf` de este directorio como desee e inicie la secuencia de comandos utilizando `faucet` de esta forma:

```
root@gateway:~# faucet 5280 --in --out --daemon /usr/local/cheshire/bin/
grin
```

Si prefiere no utilizar `faucet`, puede ejecutar Cheshire desde `inetd`. Añada el puerto como servicio en `/etc/services` y adjunte una línea como la siguiente:

```
cheshire        5280/tcp
```

Añada Cheshire a `/etc/inetd.conf` con esta línea:

```
cheshire   stream  tcp  nowait  root  /usr/local/cheshire/bin/grin
```

Por último, probablemente quiera anular el inicio de los usuarios para forzarles a que vean de nuevo la página de bienvenida. Utilice el cronómetro del sistema para ello. Yo lo ejecuto una vez al día a las 4 de la mañana. Añada una línea como la siguiente como raíz:

```
0 4 * * *       /usr/local/cheshire/bin/grin -R
```

Aunque Cheshire y NoCatSplash no tengan tantas funciones como NoCatAuth, sus requisitos son muy sencillos. Pueden resultar idóneos para situaciones en las que únicamente quiera que los usuarios se hagan una idea de qué red están utilizando, sobre todo si las prestaciones de la puerta de enlace inalámbrica son limitadas.

TRUCO 91

Proxy Squid sobre SSH

Proteja el tráfico Web de miradas intrusas y, mientras tanto, mejore el rendimiento.

squid se suele utilizar como acelerador HTTP. Se trata de un proxy HTTP de gran tamaño, bien administrado y con numerosas opciones que se está haciendo un hueco en muchas plataformas Web comerciales. Como realiza todas sus funciones en un mismo puerto TCP, es un candidato idóneo para utilizarlo con un túnel SSH. Esto no sólo ayuda a proteger el navegador Web cuando utilice redes inalámbricas, sino que también hace que el navegador se ejecute a mayor velocidad. Lo mejor de todo es que squid es de código abierto y de distribución gratuita. Lo puede encontrar en `http://www.squid-cache.org/`.

En primer lugar, seleccione un servidor en el que quiera alojar squid. Habitualmente, suele ser un equipo Linux o BSD en su red cableada local, aunque squid también se puede ejecutar en Windows, bajo Cygwin (`http://www.cygwin.com/`). Como queremos una conexión rápida a la caché, la elección de una caché squid en el otro extremo de una conexión telefónica no es recomendable (a menos que quiera experimentar cómo era Internet en 1995). En una red doméstica, suele ser el mismo equipo que utilice como cortafuegos o como servidor DNS. Afortunadamente, squid no exige demasiado cuando admite varios usuarios simultáneos, por lo que puede compartir un equipo que ejecute otros servicios.

La inclusión de las instrucciones de instalación completas de squid supera los objetivos de este libro, pero la configuración no es excesivamente complicada. Compruebe las reglas de acceso y defina una contraseña para la interfaz de administración. Si tiene problemas para ejecutarlo, compruebe el artículo *Installing and Configuring Squid* (en inglés) de Jennifer Vesperman, en `http://linux.oreillynet.com/pub/a/linux/2001/07/26/squid.html`.

Una vez instalado squid, se conecta de forma predeterminada al puerto TCP 3128. Cuando esté en ejecución, debe probarlo manualmente estableciendo su proxy HTTP en su servidor. Por ejemplo, imagine que su servidor se ejecuta en `mysquid.house` (siempre que ejecute el TLD `.house`). En Mozilla, seleccione Preferencias>Avanzadas>Proxies (véase la figura 7.7).

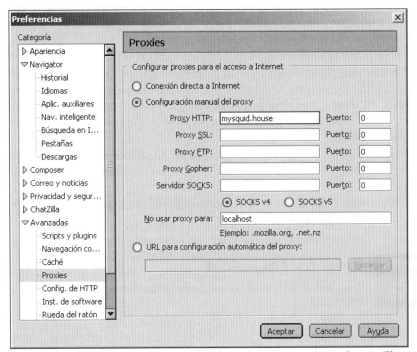

Figura 7.7. Pruebe squid por medio del campo Proxy HTTP de Mozilla.

Introduzca **mysquid.house** como host HTTP Proxy y **3128** para el puerto. Haga clic en **Aceptar** y trate de cargar una página Web. Debería ver inmediatamente la página solicitada. Si recibe un mensaje de acceso denegado, consulte las páginas `http_access` de su archivo `squid.conf` y reinicie squid en caso de que sea necesario.

Una vez satisfecho con los resultados de squid, basta con dirigir la conexión al mismo sobre SSH. Establezca un escuchador local en el puerto 3128, dirigido a `mysquid.house:3128` de esta forma:

```
rob@caligula:~$ ssh -L3128:localhost:3128 mysquid.house -f -N
```

Se establecerá un túnel SSH que se bifurca al fondo de forma automática. Tras ello, cambie el host HTTP Proxy de su navegador por `localhost` y actualice la página. Siempre que el túnel SSH se encuentre en ejecución, el tráfico Web se cifrará hasta `mysquid.house`, donde se descifrará y se enviará a Internet.

La principal ventaja de esta técnica (en comparación al uso del proxy SOCKS 4 HTTP que veremos a continuación) es que prácticamente todos los navegadores admiten el uso de proxies HTTP, mientras que no todos son compatibles con SOCKS 4. Al mismo tiempo, si utiliza OS X, el propio sistema operativo incluye compatibilidad con proxies HTTP. Esto significa que cualquier aplicación correctamente escrita utilizará los parámetros de proxy de forma transparente. En posteriores trucos le ofreceremos más información al respecto.

Los proxies HTTP sufren las mismas dificultades con DNS que un proxy SOCKS 4, por lo que debe tenerlo en cuenta al utilizarlos. Por regla general, el proxy squid se utiliza desde una red local, por lo que no sufrirá la esquizofrenia de DNS. Pero, en teoría, squid se puede ejecutar en cualquier parte (incluso detrás de un cortafuegos remoto) por lo que le aconsejo que consulte las notas correspondientes a DNS.

La ejecución de squid requiere una cierta preparación pero le permite proteger y acelerar el tráfico Web cuando utilice dispositivos inalámbricos. Evidentemente, squid admitirá tantos usuarios inalámbricos como le proporcione, por lo que tendrá que configurarlo para sus usuarios inalámbricos habituales e intentar que su tráfico Web sea privado.

TRUCO 92 — Proxy SSH SOCKS 4

Proteja su tráfico Web por medio de la funcionalidad VPN que incorpora SSH.

En la búsqueda de la forma perfecta de proteger sus redes inalámbricas, muchos usuarios pasan por alto una de las características más útiles de SSH: el indicador `-D`. Este sencillo indicador se encuentra oculto dentro del archivo `manpage` de SSH, hacia la parte inferior. A continuación incluimos su descripción.

Puerto -D

Especifica un redireccionamiento dinámico de puertos locales en el nivel de aplicaciones. Para ello, asigna un socket para escuchar a un puerto del lado local y siempre que se realice una conexión a dicho puerto, la conexión se redirige por el canal seguro, y, tras ello, se utiliza el protocolo de seguridad para determinar a dónde realizar la conexión desde el equipo remoto. Actualmente se admite el protocolo SOCKS 4 y SSH actúa como servidor SOCKS 4. Sólo el usuario raíz puede redirigir puertos privilegiados. El redireccionamiento dinámico de puertos también se puede especificar en el archivo de configuración.

Si dispone de software capaz de utilizar un proxy SOCKS 4, se convierte en una función realmente útil. Proporciona un servidor proxy cifrado instantáneo para cualquier equipo que utilice SSH. Y no se necesita software adicional, ni en el portátil ni en el servidor remoto. Al igual que sucede con el redireccionamiento de puertos SSH (que describiremos más adelante), el indicador -D se vincula al puerto local especificado y codifica todo el tráfico que reciba dicho puerto, lo envía a través del túnel y lo descodifica en el otro extremo. Por ejemplo, para configurar como `remote` un proxy SOCKS 4 desde el puerto local 8080 desde su portátil inalámbrico, introduzca lo siguiente:

```
rob@caligula:~$ ssh -D 8080 remote
```

Eso es todo. Basta con especificar `localhost:8080` como proxy SOCKS 4 en su aplicación para que todas las conexiones realizadas por la misma se envíen por el túnel cifrado. Por ejemplo, para configurar el proxy SOCKS en Mozilla, seleccione Preferencias>Avanzadas>Proxies, como se indica en la figura 7.8.

Seleccione Configuración manual del proxy e introduzca **localhost** como host SOCKS. Indique el número de puerto pasado el indicador -D y marque el botón SOCKS v4. Haga clic en **Aceptar** y ya está. Todo el tráfico que genere Mozilla se codificará y parecerá originarse desde el equipo remoto en el que haya iniciado sesión por medio de SSH. Todo el que escuche su tráfico inalámbrico verá una gran cantidad de tráfico SSH cifrado, pero los datos reales estarán protegidos.

Acerca de DNS

Un aspecto importante que debe tener en cuenta es que SOCKS no cuenta con compatibilidad nativa para tráfico DNS. Esto tiene dos efectos secundarios que no debe olvidar cuando lo utilice para proteger sus trasmisiones inalámbricas:

- Las búsquedas DNS se siguen enviando al descubierto. Esto significa que todo el que escuche puede ver los nombres de los sitios a los que naveguemos, aunque los datos y los URL estarán ocultos. No es realmente un riesgo de seguridad, pero conviene tenerlo en cuenta.

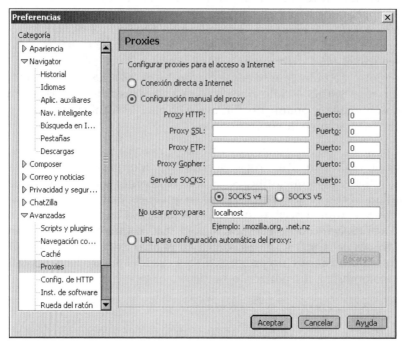

Figura 7.8. Configuración de proxies en Mozilla.

- Seguimos utilizando un servidor DNS local, pero el tráfico se origina desde el extremo remoto del proxy. Esto puede tener interesantes efectos secundarios (y no deseados) cuando se intenta acceder a recursos de redes privadas.

Para ilustrar los sutiles problemas que pueden aparecer, imagine una red corporativa estándar con un servidor Web llamado `intranet.mybusiness.com`. Este servidor Web utiliza la dirección privada 192.168.1.10 pero se puede acceder desde Internet a través de un cortafuegos de redireccionamiento. El servidor DNS de `intranet.mybusiness.com` suele responder con diferentes direcciones IP, en función del origen de la solicitud y puede que utilizando la función de vistas de BIND 9. Cuando se accede desde Internet, normalmente se hace con la dirección IP 208.201.239.36 que, de hecho, es la dirección IP de la zona externa al cortafuegos corporativo.

Imagine ahora que utiliza el ejemplo de proxy SOCKS que acabamos de describir y que `remote` es un equipo situado detrás del cortafuegos corporativo. Su servidor DNS local devuelve 208.201.239.36 como dirección IP para `intranet.mybusiness.com` (porque estamos buscando el nombre desde el exterior del cortafuegos). Pero la solicitud HTTP proviene realmente de `remote` e intenta acceder a 208.201.239.36. En muchas ocasiones, las reglas del cortafuegos prohíben esta posibilidad, ya que se supone que los usuarios internos acceden a la intranet a través de sus dirección IP interna, 192.168.1.10. ¿Cómo se puede solucionar este problema de DNS?

Una sencilla forma de evitarlo consiste en utilizar un archivo de host locales en el portátil. Añada una entrada como la siguiente a `/etc/hosts` (o al directorio equivalente en su sistema operativo):

```
192.168.1.10     intranet.mybusiness.com
```

Del mismo modo, puede enumerar todos los host a los que sólo se pueda acceder desde el interior del cortafuegos corporativo. Cuando trate de navegar a uno de dichos sitios, el archivo de host locales se consulta antes que DNS, de forma que se utiliza la dirección IP privada. Como la solicitud se realiza realmente desde `remote`, puede llegar al servidor interno sin problemas. Del mismo modo, las respuestas regresan al proxy SOCKS de `remote`, se codifican y se redirigen por el túnel SSH, y aparecen en el navegador como si provinieran de Internet.

En la próxima versión de SSH se incluirá compatibilidad con SOCKS 5, lo que también posibilitará la resolución DNS a través de túneles. Es una noticia especialmente esperada por los usuarios de OS X, ya que este sistema operativo es compatible con proxies SOCKS 5. Cuando SSH admita SOCKS 5, todas las aplicaciones nativas de OS X podrán aprovechar las ventajas de proxies SSH de encriptación. Mientras tanto, tendremos que conformarnos con proxies HTTP encriptados.

TRUCO 93

Redireccionamiento de puertos sobre SSH

Proteja la seguridad del tráfico de red a puertos arbitrarios con el redireccionamiento de puertos SSH.

Además de proporcionar acceso remoto y ejecución de comandos, OpenSSH también puede redirigir puertos TCP arbitrarios al otro extremo de la conexión. Esto puede resultar especialmente útil para proteger el correo electrónico, la Web o cualquier otro tipo de tráfico que quiera mantener en privado (al menos hasta que llegue al otro extremo del túnel).

SSH realiza el redireccionamiento local mediante la conexión a un puerto local, donde realiza las labores de cifrado, y envía los datos cifrados al extremo remoto de la conexión SSH. Tras ello, se descifran y se envían al host y al puerto remotos que hayamos especificado. Inicie un túnel SSH con el indicador -L (abreviatura de Local):

```
root@laptop:~# ssh -f -N -L110:hostdecorreo:110 -l usuario hostdecorreo
```

Tendrá que sustituir usuario por su nombre de usuario y hostdecorreo por el nombre o dirección IP de su servidor de correo. En este ejemplo, tendrá que ser el usuario raíz en laptop ya que se conectará a un puerto privilegiado (110, el puerto POP). También tendrá que deshabilitar todos los demonios POP que se ejecuten localmente (busque en /etc/inetd.conf) para que no entorpezcan el proceso. Tras ello, para cifrar todo el tráfico POP, configure su cliente de correo para que se conecte al puerto 110 localhost. Se comunicará con dicho puerto como si la conexión fuera directa, a excepción de que se codifica la totalidad de la conversación.

El indicador -f bifurca SSH hacia el fondo y -N le indica que no ejecute un comando en el extremo remoto (simplemente que ejecute el redireccionamiento). Si su servidor SSH lo admite, pruebe el indicador -C para activar la compresión, ya que puede reducir considerablemente el tiempo de descarga del correo electrónico. Puede especificar todas las líneas -L que desee cuando establezca la conexión. Para redirigir el tráfico de correo saliente, pruebe con estas líneas de código:

```
root@laptop:~# ssh -f -N -L110:mailhost:110 -L25:mailhost:25 -l user
mailhost
```

Establezca el host de correo electrónico saliente en localhost para que el tráfico se codifique hasta mailhost. Esto únicamente resulta útil si el correo electrónico se vincula a un host interno o si no puede confiar en su conexión de red local (como sucede con la mayoría de redes inalámbricas). Evidentemente, cuando el correo electrónico sale de mailhost, se transmite al descubierto a menos que haya cifrado el mensaje con una herramienta como PGP p GPG.

Si ya ha iniciado sesión en un host remoto y tiene que redirigir un puerto de forma rápida, siga los pasos descritos a continuación:

1. Pulse **Intro**.

2. Introduzca **~C**.

3. Aparecerá una solicitud de comandos ssh>. Introduzca la línea -L como si se tratara de la línea de comandos.

Por ejemplo:

```
rob@catlin:~$
rob@catlin:~$ ~C (it doesn't echo)
```

```
ssh> -L8080:localhost:80
Forwarding port.
```

El intérprete de comandos actual redirige el puerto local 8000 al puerto 80 de `catlin`, como si nos hubiéramos conectado al mismo desde el principio.

Puede permitir que otros clientes remotos se conecten al puerto redirigido si utiliza el indicador -g. Si ha iniciado sesión en una puerta de enlace remota que se utiliza como NAT para una red privada, por medio del siguiente comando:

```
rob@gateway:~$ ssh -f -g -N -L8000:localhost:80 10.42.4.6
```

se redirigen todas las conexiones desde el puerto 8000 de la puerta de enlace al puerto 80 del host interno 10.42.4.6. Si la puerta de enlace tiene una dirección de Internet activa, cualquiera en la red se puede conectar al servidor Web en 10.42.4.6 como si lo estuviera haciendo desde el puerto 80 de la puerta de enlace.

Un último aspecto que conviene mencionar es que el host redirigido no tiene que ser `localhost` necesariamente; puede ser cualquier otro host al que pueda acceder directamente el equipo al que estemos intentando conectarnos. Por ejemplo, al dirigir el puerto local 5150 a un servidor Web situado en alguna parte de una red interna, puede probar con lo siguiente:

```
rob@remote:~$ ssh -f -N -L5150:intranet.insider.nocat:80
gateway.nocat.net
```

Siempre que ejecute el TLD `.nocat` y que `gateway.nocat.net` también cuente con una conexión a la red privada `.nocat`, todo el tráfico de `remote` a 5150 se redirigirá a `intranet.insider.nocat:80`. La dirección `intranet.insider.nocat` no tiene que resolver DNS en `remote`; no se consulta hasta que se establece la conexión a `gateway.nocat.net` y, tras ello, `gateway` se encarga de la búsqueda. Para navegar de forma segura a un sitio desde `remote`, pruebe a conectarse a `http://localhost:5150/`. Aunque SSH cuenta con funcionalidad para actuar como proxy SOCKS 4 (con el indicador -D que vimos anteriormente), no resulta muy indicado para dirigir todo el tráfico de la red al otro extremo del túnel. Puede utilizar un túnel de encapsulación real como `vtun` junto con SSH para redirigir todo lo que quiera. SSH es una herramienta increíblemente flexible, con muchas más funciones de las que podemos describir aquí. Consulte las siguientes referencias si necesita más detalles sobre su funcionamiento y utilización.

Véase también

- `man ssh`

- SSH, The Secure Shell: The Definitive Guide (`http://www.oreilly.com/catalog/sshtdg/`) de Daniel J. Barrett y Richard Silverman

TRUCO 94 Inicios de sesión rápidos con claves SSH cliente

Utilice claves SSH en lugar de autenticación por contraseñas para acelerar y automatizar los inicios de sesión.

Cuando administre varios equipos, la posibilidad de desplazarse de forma rápida de uno a otro en un determinado servidor es fundamental. Tener que introducir `ssh.mi.servidor.com` (seguido de una contraseña) no sólo resulta tedioso sino que también hace que perdamos la concentración. Al cambiar rápidamente de "¿dónde está el problema?" a "aquí estamos" y de nuevo a "¿qué es todo esto"? ha provocado el envejecimiento prematuro de más de un administrador. Es el equivalente digital de "¿por qué entré en esta habitación?" (y el problema se agrava debido a `/usr/games/fortune!`).

En cualquier caso, cuanto más cueste iniciar sesión en un equipo menos tiempo dedicaremos a resolver los problemas que haya. Las últimas versiones de SSH ofrecen una alternativa segura al hecho de tener que introducir una contraseña: el intercambio de claves públicas.

En los siguientes ejemplos, imagino que utilizará OpenSSHv3.4p1 o posterior. Para utilizar claves públicas con un servidor SSH, tendrá que generar primero un par de clave pública-privada:

```
$ ssh-keygen -t rsa
```

También puede utilizar `-t dsa` para claves DSA o `-t rsa1` si utiliza Protocol v1. Y debería actualizar a v2 lo antes posible. Después de introducir el comando anterior, debería ver algo como lo siguiente:

```
Generating public/private rsa key pair.
Enter file in which to save the key (/home/rob/.ssh/id_rsa):
```

Pulse **Intro**. Se le solicitará una contraseña; basta con pulsar **Intro** dos veces (pero lea la nota de seguridad que aparece en pantalla). Los resultados tendrán este aspecto:

```
Enter passphrase (empty for no passphrase):
Enter same passphrase again:
Your identification has been saved in /home/rob/.ssh/id_rsa.
Your public key has been saved in /home/rob/.ssh/id_rsa.pub.
The key fingerprint is:
a6:5c:c3:eb:18:94:0b:06:a1:a6:29:58:fa:80:0a:bc rob@localhost
```

Se han creado dos archivos: `~/.ssh/id_rsa` y `~/.ssh/id_rsa.pub`. Para utilizar este par de claves en un servidor, pruebe con:

```
$ ssh server "mkdir .ssh; chmod 0700 .ssh"
$ scp .ssh/id_rsa.pub server:.ssh/authorized_keys2
```

Evidentemente, debe sustituir `server` por el nombre de su servidor. Le solicitará su contraseña en ambos casos. Tras ello, introduzca `ssh servidor` para que inicie sesión de forma automática, sin necesidad de contraseñas. Y sí, también utilizará la nueva clave pública para `scp`.

En caso de que no le funcione, compruebe el archivo de permisos tanto en `~/.ssh/*` como en `server:~/.ssh/*`. Su clave privada (`id_rsa`) debería ser 0600 (y aparecer únicamente en el equipo local) y el resto debería ser 0655 o superior.

Impresionante. Se preguntará cómo utilizar SSH en cualquier equipo y sin problemas, y si se puede aumentar la velocidad para conectarse a equipos que utilice con frecuencia. Evidentemente.

Aspectos de seguridad

Hay gente que considera que el uso de claves públicas es un riesgo de seguridad. Después de todo, basta con que alguien robe una copia de nuestra clave privada para conseguir acceder a nuestros servidores. Aunque pueda ser cierto, lo mismo ocurre con las contraseñas.

Piense en cuántas veces al día introduce una contraseña para acceder a un equipo (o a un archivo) y con qué frecuencia utiliza la misma contraseña en varios equipos (o en todos). ¿Alguna vez ha utilizado una contraseña de forma cuestionable (en un sitio Web, en un equipo personal no actualizado o posiblemente con un cliente SSH en un equipo que no controle de forma directa)? Si alguna de estas posibilidades le resulta familiar, piense que en las mismas circunstancias el uso de una clave SSH impediría que un intruso pudiera obtener acceso sin autorización (siempre que proteja la clave privada).

Otra forma de equiparar la facilidad de uso con la seguridad consiste en utilizar una frase de paso con la clave, pero hacer que el agente SSH administre las claves por nosotros. Al iniciar el agente, le solicitará la frase de paso una vez y la ocultará hasta que lo apague. Algunos usuarios van incluso más allá y almacenan sus claves SSH en medios extraíbles (como por ejemplo una cadena de claves USB) y la llevan consigo a todas partes. Si opta por utilizar claves SSH, comprobará que son una alternativa muy útil a las contraseñas tradicionales.

TRUCO 95 Inicios de sesión SSH en modo turbo

Consiga inicios de sesión más rápidos desde la línea de comandos.

Si ha seguido los dos últimos trucos, sólo ha visto la mitad de la solución. Incluso con claves cliente, tendrá que introducir **SSH servidor** siempre que quiera activar SSH. En los oscuros y desprotegidos días de `rsh`, existía una desconocida

función que personalmente me encantaba y que todavía no se ha implementado
en SSH. Se podía crear un enlace simbólico en /usr/bin/rsh a un archivo con
el mismo nombre que el servidor. rsh era lo suficientemente inteligente como
para saber que si no se invocaba como rsh, debería utilizar rsh con el nombre
con que se invocara.

Evidentemente, resulta muy sencillo de implementar. Cree un archivo con el
nombre SSH-to con estas dos líneas en su interior:

```sh
#!/bin/sh
ssh `basename $0` $*
```

(Alrededor de basename $0 hemos utilizado comillas simples invertidas.) Tras
ello, añádalo a su ruta (en caso de que ~/bin no exista o que no se encuentre en
su ruta, añádalo) y establezca enlaces simbólicos a todos sus servidores preferi-
dos:

```
$ cd bin
$ ln -s ssh-a servidor1
$ ln -s ssh-a servidor2
$ ln -s ssh-a servidor3
```

Seguidamente, para utilizar SSH en servidor1 (siempre que haya copiado
su clave pública como hemos descrito anteriormente), basta con introducir ser-
vidor1 para obtener un intérprete de comandos en servidor1, sin necesidad
de escribir ssh y sin necesidad de contraseñas. El símbolo $* situado en la parte
final le permite ejecutar comandos arbitrarios en una sola línea (en lugar de
abrir un intérprete de comandos), como se indica a continuación:

```
servidor1 uptime
```

De esta forma, se muestra el tiempo en ejecución, el número de usuarios y el
promedio de carga de servidor1, para apagarse después. Inclúyalo en un bucle
for y procese una iteración por una lista de servidores para obtener el estado de
todos los equipos.

Personalmente creo que es la forma más rápida de utilizar SSH, aparte de
crear alias de caracteres para la misma función (lo que resulta demasiado complejo, difícil de mantener e innecesario, aunque parezca impresionar a cierta gente):

```
$ alias a='ssh alice'
$ alias b='ssh bob'
$ alias e='ssh eve'
...
```

A cualquier velocidad, SSH dispone de numerosas opciones que la convierten
en una flexible herramienta para desplazarse de forma segura entre diferentes

servidores. Si encontráramos la forma de que inicie sesión y controle el equipo por nosotros, obtendríamos un auténtico truco.

TRUCO 96 OpenSSH en Windows gracias a Cygwin

Utilice cualquiera de los potentes trucos de OpenSSH descritos en este capítulo en un equipo Windows.

Ya le hemos presentado todos los magníficos trucos que recurren al uso de OpenSSH pero seguro que es una de esas personas que utilizan Windows y que (todavía) no se ha decidido a adentrarse en el maravilloso mundo de Linux. No pasa nada. Puede aprovecharse de las ventajas de OpenSSH en su equipo Windows gracias a una herramienta llamada Cygwin.

La explicación de dicha herramienta se incluye en el sitio Web de Cygwin:

> Cygwin es un entorno similar a Linux para Windows, formado por dos partes:
>
> 1. Un archivo DLL (`cygwin1.dll`) que actúa como capa de emulación Linux para proporcionar funciones del API de Linux.
>
> 2. Una serie de herramientas que ofrecen el aspecto operativo y funcional de Linux.

Este potente paquete gratuito le permite utilizar numerosos paquetes de software gratuitos en Linux, sin renunciar a la seguridad y la comodidad de su entorno Windows.

Instalación

El software puede descargarse de `http://www.cygwin.com/`. Para instalarlo, ejecute `setup.exe` y, tras ello, seleccione las herramientas de Linux que quiera instalar. Se descargarán de Internet y se instalarán de forma automática. Al utilizar `setup.exe` también puede optar por seleccionar únicamente los archivos de instalación o instalarlos desde un directorio local. En lo que respecta a este truco, le recomiendo que los instale directamente desde Internet.

En el primer cuadro de diálogo, seleccione un directorio de instalación, el tipo de instalación y el tipo de archivo de texto predeterminado. A menos que tenga que cambiar alguna de estas opciones, utilice las predeterminadas por ahora. En el segundo cuadro de diálogo, seleccione un directorio para descargar los paquetes de software. Conviene recordarlo si tiene pensado realizar varias instalaciones. Tras ello, elija un tipo de conexión a Internet. Si se encuentra en una red corporativa, puede que tenga que consultar la configuración de la misma. Suele bastar con una conexión directa si es un usuario doméstico.

Por último, seleccione un sitio de descarga. Verá una extensa lista de sitios, localizados por todo el mundo. Elija el más cercano a su país de residencia.

Tras ello, `setup.exe` descargará el siguiente fragmento del programa de configuración y le instará a que seleccione los correspondientes paquetes, como puede apreciar en la figura 7.9.

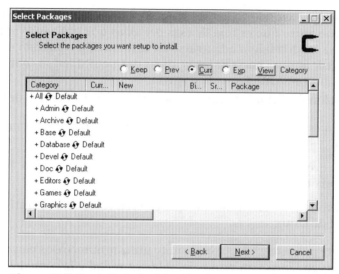

Figura 7.9. Pantalla de instalación de paquetes de Cygwin.

Cygwin puede instalar un extenso número de paquetes de software. Para añadir OpenSSH como paquete de software instalado, desplácese hasta la categoría Net. Haga clic en el signo más situado junto a Net y desplácese hasta que encuentre la línea en la que aparece OpenSSH (véase la figura 7.10).

Haga clic en la palabra **Skip** que aparece en la línea `openssh`. En la figura 7.11 puede ver el cambio efectuado.

Al seleccionar `openssh`, también se selecciona `openssl` de forma automática. Se debe a que `openssh` depende de las rutinas de cifrado de `openssl`.

Es necesario instalar un paquete más, `cygrunsrv`, en especial si quiere ejecutar el demonio `sshd` como servicio en Windows 2000 o Windows XP. Este paquete se encuentra en la categoría Admin, como se indica en la figura 7.12.

Haga clic en **Next** para que Cygwin comience a descargar e instalar los paquetes seleccionados. Cuando concluya la instalación, los iconos de Cygwin aparecerán en el escritorio y en el menú Inicio.

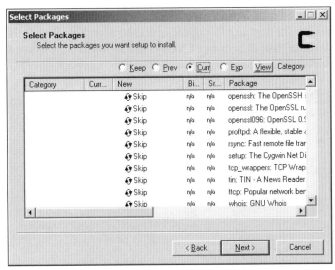

Figura 7.10. Localice openssh.

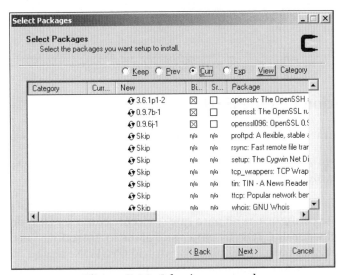

Figura 7.11. Seleccione openssh.

Para configurar correctamente todos los elementos, tendrá que cambiar algunas opciones del sistema. En Windows 2000 y Windows XP, haga clic con el botón derecho del ratón sobre Mi PC y seleccione Propiedades. Haga clic en la ficha Opciones avanzadas y, tras ello, pulse **Variables de entorno**. Busque la variable correspondiente a path y haga doble clic sobre la misma. Al final de la ruta, añada dos puntos (:) y la ruta completa a Cygwin (`C:\cygwin\bin` de forma predeterminada, a menos que la haya cambiado al instalarlo). Pulse **Nueva** para añadir otra variable con el nombre **CYGWIN**. Establezca en **ntsec tty** el valor de la nueva variable.

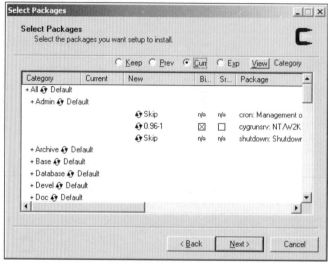

Figura 7.12. Seleccione cygrunsrv.

Configuración de OpenSSH

Para ejecutar el demonio openssh, abra una consola de Cygwin y ejecute lo siguiente:

```
Administrator@notebook ~$ ssh-host-config -y
```

De esta forma se generan claves `ssh` y un archivo de configuración `sshd` para el sistema, y se configura `sshd` para que se ejecute como servicio de Windows. Se le solicitará el valor de CYGWIN para `sshd` al inicio. Introduzca la misma cadena que haya utilizado para la variable de entorno CYGWIN: `ntsec tty`.

Ya puede iniciar `sshd` como servicio mediante la ejecución de este comando:

```
Administrator@notebook ~$ cygrunsrv -S sshd
```

Puede probar la instalación de `sshd` si introduce `ssh localhost`. Si todo funciona correctamente, podrá iniciar sesión en su propio equipo.

A partir de ahora ya puede copiar archivos con `scp`, definir dependencias de clave y utilizar el resto de los trucos sobre SSH que hemos mencionado para ahorrar una gran cantidad de tiempo. Por ejemplo, puede proteger su correo electrónico por medio del redireccionamiento de puertos. Con ayuda de `sshd`, incluso puede conectarse a su equipo Windows desde otros equipos que ejecuten `ssh`. Puede que Cygwin no sea tan potente como una instalación completa de Linux, pero le permite utilizar numerosos paquetes de software gratuito sin necesidad de volver a reiniciar el equipo.

Compatibilidad de ubicaciones para túneles en OS X

Seleccione entre comunicaciones cifradas y no cifradas por la opción de Localización de redes de Mac OS X.

Puede cifrar su tráfico Web si lo pasa sobre un túnel SSH a un proxy HTTP. Aunque pueda pensar que siempre conviene cifrar el tráfico Web, en ocasiones no resulta práctico hacerlo. Por ejemplo, si utiliza una red inalámbrica que recurra a los servicios de un portal cautivo (como NoCatAuth) para enviar al usuario a una página Web antes de concederle acceso a la red, el túnel no podrá conectarse. Evidentemente, una vez autenticado, el túnel funcionará como de costumbre. Pero tendrá que contactar con el servicio de autenticación al descubierto para poder presentar sus credenciales.

Otro motivo habitual para deshabilitar el túnel es cuando es necesario descargar gran cantidad de datos públicos de un recurso de red local. En lugar de forzar el cifrado de todos los datos, dirigirlos por el servidor de túnel para después devolverlos y descifrarlos, es mucho más eficaz realizar una conexión directa y descargarlos al descubierto. Pregúntese si realmente importa que los demás usuarios de la red inalámbrica local sepan que se está descargando un ISO Debian desde un servidor local.

Aunque en la mayoría de los sistemas operativos es necesario cambiar las preferencias del navegador para no utilizar el proxy, OS X le ofrece una solución mucho más elegante. Incorpora un sistema de configuración de redes muy flexible que permite parámetros independientes para cada interfaz de red, así como almacenar tantos de estos parámetros como desee. La opción se denomina Ubicación y se encuentra en el menú Apple (véase la figura 7.13).

OS X incorpora una ubicación predeterminada denominada Automatic. Personalmente suelo eliminarla y crear dos nuevas ubicaciones específicas: Abierta y Túnel.

Abra Preferencias de red, bien desde el menú Apple o desde Preferencias del Sistema. En el cuadro desplegable Ubicación, seleccione Nueva ubicación y cree una ubicación con el nombre **Abierta**. Será la ubicación que utilice cuando no necesite un túnel encriptado. Tras ello, cree otra ubicación con el nombre **Túnel** (como se indica en la figura 7.14). Seleccione la interfaz de AirPort y haga clic en la ficha Proxies. Marque la casilla Proxy web (HTTP) y añada **127.0.0.1** como nombre del host y **3128** como número de puerto.

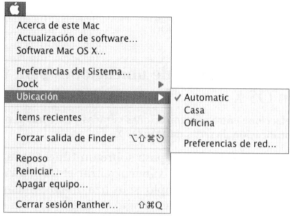

Figura 7.13. Pase de una configuración de red a otra con total facilidad.

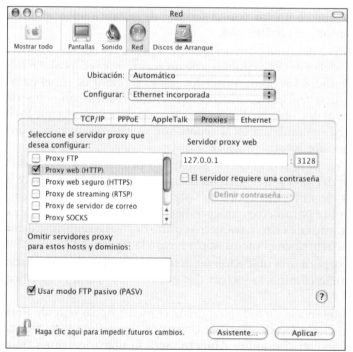

Figura 7.14. Cree una ubicación cifrada con el nombre que desee.

También puede resultarle útil no utilizar el proxy para el dominio .local, de forma que no se utilice para acceder a sitios Rendezvous locales (aunque nunca sabremos por qué lo hace Apple de forma predeterminada).

Para finalizar, haga clic en **Aplicar**. Puede indicar si quiere utilizar el proxy cifrado con tan sólo seleccionar la ubicación desde el menú Apple. Tardará unos segundos en surtir efecto, ya que las interfaces se desactivan y se vuelven a activar (ya que tienen que solicitar una nueva licencia DHCP, registrar los cambios con todos los programas en ejecución, etc.). No olvide iniciar su túnel SSH antes de utilizar la ubicación Túnel.

Una advertencia sobre los parámetros necesarios para no utilizar el proxy y la configuración de proxies de red en general. Aparentemente, el cuadro para no utilizar el proxy sólo permite un dominio de nivel superior, pero un número ilimitado de subdominios o nombres de host. Desafortunadamente, algunas aplicaciones los ignoran por completo (en especial Mozilla e iTunes). Al cierre de la edición de este libro (OS X 10.2.6) era necesario especificar parámetros diferentes para los proxies en Mozilla y deshabilitar los parámetros de proxy al utilizar iTunes con flujos remotos.

TRUCO 98 Uso de vtun en SSH

Conecte dos redes por medio de vtun y una misma conexión SSH.

vtun es un servidor de túnel de espacio, y permite comunicar redes completas a través de túneles utilizando el controlador de núcleo de túneles universal tun. Al utilizar un túnel cifrado como vtun los clientes móviles pueden proteger su tráfico IP a través de una encriptación fuerte. Actualmente se ejecuta en Linux, BSD y Mac OS X. En los siguientes ejemplos utilizaremos Linux.

El procedimiento descrito a continuación permite que un host con una dirección IP privada (10.42.3.2) abra una nueva interfaz de túnel con una dirección IP real y activa (208.201.239.33) que funcione de la forma esperada, como si no existiera la red privada. Para ello, debe iniciar el túnel, cancelar la ruta predeterminada y, tras ello, añadir la nueva ruta desde el otro extremo del túnel.

Para comenzar, se incluye la configuración de la red (ya con túneles):

```
root@client:~# ifconfig eth2
eth2 Link encap:Ethernet HWaddr 00:02:2D:2A:27:EA
inet addr:10.42.3.2 Bcast:10.42.3.63 Mask:255.255.255.192
UP BROADCAST RUNNING MULTICAST MTU:1500 Metric:1
RX packets:662 errors:0 dropped:0 overruns:0 frame:0
TX packets:733 errors:0 dropped:0 overruns:0 carrier:0
collisions:0 txqueuelen:100
RX bytes:105616 (103.1 Kb) TX bytes:74259 (72.5 Kb)
```

```
Interrupt:3 Base address:0x100

root@client:~# route
Kernel IP routing table
Destination Gateway Genmask Flags Metric Ref Use Iface
10.42.3.0 * 255.255.255.192 U 0 0 0 eth2
loopback * 255.0.0.0 U 0 0 0 lo
default 10.42.3.1 0.0.0.0 UG 0 0 0 eth2
```

Como puede comprobar, la red local es 10.43.3.0/21), la dirección IP es 10.43.3.2 y la puerta de enlace predeterminada es 10.42.3.1. Esta puerta de enlace proporciona traducción de direcciones de red (NAT) a Internet. La ruta a yahoo.com tendrá este aspecto:

```
root@client:~# traceroute -n yahoo.com
traceroute to yahoo.com (64.58.79.230), 30 hops max, 40 byte packets
1 10.42.3.1 2.848 ms 2.304 ms 2.915 ms
2 209.204.179.1 16.654 ms 16.052 ms 19.224 ms
3 208.201.224.194 20.112 ms 20.863 ms 18.238 ms
4 208.201.224.5 213.466 ms 338.259 ms 357.7 ms
5 206.24.221.217 20.743 ms 23.504 ms 24.192 ms
6 206.24.210.62 22.379 ms 30.948 ms 54.475 ms
7 206.24.226.104 94.263 ms 94.192 ms 91.825 ms
8 206.24.238.61 97.107 ms 91.005 ms 91.133 ms
9 206.24.238.26 95.443 ms 98.846 ms 100.055 ms
10 216.109.66.7 92.133 ms 97.419 ms 94.22 ms
11 216.33.98.19 99.491 ms 94.661 ms 100.002 ms
12 216.35.210.126 97.945 ms 93.608 ms 95.347 ms
13 64.58.77.41 98.607 ms 99.588 ms 97.816 ms
```

En este ejemplo, realizamos la conexión a un servidor de túneles de Internet situado en 208.201.239.5. Tiene dos direcciones IP (208.201.239.32 y 208.201.239.33) que utilizará para los túneles. Denominaremos servidor a este equipo y cliente a nuestro equipo local.

Tras ello, ejecutamos el túnel. Para empezar, cargue el controlador tun en ambos equipos:

```
# modprobe tun
```

Conviene mencionar que el controlador tun falla en ocasiones si la versión del núcleo no coincide en el servidor y el cliente. Para obtener los mejores resultados, utilice un núcleo reciente (y la misma versión, como por ejemplo 2.4.20) en ambos equipos. En el equipo servidor, guarde el siguiente archivo en /usr/local/etc/vtund.conf:

```
options {
port 5000;
ifconfig /sbin/ifconfig;
```

```
route /sbin/route;
syslog auth;
}

default {
compress no;
speed 0;
}

home {
type tun;
proto tcp;
stat yes;
keepalive yes;

pass sHHH; # SE NECESITA una contraseña.

up {
ifconfig "%% 208.201.239.32 pointopoint 208.201.239.33";

program /sbin/arp "-Ds 208.201.239.33 %% pub";
program /sbin/arp "-Ds 208.201.239.33 eth0 pub";

route "add -net 10.42.0.0/16 gw 208.201.239.33";
};

down {
program /sbin/arp "-d 208.201.239.33 -i %%";
program /sbin/arp "-d 208.201.239.33 -i eth0";

route "del -net 10.42.0.0/16 gw 208.201.239.33";
};
}
```

Inicie el servidor vtund:

```
root@server:~# vtund -s
```

Seguidamente, necesita un archivo vtund.conf para el lado cliente. Pruebe el siguiente código en /usr/local/etc/vtund.conf:

```
options {
port 5000;
ifconfig /sbin/ifconfig;
route /sbin/route;
}

default {
compress no;
speed 0;
}
```

```
home {
type tun;
proto tcp;
keepalive yes;

pass sHHH; # SE NECESITA una contraseña.

up {
ifconfig "%% 208.201.239.33 pointopoint 208.201.239.32 arp";

route "add 208.201.239.5 gw 10.42.3.1";
route "del default";
route "add default gw 208.201.239.32";

};

down {
route "del default";
route "del 208.201.239.5 gw 10.42.3.1";
route "add default gw 10.42.3.1";
};
}
```

Por último, ejecute este comando en el cliente:

```
root@client:~# vtund -p home server
```

Eso es todo. No sólo hemos establecido un túnel entre cliente y servidor, sino que también hemos añadido una nueva ruta predeterminada a través del otro extremo del túnel. Fíjese en lo que sucede al utilizar traceroute en yahoo.com con el túnel en ejecución:

```
root@client:~# traceroute -n yahoo.com
traceroute to yahoo.com (64.58.79.230), 30 hops max, 40 byte packets
 1 208.201.239.32 24.368 ms 28.019 ms 19.114 ms
 2 208.201.239.1 21.677 ms 22.644 ms 23.489 ms
 3 208.201.224.194 20.41 ms 22.997 ms 23.788 ms
 4 208.201.224.5 26.496 ms 23.8 ms 25.752 ms
 5 206.24.221.217 26.174 ms 28.077 ms 26.344 ms
 6 206.24.210.62 26.484 ms 27.851 ms 25.015 ms
 7 206.24.226.103 104.22 ms 114.278 ms 108.575 ms
 8 206.24.238.57 99.978 ms 99.028 ms 100.976 ms
 9 206.24.238.26 103.749 ms 101.416 ms 101.09 ms
10 216.109.66.132 102.426 ms 104.222 ms 98.675 ms
11 216.33.98.19 99.985 ms 99.618 ms 103.827 ms
12 216.35.210.126 104.075 ms 103.247 ms 106.398 ms
13 64.58.77.41 107.219 ms 106.285 ms 101.169 ms
```

Esto significa que todos los procesos de servidor que se ejecuten en cliente están disponibles en Internet, en la dirección IP 208.201.239.33. Todo se ha conseguido sin realizar un solo cambio (por ejemplo, sin redireccionamiento de puertos) en la puerta de enlace 10.42.3.1.

El aspecto de la nueva interfaz de túnel en el cliente es el siguiente:

```
root@client:~# ifconfig tun0
tun0 Link encap:Point-to-Point Protocol
inet addr:208.201.239.33 P-t-P:208.201.239.32 Mask:255.255.255.255
UP POINTOPOINT RUNNING MULTICAST MTU:1500 Metric:1
RX packets:39 errors:0 dropped:0 overruns:0 frame:0
TX packets:39 errors:0 dropped:0 overruns:0 carrier:0
collisions:0 txqueuelen:10
RX bytes:2220 (2.1 Kb) TX bytes:1560 (1.5 Kb)
```

y, a continuación, el de la tabla de enrutamiento actualizada. Sigue siendo necesario mantener una ruta host a la dirección IP del servidor de túnel a través de nuestra antigua puerta de enlace predeterminada; en caso contrario, el tráfico del túnel no conseguiría salir:

```
root@client:~# route
Kernel IP routing table
Destination Gateway Genmask Flags Metric Ref Use Iface
208.201.239.5 10.42.3.1 255.255.255.255 UGH 0 0 0 eth2
208.201.239.32 * 255.255.255.255 UH 0 0 0 tun0
10.42.3.0 * 255.255.255.192 U 0 0 0 eth2
10.42.4.0 * 255.255.255.192 U 0 0 0 eth0
loopback * 255.0.0.0 U 0 0 0 lo
default 208.201.239.32 0.0.0.0 UG 0 0 0 tun0
```

Para cerrar el túnel, basta con anular el proceso vtund en cliente. De esta forma se recupera el estado original de todos los parámetros de red.

Este método funciona correctamente si confía en que vtun utilice cifrado y evite los ataques lejanos. Personalmente, no creo que sea demasiado paranoico en lo que respecta a equipos conectados a Internet. Para utilizar vtun sobre SSH (y, por lo tanto, aprovechar la autenticación y el cifrado que ofrece), basta con dirigir el puerto 5000 de cliente al mismo puerto en servidor. Pruebe lo siguiente:

```
root@client:~# ssh -f -N -c blowfish -C -L5000:localhost:5000 server
root@client:~# vtund -p home localhost
root@client:~# traceroute -n yahoo.com
traceroute to yahoo.com (64.58.79.230), 30 hops max, 40 byte packets
1 208.201.239.32 24.715 ms 31.713 ms 29.519 ms
2 208.201.239.1 28.389 ms 36.247 ms 28.879 ms
3 208.201.224.194 48.777 ms 28.602 ms 44.024 ms
4 208.201.224.5 38.788 ms 35.608 ms 35.72 ms
5 206.24.221.217 37.729 ms 38.821 ms 43.489 ms
6 206.24.210.62 39.577 ms 43.784 ms 34.711 ms
7 206.24.226.103 110.761 ms 111.246 ms 117.15 ms
```

```
8 206.24.238.57 112.569 ms 113.2 ms 111.773 ms
9 206.24.238.26 111.466 ms 123.051 ms 118.58 ms
10 216.109.66.132 113.79 ms 119.143 ms 109.934 ms
11 216.33.98.19 111.948 ms 117.959 ms 122.269 ms
12 216.35.210.126 113.472 ms 111.129 ms 118.079 ms
13 64.58.77.41 110.923 ms 110.733 ms 115.22 ms
```

Para evitar las conexiones a tvund en el puerto 5000 del servidor, añada una regla de filtro de red que cancele conexiones que provengan del exterior:

```
root@server:~# iptables -A INPUT -t filter -i eth0 -p tcp --dport 5000 -j
DROP
```

De esta forma se permite el paso de conexiones locales (por que utilizan el bucle) y se requiere un túnel SSH a servidor antes de aceptar una conexión.

Como puede comprobar, esta herramienta puede resultar realmente útil. Además de proporcionar direcciones IP activas a equipos situados detrás de un NAT, puede conectar dos redes entre sí si consigue una sola conexión SSH entre las mismas (que provenga de cualquiera de ellas).

Si se acaba de perder en la configuración de vtund.conf o si se siente perezoso y no quiere saber qué es lo que tiene que cambiar para configurar el archivo vtund.conf de su propio cliente, no dude en consultar el generador automático de vtund.conf.

Trucos y consejos

Aunque la información anterior debería bastar para conseguir ejecutar vtund en su sistema, a continuación destacamos una serie de puntos que debe tener en cuenta.

- El nombre de sesión (home en el ejemplo anterior) debe coincidir tanto en el lado cliente como en el servidor, o se generará un ambiguo mensaje de servidor desconectado.

- Lo mismo sucede con el campo de contraseña del archivo vtund.conf en ambos lados. Debe aparecer y coincidir en ambas partes, o la conexión no funcionará.

- Si tiene problemas para establecer la conexión, asegúrese de que está utilizando la misma versión del núcleo en ambos lados y de que el servidor se encuentra en ejecución (pruebe telnet server 5000 desde el lado cliente para comprobar que el servidor funciona).

- Pruebe primero con el método directo y ejecute SSH cuando esté satisfecho con la configuración de vtund.conf.

Si los problemas persisten, compruebe /etc/syslog.conf para ver si funcionan los mensajes de la utilidad de autenticación y revise ese registro tanto en el cliente como en el servidor cuando trate de establecer la conexión. Puede que la primera vez le resulte complicado ejecutar vtun pero una vez configurado correctamente, funcionará a la perfección.

TRUCO 99 · Generador vtund.conf automático

Genere un archivo vtund.conf sobre la marcha para amoldarse a las cambiantes condiciones de la red.

Si acaba de leer el truco anterior, la siguiente secuencia de comandos le permitirá generar de forma automática un archivo vtund.conf para el lado cliente.

Si no ha leído el truco anterior (o si nunca ha utilizado vtun), le aconsejamos que lo haga antes de intentar digerir este fragmento de Perl. Básicamente trata de adivinar los cambios de la tabla de enrutamiento del lado cliente mediante la detección automática de la puerta de enlace predeterminada, y generando el correspondiente archivo vtund.conf.

Para configurar la secuencia de comandos, fíjese en la sección sobre configuración. La primera línea de $Config contiene las direcciones, el puerto y la contraseña que hemos utilizado en el truco de vtun. La segunda simplemente se incluye como ejemplo de cómo añadir más.

Para ejecutar la secuencia de comandos, invóquela como vtundconf home o establezca $TunnelName con el valor predeterminado que desee. Mejor todavía, realice enlaces simbólicos a la secuencia de comandos como se indica a continuación:

```
#ln -s vtundconf home
#ln -s vtundconf tunnel2
```

y tras ello genere el correspondiente archivo vtund.conf mediante la invocación directa del enlace simbólico:

```
#vtundconf home > /usr/local/etc/vtund.conf
```

Se preguntará por qué se necesita tanto esfuerzo para crear una secuencia de comandos que genere un archivo vtund.conf. Una vez conseguidos los parámetros correctos, no será necesario cambiarlos, ¿verdad?

Bueno, suele ser así. Pero imagine el caso de un portátil Linux que utilice varias redes diferentes a lo largo del día (por ejemplo, una línea DSL en casa, Ethernet en el trabajo y puede que una conexión inalámbrica en el café de la esquina). Al ejecutar vtundconf en cada una de estas ubicaciones, se consigue una configuración operativa casi al instante, incluso si la dirección IP y la puerta de enlace se asignan mediante DHCP. De esta forma resulta muy sencillo obtener una dirección IP activa y dirigible, independientemente de la topología de la red local.

Además, vtun se ejecuta a la perfección en Linux, FreeBSD, OS X, Solaris y otras plataformas.

El código

Guarde este archivo como **vtund.conf** y ejecútelo siempre que utilice una nueva red inalámbrica para generar el correspondiente archivo vtund.conf sobre la marcha:

```perl
#!/usr/bin/perl -w

# el envoltorio vtund necesita un nombre más indicado.
#
# (c)2002 Schuyler Erle & Rob Flickenger
#
################ CONFIGURACIÓN

# Si TunnelName aparece en blanco, el envoltorio buscará @ARGV o $0.
#
# Config es TunnelName, LocalIP, RemoteIP, TunnelHost, TunnelPort,
Secret
#
my $TunnelName = "";
my $Config     = q{
   home    208.201.239.33 208.201.239.32 208.201.239.5  5000   sHHH
   tunnel2 10.0.1.100      10.0.1.1        192.168.1.4        6001
foobar
};


###############     EL PROGRAMA PRINCIPAL EMPIEZA AQUÍ

use POSIX 'tmpnam';
use IO::File;
use File::Basename;
use strict;

# Dónde buscar elementos...
#
$ENV{PATH}   = "/bin:/usr/bin:/usr/local/bin:/sbin:/usr/sbin:/usr/local/
sbin";
my $IP_Match = '((?:\d{1,3}\.){3}\d{1,3})';        # match xxx.xxx.xxx.xxx
my $Ifconfig = "ifconfig -a";
my $Netstat  = "netstat -rn";
my $Vtund    = "/bin/echo";
```

```perl
my $Debug  = 1;

# Cargue la plantilla de la sección de datos.
#
my $template = join( "", );

# Abra un archivo temporal -- adaptado de Perl Cookbook, 1st Ed., sec. 7.5.
#
my ( $file, $name ) = ("", "");
$name = tmpnam( )
    until $file = IO::File->new( $name, O_RDWR|O_CREAT|O_EXCL );
END { unlink( $name ) or warn "Can't remove temporary file $name!\n"; }

# Si no se especifica TunnelName, utilice lo primero que aparezca en la
# línea de comandos o, si no hay nada, el nombre base de la secuencia de
# comandos. De esta forma los usuarios podrán establecer enlaces
# simbólicos en diferentes nombres de túnel a la misma secuencia de
# comandos.
#
$TunnelName ||= shift(@ARGV) || basename($0);
die "Can't determine tunnel config to use!\n" unless $TunnelName;

# Analice la configuración.
#
my ($LocalIP, $RemoteIP, $TunnelHost, $TunnelPort, $Secret);
for (split(/\r*\n+/, $Config)) {
    my ($conf, @vars) = grep( $_ ne "", split( /\s+/ ));
    next if not $conf or $conf =~ /^\s*#/o; # omita líneas en blanco,
comentarios
    if ($conf eq $TunnelName) {
        ($LocalIP, $RemoteIP, $TunnelHost, $TunnelPort, $Secret) =
@vars;
        last;
    }
}

die "Can't determine configuration for TunnelName '$TunnelName'!\n"
    unless $RemoteIP and $TunnelHost and $TunnelPort;

# Busque la puerta de enlace predeterminada.
#
my ( $GatewayIP, $ExternalDevice );

for (qx{ $Netstat }) {
    # Tanto en Linux como en BSD, la puerta de enlace es lo siguiente que
    # aparece en la línea,
    # y la interfaz lo último.
    #
    if ( /^(?:0.0.0.0|default)\s+(\S+)\s+.*?(\S+)\s*$/o ) {
        $GatewayIP = $1;
        $ExternalDevice = $2;
        last;
```

```perl
    }
}

die "Can't determine default gateway!\n" unless $GatewayIP and
$ExternalDevice;

# Determine LocalIP y LocalNetwork.
#
my ( $LocalNetwork );
my ( $iface, $addr, $up, $network, $mask ) = "";

sub compute_netmask {
    ($addr, $mask) = @_;
    # Tenemos que enmascarar $addr con $mask porque linux /sbin/route
    # se queja si la dirección de red no coincide con la subred.
    #
    my @ip = split( /\./, $addr );
    my @mask = split( /\./, $mask );
    $ip[$_] = ($ip[$_] + 0) & ($mask[$_] + 0) for (0..$#ip);
    $addr = join(".", @ip);
    return $addr;
}

for (qx{ $Ifconfig }) {
    last unless defined $_;

    # Si hay un nuevo dispositivo, oculte el anterior (en caso de que exista).
    if ( /^([^\s:]+)/o ) {
        if ( $iface eq $ExternalDevice and $network and $up ) {
            $LocalNetwork = $network;
            last;
        }
        $iface = $1;
        $up = 0;
    }

    # Obtenga la máscara de red de la interfaz actual.
    if ( /addr:$IP_Match.*?mask:$IP_Match/io ) {
        # configuración en Linux.
        compute_netmask($1, $2);
        $network = "$addr netmask $mask";
    } elsif ( /inet $IP_Match.*?mask 0x([a-f0-9]{8})/io ) {
        # configuración en BSD.
        ($addr, $mask) = ($1, $2);
        $mask = join(".", map( hex $_, $mask =~ /(..)/gs ));
        compute_netmask($addr, $mask);
        $network = "$addr/$mask";
    }

    # Ignore las interfaces que sean dispositivos de bucle o que no estén
    # activadas.
    $iface = "" if /\bLOOPBACK\b/o;
```

```
    $up++    if /\bUP\b/o;
}

die "Can't determine local IP address!\n" unless $LocalIP and
$LocalNetwork;

# Establezca las variables que dependan del sistema operativo.
#
my ( $GW, $NET, $PTP );
if ( $^O eq "linux" ) {
    $GW = "gw"; $PTP = "pointopoint"; $NET = "-net";
} else {
    $GW = $PTP = $NET = "";
}

# Analice la plantilla de configuración.
#
$template =~ s/(\$\w+)/$1/gee;

# Escriba el archivo temporal y ejecute vtund.
#
if ($Debug) {
    print $template;
} else {
    print $file $template;
    close $file;
    system("$Vtund $name");
}

__DATOS_ _

options {
    port $TunnelPort;
    ifconfig /sbin/ifconfig;
    route /sbin/route;
}

default {
    compress no;
    speed 0;
}

# 'mytunnel' debería ser `basename $0` o similar
# para seleccionar la configuración automática
$TunnelName {
    type tun;
    proto tcp;
    keepalive yes;

    pass $Secret;

    up {
```

```
        ifconfig "%% $LocalIP $PTP $RemoteIP arp";
        route "add $TunnelHost $GW $GatewayIP";
        route "delete default";
        route "add default $GW $RemoteIP";
        route "add $NET $LocalNetwork $GW $GatewayIP";
    };

    down {
        ifconfig "%% down";
        route "delete default";
        route "delete $TunnelHost $GW $GatewayIP";
        route "delete $NET $LocalNetwork";
        route "add default $GW $GatewayIP";
    };
}
```

TRUCO 100 Realizar el seguimiento de usuarios inalámbricos con arpwatch

Mantenga una base de datos de direcciones MAC para asignar direcciones IP.

Los filtros de direcciones MAC se pueden evitar por medio de herramientas comunes. Si sus puntos de acceso están conectados a Ethernet, existen varias utilidades que puede utilizar para buscar gente haciendo trampa con sus direcciones MAC. Una de estas herramientas es `arpwatch`, que puede encontrar en `http://www-nrg.ee.lbl.gov/nrg.html`.

`arpwatch` ejecuta un demonio en cualquier equipo y realiza el seguimiento de los pares de dirección MAC/dirección IP cuando las respuestas ARP pasan por la red. Cuando detecta algo fuera de lo normal, registra la actividad en `syslog` y también envía un correo electrónico a la dirección que indiquemos. Además de buscar actividades sospechosas, también le ofrece un registro de todos los nuevos usuarios de la red inalámbrica. Esto puede resultar muy divertido de observar, sobre todo si se encuentra en una red inalámbrica abierta.

Una vez descomprimido el archivo `arpwatch`, fíjese en `addresses.h`. Aquí se establecen las direcciones de correo electrónico, por lo que debe actualizarlo antes de compilar `arpwatch`. Establezca `WATCHER` en el valor que desee (el predeterminado es raíz, que lo envía a la raíz del equipo en el que se ejecute `arpwatch`). Debería poder generar e instalar los archivos binarios con los comandos habituales:

```
root@florian:~/arpwatch-2.1a11# ./configure; make; make install
```

Desafortunadamente, de esta forma no se instalan todos los componentes necesarios. En concreto, `arpwatch` espera que de forma predeterminada exista el directorio `/usr/local/arpwatch` y que incluya el archivo de base de datos `arp.dat`. También busca en este directorio una interfaz Ethernet para proporcionar información adicional sobre los equipos que ve. En un truco anterior encontrará más detalles sobre la parte OUI de una dirección MAC. Cree el directorio y los archivos correspondientes por medio de los siguientes comandos:

```
root@florian:~/arpwatch-2.1a11# mkdir /usr/local/arpwatch
root@florian:~/arpwatch-2.1a11# cp ethercodes.dat /usr/local/arpwatch
root@florian:~/arpwatch-2.1a11# touch /usr/local/arpwatch/arp.dat
```

Por último, si dispone de espacio suficiente, le recomiendo que también instale las páginas man:

```
root@florian:~/arpwatch-2.1a11# cp *.8 /usr/local/man/man8
```

Ya puede iniciar `arpwatch` como demonio. Especifique la interfaz que quiera observar por medio del indicador `-i`:

```
root@florian:~# arpwatch -i eth0
```

Con esto se iniciará `arpwatch` como demonio. Si aparentemente no se ejecuta, registrará todos los problemas en `syslog`, por lo que debe consultar los registros del sistema (en especial `/var/log/messages` y `/var/log/syslog`).

Tras ello, cuando los equipos se busquen por la red, `arpwatch` realizará el seguimiento de los mismos. Siempre que haya nueva actividad, recibirá un correo electrónico con este aspecto:

```
From: arpwatch@florian.rob.swn (Arpwatch)
Date: Mon Jun 23, 2003  2:16:51  PM US/Pacific
To: root@florian.rob.swn
Subject: new station (dhcp-68)

        hostname: dhcp-68
      ip address: 10.15.6.68
 ethernet address: 0:30:65:03:e7:8a
  ethernet vendor: APPLE COMPUTER, INC.
        timestamp: Monday, June 23, 2003 14:16:51 -0700
```

Se le notificará por correo electrónico siempre que se detecte un nuevo cliente, cuando se vea una dirección MAC ya conectada con una nueva dirección IP y cuando cambie la dirección MAC asociada a una determinada dirección IP. También hay razones legítimas para los cambios de asignaciones IP a MAC (sobre todo si se encuentra en una red transitada con un número insuficiente de licencias DHCP disponibles). Independientemente de la causa, `arpwatch` mantiene un registro histórico del tráfico que ve, que puede resultar muy útil para detectar posibles atacantes. Como `arpwatch` registra en el registro del sistema y en forma de correo electrónico, es muy sencillo generar informes o gráficos mediante el procesamiento de estos registros siempre que lo desee. Aunque `arpwatch` registra todo lo que ve, no adopta acciones correctoras por iniciativa propia. Si necesita un método automatizado para reaccionar a ARP sospechosos u otras actividades de su red, pruebe con Snort (`http://www.snort.org/`).

Existe la posibilidad de proporcionar servicios inalámbricos seguros, pero sólo si se entienden los puntos fuertes y las debilidades del protocolo y se aplica el correspondiente cifrado de nivel de aplicaciones. Espero que este capítulo le haya servido para alertarle de las trampas más habituales y que le haya proporcionado las herramientas necesarias para proteger su red inalámbrica y disfrutar con su utilización.

Apéndice

En la figura A.1 se reproduce la plantilla correspondiente al reflector parabólico de plato, descrito en un truco anterior.

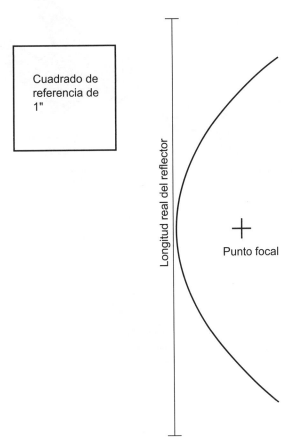

Figura A.1. Plantilla de reflector.

Índice alfabético